Clemens Birkenhofer

Adaptive Steuerung eines mehrsegmentigen Inspektionsroboters

Adaptive Steuerung eines mehrsegmentigen Inspektionsroboters

von
Clemens Birkenhofer

Dissertation, Universität Karlsruhe (TH)
Fakultät für Informatik, 2009
Tag der mündlichen Prüfung: 17.11.2009

Impressum

Karlsruher Institut für Technologie (KIT)
KIT Scientific Publishing
Straße am Forum 2
D-76131 Karlsruhe
www.uvka.de

KIT – Universität des Landes Baden-Württemberg und nationales
Forschungszentrum in der Helmholtz-Gemeinschaft

KIT Scientific Publishing 2010
Print on Demand

ISBN 978-3-86644-468-3

Adaptive Steuerung eines mehrsegmentigen Inspektionsroboters

Zur Erlangung des akademischen Grades eines
Doktors der Ingenieurwissenschaften
von der Fakultät für Informatik
der Universität Fridericiana zu Karlsruhe (TH)
genehmigte

Dissertation

von

Clemens Birkenhofer

aus Karlsruhe.

Tag der mündlichen Prüfung: 17. November 2009
Erster Gutachter: Prof. Dr.-Ing. Rüdiger Dillmann
Zweiter Gutachter: Prof. Dr.-Ing. Klaus D. Müller-Glaser

Inhaltsverzeichnis

1 Einleitung

1.1 Motivation

Bewegungen von Robotern haben die Menschheit schon immer fasziniert. Seit vor etwa 2000 Jahren die ersten einfachen Maschinen entwickelt wurden, überraschten sie die Menschen mit großer Regelmäßigkeit. Damals sorgten sie für Aufsehen, weil sie zum Beispiel Tempeltüren wie von Geisterhand öffnen konnten, im späten Mittelalter verblüfften sie aufgrund einer bis dahin nicht gekannten mechanischen Präzision. Dank der Fortschritte in der Uhrmacherkunst konnten komplexe Mechanismen in kleine Maschinen integriert werden. So konstruierte Jacques de Vaucanson bereits 1740 aus mehr als 400 beweglichen Einzelteilen eine automatische Ente. Sie konnte mit den Flügeln flattern, schnattern und sogar Wasser trinken.

Heutzutage sind Roboter ein fester Bestandteil unserer Zivilisation. Ihre Komplexität und Leistungsfähigkeit sind enorm gestiegen, die von ihnen ausgehende Faszination hält noch immer an. In den großen Frachthäfen organisieren riesige Fahrzeuge den Transport von Containern zu den Schiffen selbständig. Automatisierte Produktionslinien in der Automobilindustrie fügen und lackieren Karosserien mit großer Geschwindigkeit und Präzision.

Auch die Bewegung moderner Roboter sorgt beim Beobachter immer wieder für Erstaunen und Verwunderung. Die sogenannten "Passive Walker" schreiten auf einer leicht abfallenden Fläche selbständig und ohne externe Energieversorgung. Schlangenähnliche Roboter bewegen sich zu Lande und zu Wasser fort. Mehrsegmentige Roboter werden zu Forschungszwecken in Abwasserkanälen eingesetzt und überraschen dort durch ihr großes Repertoire an Bewegungen.

Dabei sind die enormen Möglichkeiten mehrsegmentiger Roboter heutzutage nicht ausgereizt. Mehrsegmentige Roboter können aufgrund ihrer vielen Gelenke und Motoren komplexe Bewegungen sinnvollerweise in einer Vielzahl von Szenarien und Umgebungen durchführen. Die Steuerung dieser Roboter ist für einen Menschen umso leichter (und faszinierender), je intuitiver er den Robotern komplexe Bewegungen vorgeben kann und je besser die Roboter auf ihre Umgebung reagieren. Zur Umsetzung einer solchen adaptiven Steuerung sind allerdings wesentliche Problemstellungen zu lösen. Sie werden in der folgenden Arbeit identifiziert und, soweit möglich, gelöst.

1.2 Charakteristische Eigenschaften mehrsegmentiger Roboter

Mehrsegmentige Roboter besitzen Eigenschaften und Fähigkeiten, die bei Fahrten und Missionen in schwieriger Umgebung von großem Nutzen sind. Das Wort „mehrsegmentig" deutet auf die zentrale Eigenschaft einer solchen Roboterarchitektur hin: Einzelne baugleiche oder ähnliche Segmente können zu einem einzigen Roboter zusammengefügt werden, dessen endgültige Länge variieren kann.

Durch die Verkettung mehrerer Segmente entsteht ein Roboterzug, der sich entlang aller drei Raumachsen frei bewegen kann. Eingeschränkt wird diese Bewegung aufgrund seiner endlichen Roboterlänge nur in Richtung der Vertikalen. Je länger ein solcher Zug ist, desto mehr Transportvermögen besitzt er.

Aufgrund der Eigenschaften bei der Bewegung mehrsegmentiger Roboter bietet sich als Einsatzszenario für eine solche Roboterplattform das Befahren schwer zugänglicher Bereiche zum Ziele der Inspektion an. Dieses Szenario ist seiner Beschreibung nach vielfältig und kann durch den Einsatz eines einzelnen Robotersystems nicht vollständig abgedeckt werden. Mehrsegmentige Roboter sind allerdings im Bezug auf ihre kinematischen Eigenschaften so flexibel, dass sie eine große Anzahl unterschiedlicher Inspektionsumgebungen befahren können.

In diesem Einsatzszenario kann mit Hilfe eines solchen Roboterzugs Nutzlast (Sensorik, Energie und Rechenkapazität) transportiert werden. Der für das Durchfahren schmaler Bereiche notwendige minimale Querschnitt eines Freiraums bleibt dabei, unabhängig von der Länge des Roboters, identisch. Die Bewegungsfreiheit des Roboters steigt mit der Länge eines Roboterzugs sogar an, weil in der Vertikalen höher gestiegen werden kann. So können komplexere Bewegungen durchgeführt werden. Dies stellt einen wesentlichen Vorteil einer solchen Kinematik dar.

Die große Flexibilität in der Anpassung der Roboterkonfiguration an das Einsatzszenario wird allerdings durch mehrere Einschränkungen erkauft: Gewicht und Energieverbrauch des Roboters steigen bei der Erweiterung des Roboters in einem großen Maße an, die Komplexität der Steuerung wächst. Die Steuerung überwacht bei einer typischen Roboterlänge von sechs Segmenten, je nach Roboterausführung, etwa 25 Bewegungsfreiheitsgrade. Abhängig vom gewählten Einsatzszenario ist es daher wünschenswert, spezifische Manöver zu definieren. Die große Anzahl an Bewegungsfreiheitsgraden wird dann auf eine Art und Weise kontrolliert, die für einen menschlichen Operator überschaubar ist.

Bisherige Steuerungsansätze beherrschen die große Zahl an Bewegungsfreiheitsgraden durch einen „Follow-the-Leader"-Ansatz. Dabei wird von einem Operator in einem offenen Regelkreis lediglich die Bewegung des ersten Segments vorgegeben. Hierzu reicht die Vorgabe von drei translatorischen und drei rotatorischen Freiheitsgraden (Position $[x, y, z]$ und Orientierung

$[\alpha, \beta, \gamma])$ aus. Nachfolgende Segmente folgen dieser Bewegung positionsversetzt. Sie müssen also vom Operator nicht beachtet werden.

Ein solcher Ansatz ist effizient, nutzt aber die enormen Möglichkeiten dieser Robotersysteme nicht aus. Vielmehr erlaubt die Kinematik der Roboter die Durchführung komplexerer Fahrmanöver, die bei einer Inspektionsfahrt nützlich sind. Solche Fahrmanöver können die Folgenden sein:

- Komplexe Bewegungsmuster (z.B.: *"Erklimmen von Absätzen"*, *"Überwinden eines Abgrunds"* oder *"Besteigen einer Stufe"*) oder

- gezielte Bewegungen einzelner in der Mitte des Roboterzugs liegender Segmente unabhängig von der Bewegung des Kopfsegments (z.b.: *"Bewegung eines mit einer Kamera bestückten Segments während der Fahrt entlang einer freien Trajektorie quer zur Fahrtrichtung"*).

Ein Follow-the-Leader-Ansatz ist dann nicht mehr sinnvoll. Es ist daher eine Steuerungsarchitektur zu entwerfen, die einerseits eine einfache Benutzerschnittstelle zur Vorgabe von Bewegungen realisiert, andererseits aber die Komplexität der Bewegungen erfasst und verarbeitet.

1.3 Problemstellung

Die Problemstellung dieser Arbeit lässt sich wie folgt beschreiben:

"Bisherige Steuerungsansätze zur Bewegungsplanung mehrsegmentiger Roboter in der Inspektion beruhen auf offenen, gesteuerten Regelkreisen. Die kinematischen Eigenschaften der Roboter werden hierdurch nicht vollständig ausgenutzt. Durch das Schließen des Regelkreises, also durch das Rückführen von Informationen über interne Roboterzustände, können solche Roboter ihre Bewegung an die Umgebung anpassen und so erheblich komplexere Bewegungen durchführen."

Die wesentlichen Aspekte dieser Problemstellung lassen sich beispielsweise anhand der Wirkungsweise eines klassischen Regelkreises gemäß Abbildung 1.1 verdeutlichen.

Demnach lässt sich die formulierte Problemstellung unter Berücksichtigung der Erkenntnis, dass bisherige Steuerungsansätze zur Bewegungsplanung mehrsegmentiger Roboter in einem offenen Regelkreis agieren, wie folgt darstellen: Die Vorgabe einer Bewegung (*Führungsgröße*) wird in der Komponente zur Ausführung einer Bewegung (*Strecke*) direkt in Gelenktrajektorien (*Regelgröße*) umgesetzt. Aus einer vorgegebenen Bewegung werden dabei alle Gelenktrajektorien (*Stellgröße*) des Roboters direkt (ohne *Regler*) berechnet. Auftretende Störungen (*Störgröße*) werden toleriert. Da sie nicht zurückgeführt werden (keine *Messeinrichtung*), haben sie für die Planung zukünftiger Bewegungen keinen Einfluss.

3

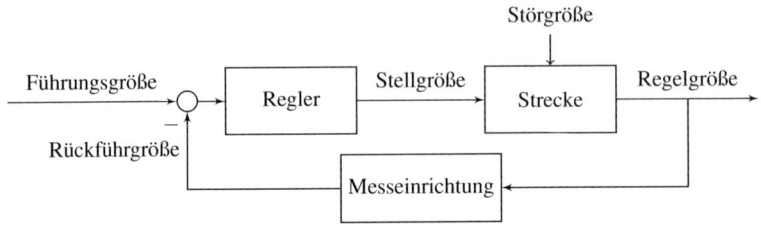

Abb. 1.1: Wirkungsweise eines klassischen Regelkreises.

Wird nun versucht, den Regelkreis, zu schließen, so ist dies mit dem Lösen eines hochdimensionalen, nicht linearen Optimierungsproblems zu vergleichen. Dabei kommt der Bewegungsplanung des Roboters (*Regler*) die Aufgabe zu, aus den Vorgaben einer Bewegung und dem erfassten Zustand des Roboters (*Messeinrichtung*) optimale Gelenktrajektorien zu ermitteln. Allerdings sind die Vorgaben einer Bewegung dabei im Vergleich zu bisherigen Steuerungsansätzen mehrsegmentiger Roboter wesentlich komplexer, da die Führungsgröße neben der Trajektorie für das erste Segment auch eine Trajektorie für die folgenden Segmente vorgeben muss. Außerdem unterliegt die Zustandserfassung (*Messeinrichtung*) starkem Messrauschen, so dass nicht alle Zustände bekannt sind.

Zur Lösung dieses hochdimensionalen, nicht linearen Optimierungsproblems existiert keine nummerische Methode. Stattdessen wird die dargestellte Problemstellung im Rahmen dieser Arbeit in die wesentlichen Teilprobleme unterteilt. Diese Teilprobleme werden ihrerseits erneut unterteilt oder direkt gelöst. Diese *Top-Down*-Methode erlaubt es, die dargestellte Problemstellung auf praktische Teilaspekte zu reduzieren und anschließend am realen Roboter zu verifizieren.

1.4 Zielsetzung und Beitrag dieser Arbeit

Innerhalb dieser Arbeit wird eine Steuerungsarchitektur für einen mehrsegmentigen Roboter entwickelt. Diese Steuerungsarchitektur ist für den Einsatz in schwierigem Gelände und für Inspektionsfahrten geeignet und erlaubt die Durchführung komplexer Bewegungen. Dabei werden Bewegungsvorgaben eines menschlichen Operators und Zustandsinformationen des Roboters in einem gemeinsamen Regelkreis verarbeitet. Zur Erfassung der Zustandsinformationen des Roboters werden exemplarisch drei Sensorsysteme vorgestellt. Die Teilkomponenten und das Gesamtsystem werden schließlich auf den Zielsystemen MAKROPLUS und KAIRO-II evaluiert.

Im Gegensatz zu bisher eingesetzten mehrsegmentigen Robotern wird hier ein geschlossener Regelkreis implementiert. Ein Sensorsystem zur Zustandserfassung erfasst den Zustand des

Roboters. Die Bewegungsplanung verarbeitet diese Größe und generiert eine adaptive Bewegungstrajektorie.

Dabei wird in einem ersten Schritt die Mechanik des Roboters MAKROPLUS verwendet. Es werden die Anforderungen des Einsatzszenarios an die Basissteuerung untersucht und eine angepasste Basissteuerung entwickelt. In einem zweiten Schritt wird der Roboter KAIRO-II als Zielsystem verwendet. Die Mechanik von MAKROPLUS wird dabei übernommen und nur geringen Anpassungen unterworfen. KAIRO-II wird exemplarisch mit mehreren Sensorsystemen zur Zustandserfassung ausgestattet, um den Regelkreis der vorgestellten Steuerungsarchitektur zu schließen.

Im Einzelnen sind die folgenden Punkte zu lösen:

- Definition von Steuervektoren für Inspektionsaufgaben mit mehrsegmentigen Robotern,

- Entwicklung eines mehrsegmentigen Roboters für die Inspektion schwer zugänglicher Bereiche,

- Identifikation von im Roboter auftretenden Stör- und Sollkräften für die Zustandserfassung und

- Erweiterung der Bewegungsplanung hin zu einer aktiven Verwendung redundanter Achsen.

1.5 Aufbau der Arbeit

Die Arbeit gliedert sich in insgesamt acht Kapitel.

Nach der Einführung in die Thematik der Arbeit in Kapitel 1 werden in Kapitel 2 die Anforderungen zur Realisierung der Aufgabenstellung entwickelt, Ausgehend von einer Analyse des gewünschten Einsatzgebietes und der funktionellen Möglichkeiten der verwendeten Roboterkinematik werden einzelne Inspektionsszenarien klassifiziert. Relevante Problemstellungen, die zur Umsetzung der Arbeit gelöst werden müssen, werden ermittelt. Die Umsetzung der Aufgabenstellung findet dann in den Kapiteln 4 bis 6 statt.

Kapitel 3 liefert einen Überblick über Forschungs- und Entwicklungsergebnisse, die für diese Arbeit relevant sind. Es werden aktuelle Robotersysteme vorgestellt, die sich mit dem weiten Umfeld der Inspektion beschäftigen. Sie besitzen Fähigkeiten, die es ihnen ermöglichen, in schwer zugängliche Bereiche vorzustoßen. Aus den vorgestellten Arbeiten werden Anforderungen und Randbedingungen abgeleitet. Zahlreiche weitere Robotersysteme besitzen zwar keine direkte Ähnlichkeit mit mehrsegmentigen Robotern, behandeln aber Aspekte, die ebenfalls für die Fragestellungen der vorliegenden Arbeit von Interesse sind. In diesem Kapitel werden ausgewählte Arbeiten hierzu vorgestellt.

1	Einleitung
2	Anforderungen
▲	Analyse von Einsatzszenario und Zielplattform
▲	Arbeitsgebiete bei der Umsetzung
3	Inspektion mit Robotern
▲	Anforderungen und Randbedingungen
▼	Überblick Inspektionsroboter, mehrsegmentige Roboter
▼	Teilaspekte entfernt verwandter Robotersysteme
4	Entwurf des Gesamtsystems
◆	Komponenten und Modelle
◆	Elektromechanik
◆	Sensoren der Basissteuerung
5	Bewegungsplanung und Ausführung
◆	Hierarchische Steuerungsarchitektur
◆	Ebenen und Komponenten
◆	Manöverkontrolle und Regelung
6	Sensorsystem
▼	Kraftmessung in Gleitkeilgetrieben
◆	Verteiltes Sensorsystem bestehend aus drei Komponenten
◆	Fusion der Sensorwerte
7	Experimente und Ergebnisse
◆	Einzelkomponenten bei MAKROPLUS und KAIRO-II
◆	Integration, Zusammenspiel der Komponenten
8	Zusammenfassung und Ausblick

▲ Konzept   ▼ Stand der Technik   ◆ Umsetzung

Tab. 1.1: Gliederung der Arbeit.

Der Entwurf und die Umsetzung des Gesamtsystems wird in Kapitel 4 dargestellt. Hier werden die verwendeten Robotersysteme inklusive der verwendeten Robotermodelle und der elektromechanischen Komponenten für die Basissteuerung vorgestellt.

Kapitel 5 erörtert die vorgeschlagene Steuerungsarchitektur. Dabei werden die hierarchisch angeordneten Ebenen „Bewegungsplanung", „Ausführung" und „Basissteuerung", sowie die zentralen Komponenten dieser Ebenen vorgestellt. Es werden Methoden zur Generierung der Trajektorien, zur Kinematik mehrsegmentiger Roboter und zur kartesischen Regelung entwickelt und auf dem Roboter KAIRO-II angewendet.

In Kapitel 6 wird das Sensorsystem zur Zustandserfassung des Roboters vorgestellt. Dieses Sensorsystem liefert die zum Schließen des vorgestellten Regelkreises notwendigen Sensorinformationen. Es besteht aus insgesamt drei Sensorkomponenten, welche auf verschiedenen Messprinzipien beruhen. Für jede Sensorkomponente wird ein Sensormodell entwickelt. Die Sensordaten werden anschließend einzeln erfasst und miteinander fusioniert.

Experimente und Ergebnisse werden in Kapitel 7 vorgestellt. Dabei werden sowohl die Einzelkomponenten des Roboters als auch die integrierten Komponenten im Gesamtsystem evaluiert.

Die Ergebnisse der Arbeit werden schließlich in Kapitel 8 zusammengefasst. Sie werden bewertet und münden im Rahmen eines Ausblickes auf sinnvolle Problemstellungen, die innerhalb dieser Arbeit nicht behandelt werden.

Ein Überblick über die Struktur der Arbeit ist Tabelle 1.1 zu entnehmen.

2 Anforderungen

Für die Umsetzung der in der Einleitung dieser Arbeit definierten Ziele auf Basis einer mehrsegmentigen Roboterarchitektur empfiehlt sich ein klassischer *Top-Down*-Ansatz. Schritt für Schritt wird dabei die zentrale Problemstellung auf untergeordnete Teilprobleme reduziert. Die resultierenden Teilprobleme werden wiederum in untergeordnete Teilprobleme untergliedert.

Im Vordergrund dieser Arbeit steht dabei die Verifikation der Problemstellung im Rahmen einer realen Zielplattform und eines realen Einsatzszenarios. Dadurch ist es möglich, das in der Einleitung formulierte hochdimensionale, nicht lineare Optimierungsproblem exemplarisch für einen spezifischen Fall zu lösen. Abgeleitet vom Titel der Arbeit (*"Adaptive Steuerung eines mehrsegmentigen Inspektionsroboters"*) ergeben sich dabei drei wesentliche Randbedingungen für diese Arbeit:

- Als Einsatzumgebung wird das weite Feld der **Inspektion** gewählt.
- Bei der verwendeten Roboterkinematik handelt es sich um einen **mehrsegmentigen Roboter**.
- Die Steuerung soll **adaptiv** wirken.

Innerhalb dieses Kapitels werden diese Bereiche unabhängig voneinander dargestellt und analysiert. Es wird untersucht, welche weiteren Randbedingungen aus dieser Analyse folgen und welche Probleme und Vorgaben sich dabei für die technische Umsetzung und für die weitere Arbeit ergeben.

2.1 Begriffsbildung „*Inspektion*"

Das Wort „*Inspektion*" leitet sich von dem lateinischen Begriff *inspectio*[1] ab [Duden, 1990]. Durch das Ausführen einer Inspektion kann allgemein der ordnungsgemäße Zustand eines Sachverhaltes, eines Gegenstandes oder einer Einrichtung überprüft werden.

Nach DIN 31051:2003-06 [Deutsches Institut für Normung e.V., 2003] bezeichnet die Inspektion *"Maßnahmen zur Feststellung und Beurteilung des Istzustandes einer Betrachtungseinheit*

---

[1] Lat.: inspectio = das Hineinsehen, die Besichtigung, die Untersuchung.

einschließlich der Bestimmung der Ursachen der Abnutzung und dem Ableiten der notwendigen Konsequenzen für eine künftige Nutzung."

Für das Befahren solcher Betrachtungseinheiten bieten sich Robotersysteme vor allem dann an, wenn diese Einrichtungen für einen Operator schwer zugänglich sind oder große Anforderungen an die Inspektionssensorik gestellt werden. Bei einer Inspektionsfahrt mit Robotern lassen sich einige zentrale Merkmale und Anforderungen an das Robotersystem ermitteln. Demnach setzt sich eine Inspektionsfahrt aus mehreren Phasen zusammen:

- Fahrt des Roboters zu einem Inspektionsort,

- Transport von Sensorik und Aktorik zum Inspektionsort und

- Positionieren der Sensorik und Aktorik am Inspektionsort.

In der vorliegenden Arbeit werden diese Phasen untersucht und als Szenario „*Inspektion*" zusammengefasst. Die Bestimmung der Ursachen der Abnutzung spielt dabei ebenso keine Rolle, wie das Ableiten notwendiger Konsequenzen für eine zukünftige Nutzung.

Definition 2.1 *Der Szenario „Inspektion" bezeichnet im Rahmen dieser Arbeit die Fahrt eines Roboters zum Inspektionsort, sowie den Transport und das Positionieren von Sensorik an diesem. Die Inspektionsumgebung sei dabei allgemein als schwer zugänglich charakterisiert.*

Dabei stellt das Szenario „*Inspektion*" ein weites Feld an Umgebungen dar, innerhalb derer sich der zu inspizierende Bereich befindet. Im Folgenden werden exemplarisch zwei Umgebungen beschrieben, die beim Befahren mit Robotersystemen sehr unterschiedliche Anforderungen an die Kinematik und Steuerung des Roboters stellen: Dies sind zum einen die Inspektion von „*Abwasserkanälen*" und zum anderen die Inspektion von „*teileingestürzten Gebäuden*" nach einem Katastrophenszenario.

Die Inspektionsumgebung „*Abwasserkanal*" kann als hochgradig strukturiert angesehen werden. Innerhalb dieser Umgebung wird durch die befahrbaren Abwasserrohre ein eindimensionales Streckennetz vorgegeben. Einzelne Streckenabschnitte werden dabei in der Regel durch Geraden vorgegeben. Richtungsänderungen sind lediglich beim Durchfahren eines Kurvenabschnittes, eines Abzweigs oder eines Schachts notwendig. Da die zu durchfahrenden Rohre in der Regel einen kreisförmigen Querschnitt besitzen, findet während der Fahrt sogar eine selbständige Korrektur der Fahrtrichtung statt. Der Roboter rutscht bei einer unpräzisen Fahrtrichtung gravitationsbedingt in die Sohle des Rohres.

Komplexe Fahrmanöver sind lediglich bei der Überwindung von Hindernissen und bei einer Richtungsänderung („Biege in Abzweig ein") notwendig. Prinzipiell ist in diesem Szenario ein *rein gesteuertes* Fahrverhalten, wie in den Vorarbeiten realisiert (siehe Stand der Technik in Kapitel 3.3.1), ausreichend.

„*Teileingestürzte Gebäude*" stellen dagegen bei der Inspektion mit Robotern große Anforderungen an die Beweglichkeit der eingesetzten Robotersysteme. Die Beschaffenheit des Untergrundes ist in der Regel nicht bekannt. Während der Fahrt des Roboters auf diesem Untergrund können sich sogar Teile des Bodens bewegen. Um Stufen zu überwinden und schmale Durchgänge zu durchfahren sind spezielle, angepasste Roboterkinematiken notwendig.

Da in einer solchen Umgebung häufig unbekannte Situationen auftreten, besitzen die eingesetzten Robotersysteme in der Regel eine große Beweglichkeit in einer robusten Ausführung. Charakteristisch hierfür sind kleine Roboter mit zahlreichen ausfahrbaren Kettenantrieben. Diese Antriebe sind häufig auf allen Außenseiten des Roboters verteilt angebracht, so dass auch nach einem Umkippen der Systeme weiter navigiert werden kann. Die dadurch ermöglichte *risikobehaftete* Navigation ("*Trial and Error*") geht freilich auf Kosten der Transportfähigkeit und der Flexibilität der sensorischen Umgebungserfassung des Roboters. Dieses Einsatzszenario wird im Kapitel 3 ausführlich analysiert.

2.2 Begriffsbildung „*Mehrsegmentiger Roboter*"

Der Begriff der „*Mehrsegmentigen Roboter*" bezeichnet eine Klasse von Robotersystemen, die aus mehreren baugleichen oder ähnlichen Segmenten zusammengefügt werden. Die Anzahl der Segmente kann dabei variieren. Innerhalb dieser Arbeit werden lediglich mobile Systeme betrachtet, also Systeme die über eine rad- oder kettengetriebene Einheit ihren Aufenthaltsort ändern können. Dabei bestehen mehrsegmentige Roboter prinzipiell aus den folgenden drei Arten von Segmenten:

- Antriebselemente (beinhalten die Basissteuerung und allgemeinen Stauraum),

- Antriebskästen (beinhalten die Komponenten zur Lokomotion) und

- Knickelemente (verbinden zwei Antriebselemente miteinander und stellen deren Orientierung ein).

Je nach Ausführung können diese Segmente ineinander übergehen. Ihre grundsätzliche Funktionalität bleibt aber unabhängig davon erhalten.

Im Gegensatz zu schlangenähnlichen Robotern sorgen bei mehrsegmentigen Robotern die Antriebselemente für den Vortrieb und die Knickelemente (durch die Winkelstellung zwischen den Antriebselementen) für die Fahrtrichtung.

Um die Konfiguration der im Rahmen dieser Arbeit verwendeten mehrsegmentigen Roboter beschreiben zu können, werden im Folgenden die zur Charakterisierung relevanten Begriffe definiert.

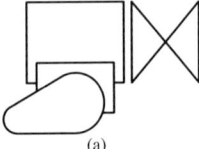 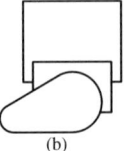

(a)   (b)

Abb. 2.1: Kinematische Einheit (a) und reduzierte kinematische Einheit (b) am Beispiel von KAIRO-II (schematisch).

Definition 2.2 *Die Kombination von Antriebselement, Antriebskasten und Knickelement wird mit dem Begriff* **kinematische Einheit** *beschrieben (siehe Abbildung 2.1). Sie besitzt je nach Ausprägung vier (*MAKROPLUS*) bzw. fünf (*KAIRO-II*) Bewegungsfreiheitsgrade (drei Rotationen im Knickelement, Vortrieb und Winkelstellung des Antriebes im Antriebskasten).*

Eine **reduzierte kinematische Einheit** *bezeichnet das für den Abschluss des Roboters notwendige alleinstehende Antriebselement mit Antriebskasten am Anfang der kinematischen Kette. Eine reduzierte kinematische Einheit besitzt je nach Ausführung ein (*MAKROPLUS*) bzw. zwei (*KAIRO-II*) Freiheitsgrade (Vortrieb und Winkelstellung des Antriebes im Antriebskasten).*

Definition 2.3 *Die* **i-j–Konfiguration** *eines mehrsegmentigen Roboters bezeichnet die abwechselnde Verbindung von i Antriebselementen und j Knickelementen (mit $i = j + 1$). Jeder mehrsegmentige Roboter besteht also aus einer reduzierten kinematischen Einheit und $i - 1$ kinematischen Einheiten.*

2.3 Mehrsegmentige Roboter zur Inspektion schwer zugänglicher Bereiche

Aus der Analyse der vorgestellten Inspektionsszenarien und den kinematischen Möglichkeiten von mehrsegmentigen Robotern bietet sich der Einsatz mehrsegmentiger Roboter bei der Inspektion aus mehreren Gründen an [Birkenhofer et al., 2004]:

- Konstruktionsbedingt besitzen mehrsegmentige Roboter in den Antriebseinheiten (zwischen den Knickelementen) einen großen Stauraum. Die Traglast des Roboters kann außerdem durch die Erweiterung des Roboters um eine beliebige Anzahl an Segmenten erhöht werden.

- Durch die Möglichkeit, den Roboterzug in der Länge beliebig zu erweitern, kann das System mit einem relativ geringen Querschnitt entwickelt werden. So sind auch Fahrten durch Löcher oder schmale Zwischenräume möglich.

• Aus dem mehrsegmentigen Aufbau des Roboters ergibt sich eine große Redundanz der Bewegungsfreiheitsgrade. Diese Redundanz kann von einer Steuerung eingesetzt werden um

  – komplexe Manöver auszuführen und

  – Aufsetzpunkte des Roboters gezielt auszuwählen.

Für eine Inspektionsfahrt empfiehlt sich eine „6-5"–Konfiguration des Roboters. Eine solche Konfiguration besitzt eine sinnvolle Länge, da so das Anheben von bis zu zwei Segmenten möglich ist. Für den Transport von Sensorik, Batterien und Steuerrechner ist ausreichend Platz vorhanden.

In den folgenden Abschnitten wird das Zielszenario Inspektion zunächst hinsichtlich der durchzuführenden Aufgaben für mehrsegmentige Roboter untersucht. Die hierbei identifizierten Aufgaben werden analysiert. Sie sollen im Rahmen dieser Arbeit durch einen zahlenmäßig möglichst kleinen Satz an Manövern technisch realisiert werden.

2.3.1 Klassifizierung der Aufgaben im Szenario Inspektion

Ausgehend von den dargestellten Vorgaben einer Inspektionsfahrt sowie den kinematischen Eigenschaften von mehrsegmentigen Robotern werden nun mögliche Aufgabenklassen für das Anwendungsfeld „*Inspektion*" definiert. Durch die Definition dieser Aufgabenklassen kann das Szenario Inspektion mit einem mehrsegmentigen Roboter regelungs- und steuerungstechnisch abgedeckt werden. Die einzelnen Aufgabenklassen wurden empirisch ermittelt und werden im Folgenden dargestellt. Weitere Aufgabenklassen können zu einem späteren Zeitpunkt definiert und auf einfache Art und Weise integriert werden.

Aufgabenklasse „*Freie Fahrt*"

Ziel: Intuitives Fahren des Roboters.

Beschreibung: Das erste Segment des Roboters (Master-Segment) wird durch eine geschwindigkeits– oder positionsgeregelte Trajektorie gesteuert[2]. Bewegungen können dabei translatorisch und rotatorisch frei im dreidimensionalen Raum vorgegeben werden. Für die Steuerung aller folgenden Segmente (Slave-Segmente) wird dieselbe Trajektorie positionsversetzt angewendet. Die Auflösung der Redundanz des Roboters erfolgt durch die Vorgabe derselben Trajektorie für alle kinematischen Einheiten.

---

[2]Sinnvoll sind in der Regel eine geschwindigkeitsgeregelte Trajektorie in Fahrtrichtung und eine positionsgeregelte Trajektorie in den übrigen Raumrichtungen.

Analyse: Diese Aufgabenklasse stellt eine effiziente Möglichkeit dar, alle Gelenke des Roboters einfach zu steuern. Anwendung findet sie vor allem bei einer ferngesteuerten Fahrt in einer strukturierten Umgebung (Abwasserkanal).

Aufgabenklasse „*Inspektion*"

Ziel: Positionieren einzelner Segmente für die Aufgabe der Inspektion.

Beschreibung: In dieser Klasse wird ein Antriebssegment innerhalb der kinematischen Kette für eine Inspektionsaufgabe selektiert. Für alle sechs Freiheitsgrade des gewählten Segmentes werden die Regelgrößen einzeln gewählt. Das gewählte Segment liegt in der Regel im Inneren der kinematischen Kette. Regelgrößen, die sich sequentiell für alle anderen Segmente der geschlossenen kinematischen Kette ergeben, müssen dann einzeln bestimmt werden.

Analyse: Innerhalb dieser Klasse werden die enormen kinematischen Möglichkeiten von mehrsegmentigen Robotersystemen sichtbar. Die Redundanz des Roboters wird hier gezielt verwendet um eine Haupt- und eine Nebenaufgabe auszuführen. Der Roboter muss für diese Klasse eine „5-4"–Konfiguration oder größer besitzen.

Aufgabenklasse „*Nachgiebige Bewegung*"

Ziel: Durch nachgiebiges Fahren werden bei einer Roboterfahrt die Auswirkungen auf die Umgebung (z.b. Schaden des Untergrundes) minimiert. Im Gegensatz zu bisherigen gesteuerten Ansätzen werden kleine Unebenheiten durch eine geregelte Fahrt ausgeglichen.

Beschreibung: Diese Aufgabenklasse beschreibt eine nachgiebige „*Freie Fahrt*"-Bewegung. Die Nachgiebigkeit bezieht sich dabei auf alle Segmente die dem Kopfsegment folgen. Achsen in Fahrtrichtung des Kopfsegments sind geschwindigkeits- oder positionsgeregelt, Achsen quer zur Fahrtrichtung werden impedanz- oder kraftgeregelt.

Analyse: Die nachgiebige Fahrt stellt eine elegante Möglichkeit dar, mit sensoriell erfassten Kraftwerten die Redundanz des Roboters so einzusetzen, dass sich der Roboter an den Untergrund anpasst.

Aufgabenklasse „*Beobachten*"

Ziel: Eine im Kopfsegment installierte Kamera soll eine erhöhte Position einnehmen, um einen Überblick über die Umgebung zu erhalten. Auch während der Fahrt soll dieses Segment einer vorgegebenen Trajektorie folgen.

Beschreibung: Diese Klasse beschreibt das Anheben zweier benachbarter kinematischen Einheiten am Kopf bzw. am Ende der kinematischen Kette mit dem Ziel, für das Kopf- bzw. Endsegment einen erhöhten Ausblick zu erreichen. Kopf- bzw. Endsegment werden dabei in einer waagerechten Position gehalten während die folgenden Antriebssegmente in die Vertikale bewegt werden.

Analyse: Diese Klasse stellt eine Sonderform der Aufgabenklassen dar, da in dieser Klasse zwei kinematische Einheiten aus der Steuerung der kinematischen Kette entfernt werden. Die verbleibenden kinematischen Einheiten können allen anderen Aufgabenklassen (mit einer dann um zwei reduzierten Anzahl an kinematischen Einheiten) zugeordnet werden.

Aufgabenklasse „*Wurm*"

Ziel: Fortbewegung des Roboters ohne Einsatz der Radantriebe.

Beschreibung: Diese Klasse unterscheidet sich von den bereits aufgeführten Klassen wesentlich. Eine Fortbewegung wird hier dadurch erreicht, dass - ähnlich der Fortbewegung eines Wurms - das abwechselnde Strecken und Zusammenziehen mehrerer Segmente zu einer kriechenden Fortbewegung führt. Der Vortrieb der Antriebseinheiten wird nicht verwendet.

Analyse: Großer Vorteil einer solchen Bewegung ist die Tatsache, dass eine Fortbewegung mit minimaler Belastung der Bodenkontaktflächen erfolgt. Eine solche Bewegung bietet sich also in sensiblen Umgebungen an. Die „*Wurm*"-Bewegung wird innerhalb dieser Arbeit nicht betrachtet, stellt aber eine interessante Möglichkeit der Fortbewegung bei mehrsegmentigen Robotern dar.

2.3.2 Analyse der Aufgaben

Die dargestellten Aufgabenklassen decken die relevanten Bewegungen ab, die innerhalb des Szenarios Inspektion von Interesse sind. Den kinematischen Möglichkeiten eines mehrsegmentigen Roboters wird dabei ebenso Rechnung getragen wie den Anforderungen der Einsatzumgebung an die durchzuführende Aufgabe.

Um die Klassen nun innerhalb dieser Arbeit in Form von Manövern technisch umzusetzen, ergeben sich mehrere Vorgaben für die Definition von Manövern und für die Anforderungen an das Gesamtsystem:

- Komplexe Manöver sind durchführbar. Sie werden aus elementaren Manövern zusammengesetzt.

- Eine Zustandserfassung ist notwendig. Sie schließt den Regelkreis und erlaubt adaptive Bewegungen.

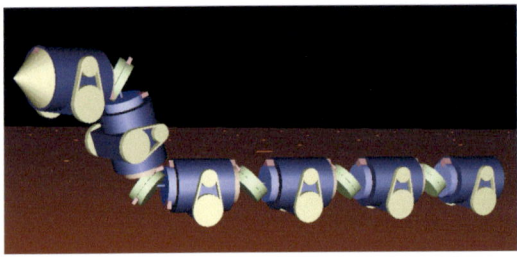 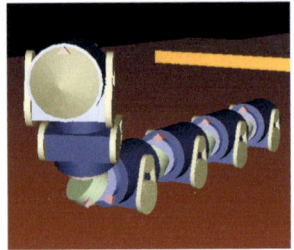

| (a) Seitenansicht. | (b) Frontalansicht. |

Abb. 2.2: Manöver „*Freie Fahrt*": Die Trajektorie des Kopfsegments wird vorgegeben, nachfolgende Segmente folgen dieser Trajektorie versetzt.

- In den Regelkreis muss auf verschiedenen Ebenen steuernd eingegriffen werden (Position, Geschwindigkeit, Kraft und Impedanz). Eingriffe sind kartesisch und im Konfigurationsraum durchzuführen.

2.3.3 Elementare Manöver

Abgeleitet von den Aufgabenklassen des vorherigen Abschnittes werden nun die elementaren Robotermanöver identifiziert und analysiert. Der im Folgenden entwickelte Satz an elementaren Manövern soll dabei in der Komplexität *elementar* und in der Anzahl *minimal* sein:

- Elementare Manöver sind einfach zu implementieren und über einen kleinen Satz an Parametern zu konfigurieren.

- Die Anzahl der Manöver soll minimal sein aber die Anforderungen des Einsatzszenarios abdecken.

Eine Analyse der identifizierten elementaren Manöver gibt Vorgaben für die Schwerpunkte bei der technischen Realisierung der Aufgabenklassen und somit für die Schwerpunkte dieser Arbeit. Die Güte und Vollständigkeit des identifizierten Satzes an elementaren Manövern wird schließlich in Kapitel 7 anhand der realisierten Aufgabenklassen evaluiert.

Definition 2.4 *Im Rahmen dieser Arbeit bezeichnet der* **Steuervektor** *die Gesamtheit der kartesischen Vorgaben für die Fahrt des Roboters und die zeitgleiche Ausrichtung der relevanten Segmente. Der Grad der Belegtheit des Steuervektors hängt vom gewählten elementaren Manöver ab.*

Mit Hilfe der folgenden elementaren Manöver lassen sich die identifizierten Aufgabenklassen realisieren:

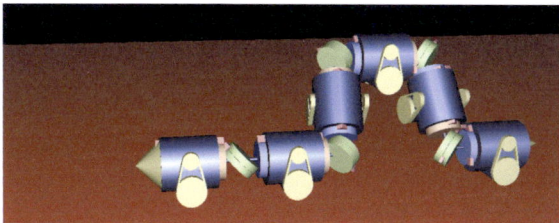
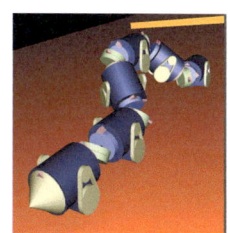

(a) Seitenansicht (Position $y = -300$).

(b) Frontalansicht (Position $y = -300$).

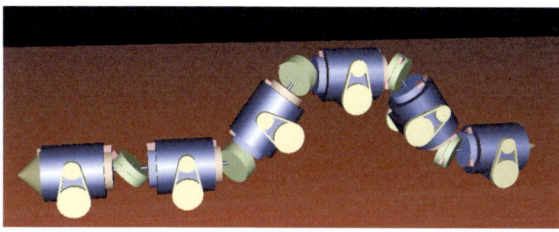
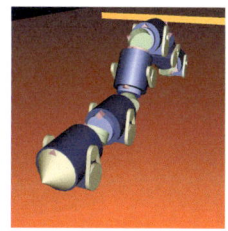

(c) Seitenansicht (Position $y = 0$).

(d) Frontalansicht (Position $y = 0$).

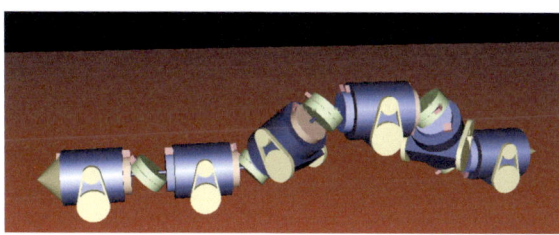
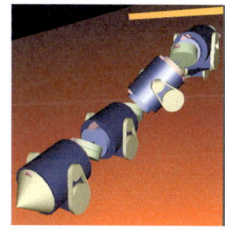

(e) Seitenansicht (Position $y = +300$).

(f) Frontalansicht (Position $y = +300$).

Abb. 2.3: Manöver „*Positioniere Modul*": Freie Bewegung eines Moduls (hier: Bewegung von Segment 4 entlang der y-Achse von RKS).

Manöver „*Freie Fahrt*"

Beschreibung: Umsetzung der Klasse „*Freie Fahrt*" (siehe Abbildung 2.2).

Umsetzung: Die vorgegebene Steuertrajektorie für das Kopfsegment wird Schritt für Schritt auf alle nachfolgenden Segmente übertragen.

Manöver „*Positioniere Modul*"

Beschreibung: Der Roboter behält an seiner Spitze und am Ende Bodenkontakt. Das Sensorikmodul im Inneren der kinematischen Kette wird, wie in Abbildung 2.3 dargestellt, frei bewegt. Dadurch verändert sich der Abstand zwischen den beiden Endsegmenten des Roboters.

Umsetzung: Dieses Manöver erfordert einen erweiterten Steuervektor. Neben Trajektorienvorgaben für das Kopfsegment sind hier auch Vorgaben für das Inspektionsmodul notwendig. Eine Überprüfung der Stabilität des einzunehmenden Manövers ist sinnvoll und muss separat erfolgen.

Manöver „*Anhalten*"

Beschreibung: Bei der Ausführung dieses Manövers verharrt der Roboter in seiner momentanen Konfiguration.

Umsetzung: Alle Roboterachsen werden positionsgeregelt in der momentanen Position gehalten.

Um zwischen den einzelnen elementaren Manövern zu wechseln, analysiert das integrierte Sensorsystem den Zustand des Roboters und stellt Zustandsübergänge fest. In Abbildung 2.4 signalisiert zum Beispiel die Analyse des Motorstroms des (in der Luft) frei rotierenden Antriebsrads den Aufsetzzeitpunkt des Segments. Bewegungsvorgaben der elementaren Manöver werden bis zur Detektion eines Sensorereignisses durchgeführt. Eine übergeordnete Manöverkontrolle wechselt danach in den nächsten Zustand.

2.3.4 Umsetzung der Aufgaben im Szenario Inspektion

Durch die Definition von drei elementaren Manövern („*Freie Fahrt*", „*Positioniere Modul*" und „*Anhalten*") können alle für das Einsatzszenario „*Inspektion*" identifizierten Aufgabenklassen durchgeführt werden.

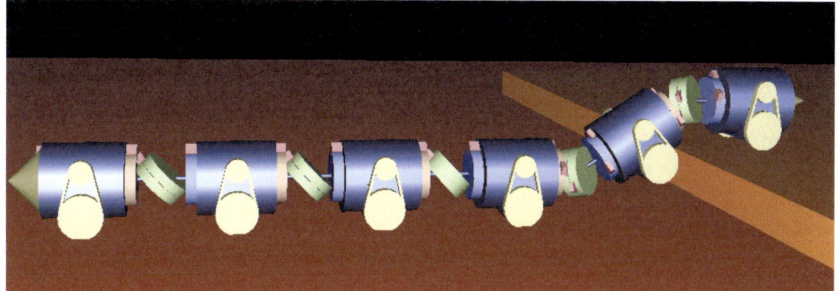

(a) Kopfsegment vor Absenken des Kettenantriebs ohne Bodenkontakt.

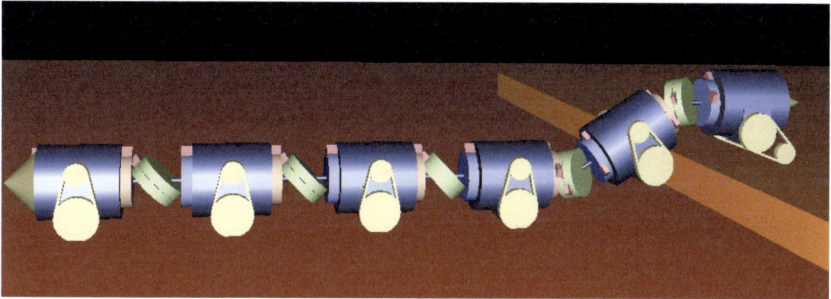

(b) Kopfsegment nach Absenken des Kettenantriebs mit Bodenkontakt.

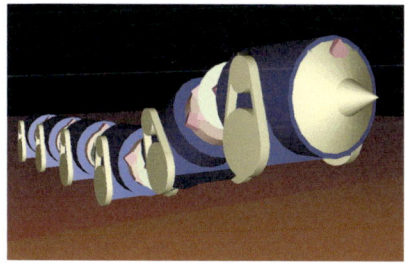
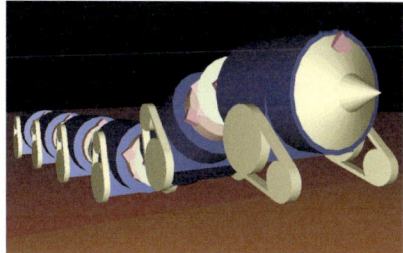

(c) Detailansicht (vor Absenken).　　　　　(d) Detailansicht (nach Absenken).

Abb. 2.4: Detektion eines Zustandsübergangs beim Absenken des Kettenantriebs.

Die Klasse „*Freie Fahrt*" wird durch das gleichnamige Manöver realisiert. Die Klasse „*Inspektion*" stellt eine Kombination der Manöver „*Freie Fahrt*" und „*Positioniere Modul*" dar. Eine Bewegung der Klasse „*Nachgiebige Bewegung*" kann durch die Überlagerung des Manövers „*Freie Fahrt*" und mehrerer kraftgeregelter Manöver „*Positioniere Modul*" erfolgen. Zur Umsetzung der Klasse „*Beobachten*" wird das Manöver „*Positioniere Modul*" auf das Kopfsegment angewendet. Die Klasse „*Wurm*" stellt schließlich eine Sonderform dar, bei der ein Manöver „*Positioniere Modul*" dynamisch über die Länge des Roboters verschoben wird. Dieses Manöver wird innerhalb dieser Arbeit nicht behandelt.

2.4 Nutzen und Kosten einer Inspektionsfahrt mit Robotern

In den vorangegangenen Abschnitten wurden als Szenario „*Inspektion*" ein weites Feld an Umgebungen mit zu inspizierenden Bereichen vorgestellt. Die Durchführung einer Inspektionsfahrt stellt einen Nutzen dar, da zum Beispiel auf einen menschlichen Operator am Inspektionsort verzichtet werden kann. Im Gegensatz dazu stellt die Bereitstellung eines Sensorträgers in diesem Kontext Kosten dar. In den folgenden Abschnitten werden diese beiden Posten für die Inspektion mit Robotern allgemein aufgeführt. Eine Kosten-Nutzen-Analyse ermittelt anschließend den für diese Arbeit erwünschten, speziellen Nutzen mit seinen Kosten.

Die Qualität einer solchen Inspektionsfahrt lässt sich durch Analyse mehrerer Merkmale ermitteln. Eine Inspektionsfahrt soll nach Möglichkeit schnell und präzise durchgeführt werden. Dabei soll der Inspektionsort unabhängig von der Umgebung oder dem Untergrund erreicht werden, Hindernisse sollen überwunden werden. Am Inspektionsort soll der Roboter in der Lage sein, den Zustand zu erfassen und gegebenenfalls Veränderungen vorzunehmen. Die Bewegungsvorgaben sollen teilautonom oder autonom durchgeführt werden können, um die Anzahl benötigter menschlicher Operatoren zu minimieren.

Um diese Ziele zu erreichen, ist es notwendig, für eine große Beweglichkeit und Traktion des Roboters zu sorgen. Der Roboter benötigt eine ausreichende Menge an Energie und Rechenkapazität, sowie weiteren Stauraum für Sensorik und Aktorik.

In der vorliegenden Arbeit ergibt sich der wesentliche Nutzen der Inspektionsfahrt durch die Verwendung einer mehrsegmentigen Roboterarchitektur. Zahlreiche Bewegungsfreiheitsgrade sorgen für eine hohe Beweglichkeit. So können schwierige und enge Umgebungen befahren werden. Am Inspektionsort kann die Inspektionssensorik präzise platziert werden. Aufgrund der Redundanz ist es möglich, diese Bewegung während der Fahrt durchzuführen.

Um ein möglichst großes Spektrum befahrbarer Inspektionsumgebungen zu erhalten, werden weitere Aspekte realisiert: Kapselung des Robotergehäuses, Erhöhen der Traktion durch Wahl

gezielter Aufsetzpunkte, autonome Roboterfahrt durch Integration von Energie- und Recheneinheiten im Roboter.

Diese große Beweglichkeit verursacht wesentliche Kosten, die im vorliegenden Entwurf akzep-
tiert werden. So steigt bei großer Roboterlänge nicht nur die Beweglichkeit und die Nutzlast
des Systems. Auch der Energieverbrauch, das Robotergewicht und die Zeit für die Durchfahrt
einer Kurve wächst an. Dabei stellt sich eine Roboterlänge von 5 oder 6 Antriebssegmenten
als sinnvoll heraus. Bei dieser Länge können die benötigten Ressourcen im Roboter untergebracht werden, das Anheben einzelner Segmente ermöglicht eine große Beweglichkeit. Zeit-
und Energieverbrauch bei Inspektionsfahrten und das Robotergewicht sind bei einer solchen
Roboterlänge aber noch gering.

Die Komplexität der benötigten Einheit zur Steuerung des Roboters hängt einerseits von der
erwünschten Beweglichkeit in der Inspektionsumgebung ab, andererseits aber auch vom Grad
ihrer Autonomie. Dabei ist die Durchführbarkeit von teilautonomen Bewegungen das wichtigste
Ziel dieser Arbeit. Auf diese Art können Posen und Manöver von einem menschlichen Operator durchgeführt werden, die große Anzahl an Bewegungsfreiheitsgraden bleibt dem Operator
jedoch verborgen. Durch den modularen Aufbau des Roboters mit Standardkomponenten zur
Datenverarbeitung kann der Grad der Autonomie in zukünftigen Arbeiten erhöht werden, so
dass eine autonome Steuerung den menschlichen Operator schließlich ersetzen kann.

2.5 Schwerpunkte der Arbeit

Aus dem dargestellten Einsatzszenario und der verwendeten Roboterkinematik lassen sich explizit mehrere Arbeitsbereiche ableiten [Birkenhofer et al., 2007a]. Sie werden in der vorliegenden Arbeit unabhängig voneinander bearbeitet und anschließend zusammengeführt.

Als Zielplattformen dienen dabei die Roboter MAKROPLUS und KAIRO-II. Die Kinematik dieser Roboter orientiert sich an den Systemen KAIRO und MAKRO (siehe Abschnitt 3.3.1). Um
diese Plattformen für den Einsatz innerhalb eines Inspektionsszenarios vorzubereiten, sind allerdings Erweiterungen gegenüber diesen Vorgängerversionen im Bereich der Elektromechanik,
der adaptiven Steuerung und der Sensoren zur Zustandserfassung notwendig. Die Anforderungen, die sich für die einzelnen Bereiche ergeben, werden nun aufgeführt.

2.5.1 Elektromechanik mehrsegmentiger Roboter

Aus der Problemstellung dieser Arbeit lassen sich explizit mehrere Aspekte ableiten, die Weiterentwicklungen der Elektromechanik für mehrsegmentige Roboter im Vergleich zu bereits
bestehenden Systemen erfordern. Die zu betrachtenden Aspekte sind dabei: Der *Stauraum* für

Nutzsensorik, die *Signalverarbeitung* der Basissteuerung und die *Beweglichkeit* des Roboters [Birkenhofer et al., 2003].

Im Rahmen dieser Arbeit wird bei der Realisierung zunächst auf die Mechanik des Roboters MAKROPLUS zurückgegriffen. Um komplexe Fahrmanöver durchführen zu können, wird diese Mechanik anschließend in modifizierter Form für KAIRO-II übernommen.

Die Basissteuerung beider Roboter wird im Rahmen dieser Arbeit neu entwickelt. Sie ist hochintegriert gestaltet, um im Inneren des Roboters Stauraum für Nutzsensorik, Rechnereinheiten und die Energieversorgung zu schaffen. Die Kommunikation der verschiedenen Steuereinheiten untereinander und mit den Sensorsystemen erfolgt über Bussysteme. In die Basissteuerung werden Methoden zur Auswertung interner Sensoren integriert. Sie sind zur Signalauswertung für die Sensorsysteme zur Zustandserfassung notwendig.

2.5.2 Adaptive Steuerung

Im Einsatzszenario „*Inspektion*" werden von einem Operator Trajektorien vorgegeben (siehe Kapitel 2.3). Der bisher bekannte Steuerungsansatz der „*virtuellen Schiene*" erfasst dabei lediglich die Lokomotion des Gesamtsystems in Form eines 6-Tupels $(x, y, z, \alpha, \beta, \gamma)$ für das Kopfsegment. Bewegungen eines Inspektionsmoduls während einer Transportfahrt werden mit diesem Ansatz nicht abgedeckt.

Innerhalb dieser Arbeit wird der Regelkreis daher um eine adaptive Komponente erweitert. Diese Komponente stellt einen erweiterten Steuervektor zur Verfügung und erlaubt es so, auch innere Segmente des Roboters zu steuern und zu regeln.

Die Komplexität dieses Steuervektors steigt damit, kann aber dadurch erfasst werden, dass parametrierbare Manöver in Form eines Zustandsautomaten definiert und umgesetzt werden. Die Umsetzung dieser Manöver erfolgt dabei so flexibel, dass durch Vorgabe auf hoher, abstrakter Ebene nahezu beliebige Manöver eingeführt werden können, ohne dass dafür eine Veränderung der gesamten Steuerung notwendig ist. Aus elementaren Manövern werden so auf einfache Weise komplexere Manöver zusammengesetzt.

Diese adaptive Steuerung benötigt außerdem einen erweiterten inneren Regelkreis. Dieser Regelkreis verfolgt das Ziel, innere Systemzustände zu erfassen und auf Stabilität zu überprüfen. Kontaktkräfte spielen hier eine zentrale Rolle. Durch die Interaktion des Systems mit der Umwelt entstehen Kontaktkräfte, die bewusst eingeprägt werden oder als Störkräfte erfasst und somit ausgeregelt werden können.

2.5.3 Sensoren zur Zustandserfassung

Bei Inspektionsfahrten agiert der Roboter direkt innerhalb seiner Umgebung. Dabei treten zwischen Roboter und der Umgebung (*gewollte* und *ungewollte*) Kontaktszenarien auf. Die Detektion gewollter Kontaktkräfte zwischen Roboter und Umwelt leitet bei komplexen Manövern in den nächsten Zustand über. Ungewollte Kontaktszenarien können, nachdem sie erkannt wurden, durch Verwenden der Redundanz des Roboters aufgelöst werden.

Der Roboter KAIRO-II wird daher mit einem Sensorsystem zur Zustandserfassung ausgestattet. Aus der Analyse auftretender Kräfte bei inspektions-spezifischen Manövern ergeben sich verschiedene Roboterachsen an denen Zustandsänderungen signifikante Auswirkungen auf die Stabilität eines Manövers haben oder an denen eine genaue Kenntnis des Zustandes in der Steuerung eingesetzt werden kann. Diese Messgrößen werden identifiziert und mit geeigneten Sensorsystemen erfasst.

2.6 Zusammenfassung

Das Einsatzszenario „*Inspektion*" stellt eine komplexe, facettenreiche Umgebung dar. In diesem Kapitel wurden Bereiche innerhalb dieser Umgebung extrahiert, in welchen eine Inspektionsfahrt mit einem mehrsegmentigen Roboter sinnvoll ist. Hierzu wurden Aufgabenklassen definiert, die innerhalb des Inspektionsszenarios notwendig und mit einer mehrsegmentigen Roboterplattform durchführbar sind. Diese Klassen werden in Form spezieller Fahrmanöver technisch realisiert.

Die mehrsegmentigen Roboter MAKROPLUS und KAIRO-II sind prinzipiell in der Lage, diese Fahrmanöver durchzuführen. Im Bereich der Elektromechanik, der adaptiven Steuerung und der Sensorik zur Zustandserfassung sind dazu aber umfangreiche Weiterentwicklungen notwendig. Die identifizierten Entwicklungsschritte wurden in diesem Kapitel vorgestellt. Ihre Umsetzung erfolgt in den Kapiteln 4 bis 6.

3 Roboter zur Inspektion schwer zugänglicher Bereiche - Stand der Entwicklung

Der Einsatz von Robotersystemen in der „Inspektion" bietet sich zur Unterstützung eines menschlichen Operators an: Komplexe Umgebungen erfordern spezialisierte Kinematiken, die unter schwierigen Bedingungen (loser Untergrund, enge Umgebung, hohe Temperaturen, große Entfernungen) Sensoren in ein Einsatzgebiet bringen. Für Menschen sind solche Einsätze unter Umständen nicht durchführbar, so dass hier auf Roboter zurückgegriffen werden kann.

In diesem Kapitel werden die Problemfelder des beschriebenen Szenarios dargestellt. Es werden relevante Arbeiten untersucht, die sich innerhalb der einzelnen Problemfelder bewegen. Die einzelnen Arbeiten werden bewertet und hinsichtlich ihrer Bedeutung für die vorliegende Arbeit evaluiert.

3.1 Problemfelder

Bei der roboterbasierten Inspektion von Gegenden oder Anlagen stellt sich zunächst das Problem des Transports der Sensoren. Der Roboter dient in diesem Fall als Sensorträger, der die für die Inspektion relevanten Sensoren an eine gewünschte Zielposition transportiert und sie an dieser Position in Lage und Orientierung ausrichtet. Eine solche Aktion stellt folgende Anforderungen an die Roboterarchitektur:

- *Transportvermögen*: Der Roboter benötigt Stauraum und Antriebskraft, um die Sensorik zu transportieren.
- *Beweglichkeit*: Der Roboter muss den Bewegungsanforderungen der Einsatzumgebung genügen.
- *Adaption*: Der Roboter muss seinen Zustand und den der Umgebung kennen, um sich an die Gegebenheiten anpassen zu können.

Abhängig vom gewählten Einsatzszenario ergeben sich weitere Randbedingungen, die beim Entwurf der Systeme zu beachten sind.

In der Regel spezialisieren sich die in diesem Kapitel vorgestellten Robotersysteme auf einen engen Bereich innerhalb des Szenarios „Inspektion". Neben einigen Systemen, die allgemein als Sensorträger für die Inspektion mit Robotern dienen (Kapitel 3.2), werden daher auch spezialisierte Systeme für gezielte Anwendungen vorgestellt.

Dabei sind die beiden folgenden Szenarien aufgrund der aufgeführten Tatsachen von besonderem Interesse: Die „Inspektion von Rohren"[1] erfordert hochspezialisierte Kinematiken, die sich in der Rohrumgebung fortbewegen können. Das „Suche und Rette"[2]-Szenario hat in den letzten Jahren bedingt durch Naturkatastrophen in Japan sowie Unglücke in den USA eine breite Darstellung in der Öffentlichkeit und damit eine große finanzielle Unterstützung erfahren. Die Ergebnisse der letzten Jahre in diesem Bereich sind dementsprechend gut. Der jährlich stattfindende ROBOCUP RESCUE-Wettbewerb verstärkt diese Effekte noch.

Innerhalb dieser beiden Szenarien sind vor allem Kinematiken zu finden, die sich auf das Prinzip „mehrsegmentiger Roboter" oder „schlangenähnlicher Roboter"[3] beziehen. Kinematiken von mehrsegmentigen Robotern und schlangenähnlichen Robotern unterscheiden sich durch die biologische Motivation und ihren Aufbau fundamental. Während mehrsegmentige Roboter Antriebe für den Vortrieb benötigen, sorgen schlangenähnliche Roboter durch *schlängelnde Bewegungen* für eine Fortbewegung. Eine Abgrenzung beider Kinematiken ist bei einigen Systemen unter Umständen schwierig und nicht eindeutig zu treffen. Daher sind auch in der Literatur Systeme zu finden, die der jeweils anderen Klasse zugeordnet werden können[4]. Wichtige Vertreter dieser beiden Kinematiken werden in den Kapiteln 3.3 und 3.4 vorgestellt.

In Kapitel 3.5 werden Arbeiten aus dem Bereich der „nachgiebigen Bewegung" vorgestellt. Sie beschäftigen sich in der Regel mit der Anpassung redundanter Systeme an die Umgebung. Über ein Sensorsystem werden im Roboter auftretende Kräfte erfasst und in einen Regelkreis eingespeist. Unter Berücksichtigung von Zielvorgaben und der Bewertung des momentanen Zustandes wird über eine Gütefunktion eine optimale Regelgröße berechnet und generiert. In diesem Teilgebiet sind „Manipulatoren" aus mehreren Gründen von Interesse. Zum einen besitzen sie in der Regel eine ähnliche Anzahl an seriell angeordneten Freiheitsgraden, zum anderen sind in diesem Bereich zahlreiche Arbeiten zu finden, die sich mit der Thematik der nachgiebigen Bewegung befassen. Die „Zweihändige Manipulation" schließt die kinematische Kette durch die Kopplung von zwei Manipulatoren (ähnlich der Haltungskontrolle zweibeiniger humanoider Roboter). Auch dieses Verhalten ist für die Inspektion mit mehrsegmentigen Robotern von Interesse.

---

[1]Engl.: „In-pipe Inspection".
[2]Engl.: „Search and Rescue".
[3]Engl.: „Snake-like Robot" oder „Serpentine Robot".
[4]Dementsprechend sind auch einige der im Folgenden vorgestellten Systeme biologisch betrachtet nicht korrekt eingeordnet.

(a) KURT3D mit 3D-Laserscanner (Quelle: FHG [2009]).

(b) TOIN PELICAN mit Kamera (Quelle: Toin [2009]).

Abb. 3.1: Roboter als Sensorträger.

3.2 Roboter als Sensorträger

Innerhalb eines Inspektionsszenarios werden Robotersysteme in der Regel als Sensorträger verwendet. Zahlreiche schlangenähnliche oder mehrsegmentige Systeme werden in den folgenden Kapiteln vorgestellt. Dieses Kapitel gibt einen Überblick über eine Auswahl an Systemen und Kinematiken, die in allgemeinen Umgebungen und im Robocup Rescue Wettbewerb als Sensorträger dienen.

3.2.1 Mobile Roboterplattform KURT

KURT ist eine mobile Roboterplattform, welche an der *Fraunhofer Gesellschaft* entwickelt wurde [Worst, 2003; Nuchter et al., 2005] und schon mehrfach beim Robocup Rescue Wettbewerb erfolgreich teilgenommen hat. Es handelt sich hierbei um eine mobile Plattform mit sechs Rädern. KURT existiert in verschiedenen Versionen. Je nach Ausstattung ist er für das Befahren von strukturierten oder unstrukturierten Geländearten geeignet.

Der Schwerpunkt bei der Entwicklung von KURT3D (siehe Abbildung 3.1(a)) ist die selbständige Erfassung seiner Umwelt und die Lokalisation in allen sechs Raumfreiheitsgraden (SLAM). Dazu ist er mit einer 3D-Kamera ausgestattet, mit der er sehr präzise Karten erstellen kann, die dann zur weiteren Bahnplanung genutzt werden können [Nuchter et al., 2008]. Dank seiner kompakten Bauform ist der Roboter wendig und kann sich auf unebenem Grund bewegen. Komplexe Fahrmanöver wie das Übersteigen von Hindernissen sind mit dieser Architektur nur eingeschränkt möglich.

3.2.2 TOIN PELICAN im Robocup Rescue Wettbewerb

Der Roboter TOIN PELICAN (siehe Abbildung 3.1(b)) ist eine von der *Toin University of Yokohama* entwickelte Roboterplattform [Koyanagi et al., 2004]. Er erreichte im Robocup Rescue Wettbewerb große Erfolge [RoboCup, 2004, 2009]. Diese Plattform ist exemplarisch für zahlreiche Roboter aufgeführt, die an diesem Wettbewerb teilgenommen haben.

Bei diesem Roboter handelt es sich um eine mobile Plattform, die auf insgesamt sechs Raupenketten fährt. Die vorderen und hinteren Kettenpaare können unterschiedlich ausgerichtet werden. Hierdurch sind verschiedene Manöver durchführbar. In einfachem Terrain werden sie hochgeklappt, so dass der Roboter nur auf den mittleren Ketten fährt. Auf diese Weise ist er sehr wendig, besitzt aber dennoch hinreichend guten Bodenkontakt. In schwierigeren Umgebungen werden die vorderen und hinteren Ketten waagerecht gestellt. Der Roboter steht dann sehr stabil, reduziert aber seine Wendigkeit. Schließlich können die Ketten heruntergeklappt werden. In diesem Manöver ist beispielsweise das Erklimmen von Stufen möglich, weil durch das Abklappen der gesamte Roboter angehoben wird.

Zusätzlich verfügt TOIN PELICAN über einen Manipulator mit fünf Freiheitsgraden und über umfangreiche Sensorik. Zur Orientierung dient eine Stereokamera. Mit Wärmesensoren sowie Mikrofonen und einem CO_2-Sensor ausgestattet, kann er sogar nach verschütteten Menschen suchen.

Neben der elektromechanischen Entwicklung des Roboters werden für den Robocup Rescue Wettbewerb auch Algorithmen für teilautonome Manöver entwickelt [Ohno et al., 2007]. Diese Algorithmen beherrschen zum Beispiel das Besteigen unbekannter Stufen. Verschiedene Zielplattformen sind damit in der Lage, lediglich durch Vorgabe einer Fahrtrichtung, Stufen bis zu einer maximalen Höhe von 20 cm (Roboter ALLADIN) zu erklimmen.

3.3 Mehrsegmentige Roboter

Mehrsegmentige Roboter verwenden Räder oder Ketten für den Vortrieb. Durch den mehrsegmentigen Aufbau besitzen die Systeme eine große Redundanz und somit eine große Beweglichkeit. Die Lokomotion unterscheidet sich wesentlich von der der Schlangenroboter.

3.3.1 Inspektion von Abwasserkanälen mit KAIRO und MAKRO

In einer vom *Ministerium für Bildung und Forschung (BMBF)* finanzierten Studie [Berns et al., 1996] wurde der sinnvolle Einsatz von autonomen, mehrsegmentigen Robotern in der Inspektion

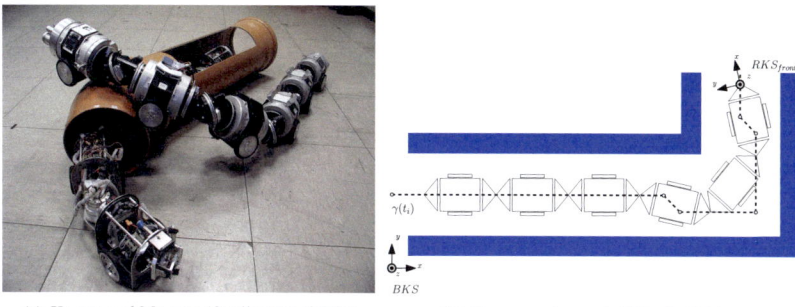

(a) KAIRO und MAKRO (Quelle: FZI [2009]).   (b) Steuerungskonzept: Virtuelle Schiene.

Abb. 3.2: Mehrsegmentige Roboter und ihr Steuerungskonzept.

von Abwasserkanälen untersucht. Die Roboter KAIRO und MAKRO in Abbildung 3.2(a) sind die ersten autonomen Systeme, welche für dieses Einsatzszenario entwickelt wurden.

Der Roboter KAIRO (*Karlsruher Inspektions Roboter*) wurde als reines Laborfahrzeug entwickelt [Scholl, 2003] und diente als Plattform für die Entwicklung von Bewegungs- und Steuerungsstrategien in der stark strukturierten Umgebung „*Abwasserkanal*".

Als Entwicklungsumgebung für die Steuerung des Roboters wurde das Softwareframework *MCA* entworfen [Scholl et al., 2001]. Mit diesem Softwareframework ist es möglich, einzelne Module getrennt voneinander zu entwickeln und anschließend systemübergreifend einzusetzen. Die Werkzeuge *mcabrowser* und *mcagui* ermöglichen es, zu Laufzeit den gesamten Systemzustand zu erfassen und zu steuern. Die Entwicklungen im Rahmen der vorliegenden Arbeit basieren in der Regel auf der Nachfolgeversion dieses Softwareframeworks *MCA2*.

Die Bewegungssteuerung des Roboters beruht auf dem Algorithmus der „*virtuellen Schiene*". Ziel dieses Ansatzes ist es, die Freiheitsgrade eines hyper-redundanten Manipulators durch eine sogenannte „*Backbone Curve*" zu beschränken [Chirikjian und Burdick, 1990]. Alle Segmente des Roboters werden entlang dieser Grundlinie angeordnet. Auf diese Art können bekannte Hindernisse effektiv umgangen werden.

Der wesentliche Vorteil dieser Steuerung ist die Tatsache, dass ein mehrsegmentiger Roboter durch den in dieser Arbeit vorgestellten „*NSVS-Algorithmus*" direkt auf eine virtuelle Schiene abgebildet werden kann. Bereits bei der Erstellung der virtuellen Schiene werden alle Randbedingungen, die die Robotermechanik an eine fahrbare Trajektorie stellt, berücksichtigt. Eine separate Überprüfung der berechneten Trajektorien auf Passierbarkeit muss also nicht erfolgen. Für KAIRO dient ein Polygon als Repräsentation dieser Kurve. Dieses Polygon wird durch Stützstellen definiert. Innerhalb eines Kanals sind diese Stellen leicht zu bestimmen. Abbildung 3.2(b) zeigt einen mehrsegmentigen Roboter beim *Befahren* einer solchen virtuellen Schiene.

Unter Beachtung möglicher Berührpunkte von Roboter und Kanalwand entsteht so ein System zur Steuerung eines mehrsegmentigen Roboters, welches gegen Störungen robust, rechentechnisch aber trotzdem einfach bleibt.

MAKRO (*Mehrgliedriger, autonomer Kanalroboter*) stellt eine Erweiterung des KAIRO-Systems dar. Vor allem im Bereich der Elektromechanik wurde das System optimiert, um innerhalb von Abwasserkanälen zuverlässiger zu navigieren. Im Gegensatz zu KAIRO sind bei MAKRO die einzelnen Gelenke eines Knickelementes nicht mehr in einem Winkel von 90° zueinander angeordnet, sondern in einem Winkel von 45° (siehe auch Abbildung 4.2 im nächsten Kapitel). Aufgrund dieser Anordnung ist es möglich, alle Kabel und Elektronikkomponenten im Inneren dieser Gelenke des Roboters zu verlegen. Der Roboter ist dadurch gegen Spritzwasser geschützt.

Die Steuerungsarchitektur für MAKRO [Klaassen et al., 2001; Kolesnik und Streich, 2002; Streich und Adria, 2004] wählt ebenfalls Abwasserkanäle als Zielszenarien. Die Steuerung unterscheidet dabei prinzipiell die zwei Fahrmanöver

- *„Fahrt innerhalb einer Haltung"* und

- *„Fahrt im Bereich von Abzweigungen und Kreuzungspunkten"*.

Dabei lässt sich die Fahrt entlang einer Haltung als triviales Problem der Bahnverfolgung beschreiben. Verfolgt wird dabei der Zielpunkt am entfernten Ende des Kanals. Die direkte Umgebung des Roboters wird nicht in die unmittelbare Steuerung mit einbezogen. Erreicht der Roboter eine Abzweigung, werden verschiedene vordefinierte Bewegungsmuster abgearbeitet. Dies sind Standardbewegungen zum Abbiegen des Roboters und zur Hindernisüberwindung.

Die Systeme KAIRO und MAKRO stellen wesentliche Vorarbeiten für die vorliegende Arbeit dar. Die Kinematik der Systeme besitzen 17 (KAIRO, fünf Segmente) bzw. 21 (MAKRO, sechs Segmente) Bewegungsfreiheitsgrade, die aktiv gesteuert werden. Dies erlaubt die Durchführung vieler Bewegungen. Bei beiden Systemen handelt es sich um reine Forschungsplattformen. Ein Einsatz der Roboter als Sensorträger ist nicht möglich, da sich im Inneren der Segmente kein ausreichender Stauraum findet. Die Systeme besitzen keine Sensorik zur Bewegungsplanung, werden also in einem offenen Regelkreis rein *gesteuert* betrieben.

3.3.2 OMNITREAD in unebenem Gelände

Der Roboter OMNITREAD (in den Ausführungen OMNITREAD-8 [Granosik et al., 2005] und OMNITREAD-4 [Borenstein und Borrell, 2008], siehe Abbildung 3.3) besteht aus mehreren aktiven Antriebssegmenten. Sie sind durch aktive Knickelemente miteinander verbunden. Statt eines Radpaares ist jedoch jedes Segment großflächig an allen vier Seiten mit Raupenketten ausgestattet, so dass fast jeder Bodenkontakt des Roboters auch zu Vortrieb führt. Aus mechanischer Sicht gibt es also keine Unterseite. Vielmehr können alle Seiten gleichermaßen zum

(a) OMNITREAD-4.

(b) OMNITREAD-4 auf Treppe.

(c) OMNITREAD-8.

Abb. 3.3: Die OMNITREAD-Roboter der *Universität von Michigan* (Quelle: U-M [2009]).

Fahren verwendet werden. Der Roboter behält auf diese Weise auch dann seine volle Manövrierfähigkeit wenn er umkippen sollte. Mit diesem Konstruktionsmerkmal wird außerdem das Fahren in senkrechten Rohren möglich. Die Segmente werden dazu an beide Seiten der Rohrwand gepresst.

Die Knickelemente, die jeweils nur zwei Freiheitsgrade haben, arbeiten pneumatisch. Dies hat die folgenden Vorteile: Durch den geringen Platzverbrauch der Antriebe können Raupenketten an allen Außenseiten des Roboters angebracht werden. Außerdem kann die Steifigkeit des Roboters mit Hilfe der pneumatischen Antriebe einfach eingestellt werden. In unebenem Gelände kann so die Steifigkeit sehr niedrig gewählt werden, damit sich der Roboter selbständig an die Oberfläche anpasst, während etwa beim Überqueren von Gräben eine hohe Steifigkeit gewählt werden kann. Nachteilig wirkt sich aus, dass der maximale Winkel der Gelenke konstruktionsbedingt auf etwa 40° beschränkt ist.

Im Vergleich zu KAIRO-II erlaubt die Kinematik von OMNITREAD eine einfachere Fortbewegung in unstrukturierten Umgebungen, da sich der Roboter der Umgebung rein mechanisch anpasst. Dies wird durch die einstellbare Steifigkeit und durch die Anordnung der Raupenketten an allen Seiten des Roboters erreicht. Eine präzise Platzierung der Räder auf geeigneten Oberflächen ist somit nicht notwendig. Diese Vorteile gehen allerdings auf Kosten der Präzision der Bewegungen. So werden alle Antriebseinheiten von einem einzigen Motor mit konstanter Geschwindigkeit angetrieben. Dies führt beim Befahren von Kurven automatisch zu Schlupf. Das genaue Positionieren eines Segments für Inspektionsaufgaben ist mit den pneumatisch angetriebenen Knickelementen ebenfalls nicht möglich.

Das Durchführen von Manövern erfolgt bei OMNITREAD durch Operatoren. In der Regel steuern dabei drei Personen manuell jeweils zwei Knickelemente in ihren vier Freiheitsgraden (zwei Winkel und zwei Steifigkeiten). Um diesen Personenbedarf zu reduzieren, wird in neueren Ansätzen [Hutchison et al., 2007] versucht, die Bewegung des Roboters teilautonom durchzuführen. Die Steuerung des Roboters wird dabei durch eine Kombination von analytischen Algorithmen und Methoden der künstlichen Intelligenz unterstützt.

3.4 Schlangenähnliche Roboter

Die Art der Fortbewegung von Schlangen wirkt auf einen Beobachter faszinierend und abenteuerlich. Wie es eine Schlange schafft, sich durch *schlängelnde* Bewegungen nach vorne zu bewegen, wurde bereits in vielen Arbeiten untersucht [Bauchot, 1994; Transeth und Pettersen, 2006].

Technische Umsetzungen der Bewegungsmuster von Schlangen auf reale Robotersysteme wurden zu Beginn vor allem durch die Arbeiten von Shigeo Hirose [Umetani und Hirose, 1974;

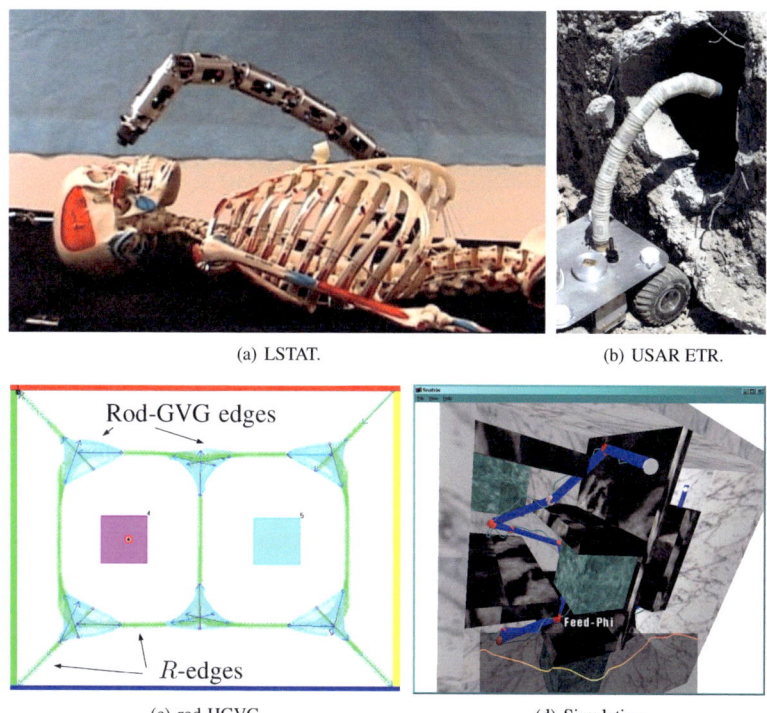

(a) LSTAT.

(b) USAR ETR.

(c) rod-HGVG.

(d) Simulation.

Abb. 3.4: Überblick über die Arbeiten der *CMU* im Bereich redundanter Manipulatoren (Quelle: CMU [2009]).

Hirose, 1993] geprägt. Die Ergebnisse dieser Arbeiten finden heute im Bereich schlangenähnlicher Roboter Verwendung, Teilaspekte sind aber auch im Forschungsbereich von „*redundanten*" oder „*hyper-redundanten*" Manipulatoren von Interesse.

Die nachfolgende Auflistung schlangenähnlicher Roboter beinhaltet daher sowohl Robotersysteme, die das Schlängeln als Hilfsmittel zur Lokomotion verwenden, als auch Manipulatoren, die ihre große Redundanz zur Ausführung komplexer Bewegungen einsetzen[5].

3.4.1 Arbeiten der *Carnegie Mellon University*

Howie Choset von der *Carnegie Mellon University (CMU)* beschäftigt sich bereits seit vielen Jahren mit der Entwicklung von schlangenähnlichen Robotern und der Bewegungsplanung solcher hyper-redundanter Systeme. Innerhalb seiner Arbeitsgruppe entstanden zahlreiche Systeme, welche für die Einsatzszenarien „*Kanalinspektion*", „*Suche und Rette*" und „*Militär*" entwickelt wurden [Wright et al., 2007]. Die Arbeiten der *CMU* zielen sowohl auf die Entwicklung von Einzelkomponenten ab [Shammas et al., 2003], als auch auf die im Folgenden dargestellten und in Abbildung 3.4 skizzierten Gesamtsysteme.

In Zusammenarbeit mit dem amerikanischen Militär wird derzeit im Rahmen des Systems *LSTAT* (Life Support for Trauma and Transport) ein System entwickelt, in welchem ein hyper-redundanter Manipulator bei der Diagnose verletzter Soldaten im Kriegsfeld zum Einsatz kommt. Das System ist in Teilbild (a) dargestellt. Die Beweglichkeit des Manipulators soll hier verwendet werden, um einen Patienten mit Hilfe von Kameras und anderen Sensoren teleoperiert zu untersuchen.

Die Roboterplattform USAR ETR in Teilbild (b) besteht aus einer mobilen Plattform und einem darauf installierten elefantenrüssel-ähnlichen Manipulator. Innerhalb von „*Suche und Rette*"-Szenarien kann die mobile Plattform an eine Inspektionsstelle bewegt werden. Der hyper-redundante Manipulator wird anschließend für die Inspektion der näheren Umgebung (beispielsweise von Öffnungen) verwendet [Wolf et al., 2003]. Ein ähnliches System (WOODSTOCK) verwendet den NEC SNAKE ROBOT als Manipulator [Brown et al., 2007].

Um die große Anzahl an Bewegungsfreiheitsgraden dieser Systeme effizient zu steuern, werden in den vorgestellten Systemen hierarchische, generalisierte Voronoi-Diagramme für den Einsatz bei Schlangenrobotern erweitert („*rod Hierarchical Generalized Voronoi Graph*" (rod-HGVG), siehe Teilbild (c)). Die so erzeugten Karten von Bewegungstrajektorien haben den Vorteil, dass sie unabhängig von Roboterplattformen lediglich auf Basis von Sensorinformationen generiert werden können. Diese Karten können sowohl in der zweidimensionalen Ebene [Choset und Burdick, 1996; Choset und Henning, 1999], als auch im dreidimensionalen Raum [Lee und Choset, 2005] erzeugt werden.

Um die erzeugten rod-HGVG-Karten sowohl für mobile Manipulatoren als auch für schlangenähnliche Roboter planen zu können, werden an der *CMU* zwei Ansätze verfolgt. Im ersten Fall können die Bewegungen von einer mobilen Plattform und dem darauf montierten Manipulator entkoppelt werden. Die Bewegung des Manipulators kann anschließend unabhängig von der Bewegung der Plattform geplant werden. Im zweiten Fall wird für schlangenähnliche Roboter

---

[5]Solche Systeme werden auch als „*elefantenrüssel-ähnliche*" (engl.: elephanttrunk-like) Manipulatoren bezeichnet.

die Bewegung inkrementell erweitert. Eine Darstellung der dabei berechneten Bewegung in der Simulation befindet sich in Teilbild (d).

3.4.2 Arbeiten von Fumitoshi Matsuno

Die Arbeiten von Fumitoshi Matsuno im Bereich schlangenähnlicher Roboter decken weite Bereiche der aktuellen Forschungsthematik ab. Neben lernbasierten Steuerungsansätzen redundanter Systeme beschäftigt sich Fumitoshi Matsuno mit der Anwendung der Steuerungen auf realen Robotern, dem konkreten Einsatzszenario dieser Roboter und mit der Kooperation mehrerer Roboter in diesem Szenario. Die im folgenden vorgestellten Arbeiten wurden von ihm an verschiedenen Instituten durchgeführt.

Steuerungsansätze, Missionssteuerung

Ziel der Arbeiten im Bereich der Steuerung ist es, die großen Möglichkeiten bei der Bewegung hyper-redundanter Systeme effektiv einsetzen zu können. Um sich auf die Verfahren zur Beherrschung der Redundanz konzentrieren zu können, werden die Verfahren zunächst lediglich in der Simulation getestet. Eine Umsetzung auf reale Systeme erfolgt in späteren Arbeiten.

Wesentlicher Ansatzpunkt ist es, Gesetzmäßigkeiten zu entwickeln, die für schlangenähnliche Roboter Mehrdeutigkeiten auflösen. In seiner einfachsten Form löst der Regelungsalgorithmus für einen n-segmentigen schlangenähnlichen Roboter mit m radgetriebenen Einheiten und lediglich einem Freiheitsgrad pro Segment die Redundanz des Systems komplett auf [Matsuno und Suenaga, 2002]. Hiermit ist es also möglich, die Position und die Pose des Roboters zu steuern und zeitgleich die Redundanz des Systems gemäß einer Unteraufgabe aufzulösen.

Zur Steuerung einer Mission wurde der sogenannte „QDSEGA"-Algorithmus[6] entwickelt und innerhalb der Simulationsumgebung auf einem 50-achsigen schlangenähnlichen Roboter und einer 12-beinigen Laufmaschine getestet [Ito und Matsuno, 2002]. Der Ansatz basiert auf der klassischen Methode des „Reinforcement Learnings" und ermöglicht es, ohne Vorwissen eine zunächst kleine Umgebung durch „Trial and Error" zu explorieren. Durch das Restrukturieren des erhaltenen Wissens kann die Exploration schließlich Stück für Stück auf weitere Bereiche ausgedehnt werden.

Probleme, die bei diesem Ansatz auftreten, sind vor allem durch den großen Zustandsraum hyper-redundanter Systeme und die daraus resultierende Komplexität der Berechnungen bedingt. Durch das Einführen einer weiteren (übergeordneten) Ebene in die Steuerung [Ito et al., 2003] gelingt es, den Algorithmus auch auf reale Roboter zu bringen. In dieser übergeordneten

---

[6]Engl.: Q-learning with dynamic structuring exploration space based on genetic algorithm.

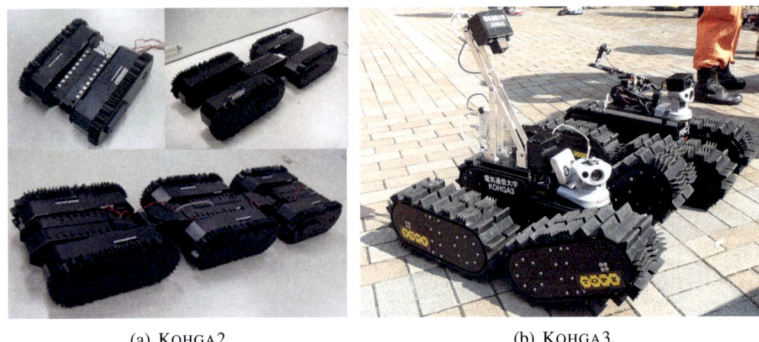

(a) KOHGA2. (b) KOHGA3.

Abb. 3.5: KOHGA Roboter (Quelle: Tokyo Tech [2009]).

Ebene steuert ein Agent mehrere untergeordnete Agenten, die jeweils eine geringe Anzahl von Gelenken steuern. Durch die lokale Bewertung von Zuständen und das Einführen von Strafen kann mit diesem Algorithmus ein übergeordnetes Ziel erreicht werden.

Einsatzszenario: „Suche und Rette"

Die vorgestellten Steuerungen und Systeme sind für einen Einsatz innerhalb eines „Suche und Rette"-Szenarios gedacht. Innerhalb dieses Szenarios besteht der Wunsch, sowohl bewegliche Robotersysteme einzusetzen, als auch auf den in früheren Einsätzen gemachten Erfahrungen aufzubauen.

Eine auf dem QDSEGA-Algorithmus basierende Steuerung kann hier sinnvoll eingesetzt werden, da sie in der Lage ist, bereits gelerntes Wissen zu restrukturieren und erneut übergeordnet einzusetzen. Als Trägerplattform bieten sich hierfür schlangenähnliche Roboterarchitekturen an [Erkmen et al., 2002]. Für Erkundungsfahrten, die einem Operator einen Überblick über die Umgebung geben sollen, bieten sich dagegen kamerabestückte, ferngesteuerte Fahrzeuge an (zum Beispiel der Roboter FUMA [Sato et al., 2007]).

Plattformen KOHGA, KOHGA2, KOHGA3

Die am *Tokyo Institute of Technology* entwickelten Robotersysteme KOHGA, KOHGA2 und KOHGA3 sind ebenfalls für den Einsatz in „Suche und Rette"-Szenarien gedacht (siehe Abbildung 3.5)[7].

---

[7]Aus Sicht der biologischen Motivation sind diese Roboter „mehrsegmentige Roboter".

Durch die teils aktive (2 DOF), teils passive (3 DOF) Verbindung mehrerer Segmente besitzt KOHGA eine große Beweglichkeit [Kamegawa et al., 2004]. Konstruktionsbedingte Fehler, die zu einem Steckenbleiben des Roboters führten, wurden in den nachfolgenden Modellen KOHGA2 [Miyanaka et al., 2007] und KOHGA3 beseitigt.

Durch die Kombination von aktiven (*Wellen*) und passiven (*Achsen*) Bewegungsfreiheitsgraden ist die Beweglichkeit dieser Systeme im Vergleich zu Kinematiken, die alle Bewegungsfreiheitsgrade aktiv ansteuern (z.b. KAIRO), eingeschränkt.

Kooperative Steuerung mehrerer Roboter

Die Redundanz schlangenähnlicher Roboter kann aktiv zur Abarbeitung von *Unteraufgaben*[8] eingesetzt werden. Die Punkte des Arbeitsraums eines schlangenähnlichen Roboters, die auf diese Art frei bewegt werden können, werden als „*Shape Controllable Points*" bezeichnet. In den Arbeiten von Herrn Matsuno zur kooperativen Steuerung mehrerer Roboter werden diese Punkte aller beteiligten Roboter dazu verwendet, gemeinsam große Lasten zu bewegen. In Tanaka und Matsuno [2006] wird für eine Flotte von drei schlangenähnlichen Robotern ein gemeinsames Missionsziel definiert.

Gruppen von Robotern werden auch eingesetzt, um in Katastrophenszenarien die Vorzüge spezialisierter Systeme anwenden zu können [Kamegawa et al., 2008]. So kann ein Roboter mit großem Funktionsumfang als Pionier eingesetzt werden und eine Kommunikationsumgebung für nachfolgende Systeme schaffen. Mit kleineren und beweglicheren Systemen kann anschließend die Umgebung erfasst werden.

3.4.3 Arbeiten am Tokyo Institute of Technology

Bereits seit 1972 wird an der Entwicklung biologisch motivierter schlangenähnlicher Roboter gearbeitet. Die Arbeiten umfassen die Grundlagenforschung dieser Systeme und die Umsetzung der Ergebnisse auf reale Plattformen. Seit einigen Jahren konzentrieren sich die Arbeiten auf den „*Suche und Rette*"-Bereich. Ziel ist es, zahlreiche spezialisierte Robotersysteme zu entwickeln, welche im beschriebenen Szenario gemeinsam agieren und kommunizieren. Dabei spielen schlangenähnliche Roboter eine wesentliche Rolle, da sie in der Lage sind, sich innerhalb der Trümmerreste teileingestürzter Gebäude zu bewegen [Hirose und Fukushima, 2004].

Im Bereich der biologisch motivierten schlangenähnlichen Robotersysteme wird die Lokomotion solcher Systeme im Allgemeinen untersucht [Hirose und Mori, 2004]. Eine Umsetzung der Ergebnisse auf ein reales System stellt der Feuerwehrroboter GENBU [Kimura et al., 2004] dar.

---

[8]Engl.: Subtask.

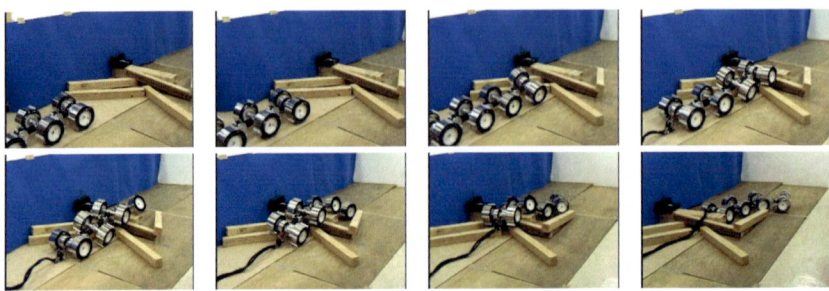

Abb. 3.6: Schlangenähnlicher Roboter GENBU3 (Quelle: Tokyo Tech [2009]).

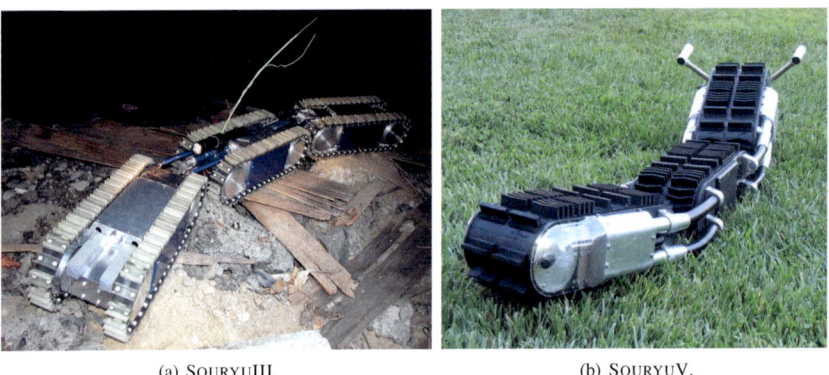

(a) SOURYUIII.   (b) SOURYUV.

Abb. 3.7: Roboterplattform SOURYU (Quelle: Tokyo Tech [2009]).

GENBU3 ist die inzwischen dritte Version dieses Systems (siehe Abbildung 3.6). Hydraulische Antriebe [Kimura et al., 2004] sorgen dabei für den Vortrieb des Roboters. Die Verbindungen zwischen den radgetriebenen Einheiten sind dagegen passiv. Mit diesem Roboter können Hindernisse, welche den Raddurchmesser überragen, überwunden werden [Hirose und Yamada, 2009].

Plattform SOURYU

Die Roboterplattform SOURYU stellt eine wesentliche Arbeit im Bereich schlangenähnlicher bzw. mehrsegmentiger Inspektionsroboter dar. Die SOURYU Systeme sind in der mittlerweile fünften Generation verfügbar (siehe Abbildung 3.7).

Auch diese Systeme sind dank ihrer großen Beweglichkeit darauf spezialisiert, im Bereich des „Suche und Rette"-Szenarios eingesetzt zu werden. Ausgestattet mit verschiedenen Kameras

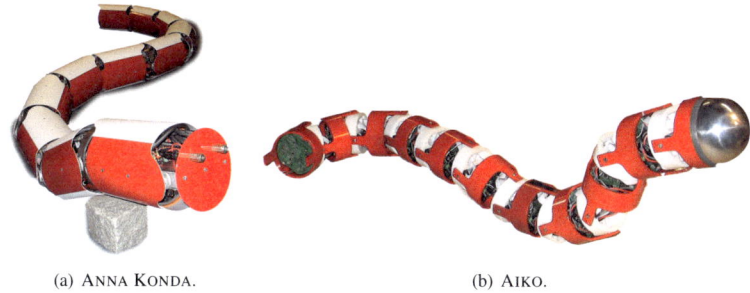

(a) ANNA KONDA.   (b) AIKO.

Abb. 3.8: Schlangenähnliche Roboter ANNA KONDA und AIKO (Quelle: SINTEF [2009]).

[Midorikawa et al., 2007] werden sie von einem Operator ferngesteuert und übermitteln ihm Informationen über den Zustand von Katastrophenszenarien. Durch den kompakten Aufbau mit einem umschließenden Kettenantrieb [Arai et al., 2008] sind anspruchsvolle Fahrmanöver möglich. Auch bei unbekannten Gegebenheiten kann SOURYU V kontrollierte Bewegungen ausführen.

Nachteilig wirkt sich an dieser Architektur allerdings das beschränkte Transportpotenzial des Roboters aus. Die kompakten Einheiten der SOURYU-Systeme ermöglichen eine große Bewegungsfreiheit des Roboters, die zu Lasten des Freiraums geht. Für das Anbringen spezieller Sensorik und eines Rechners ist bei diesem Aufbau kein Platz vorhanden. Ebenso ist das Überwinden von Hindernissen aufgrund der geringen Anzahl an Segmenten eingeschränkt. Der Roboter bewegt sich nicht autonom, sondern wird von einem Operator ferngesteuert.

3.4.4 Roboter ANNA KONDA und AIKO

ANNA KONDA wurde ebenso wie AIKO in Trondheim (Norwegen) entwickelt und stellt einen der klassischen schlangenähnlichen Roboter dar. Der Vortrieb dieser Systeme beruht auf dem biologischen Prinzip der Fortbewegung von Schlangen. Diese Robotersysteme besitzen keine Räder (siehe Abbildung 3.8).

Das Einsatzszenario dieser Roboter beschränkt sich auf enge oder gefährliche Umgebungen [Transeth und Pettersen, 2006] in denen sich die Roboter durch schlängelnde Muster fortbewegen. Eine aktive Suche nach Kontaktpunkten mit Hindernissen der Umgebung beschleunigt diese Bewegung [Transeth et al., 2008]. Spezielle Steuereinheiten sorgen hierbei dafür, dass sich die Gelenke des Roboters auf vorgegebenen Bahnen bewegen [Transeth et al., 2007]. Diese Bewegungen wurden auf dem Robotersystem AIKO in der Ebene und im dreidimensionalen Raum ausgeführt.

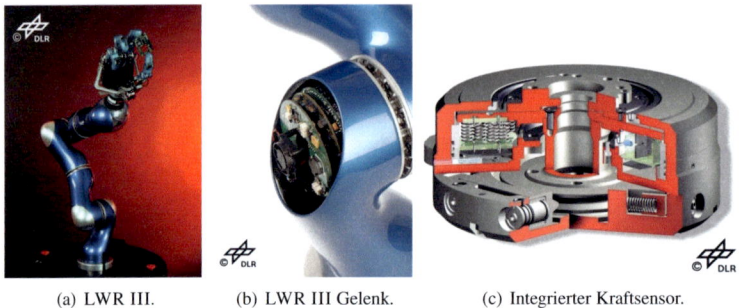

(a) LWR III.   (b) LWR III Gelenk.   (c) Integrierter Kraftsensor.

Abb. 3.9: Leichtbauarm LWR III mit Kraftsensor (Quelle: DLR [2009]).

3.5 Nachgiebige Bewegung redundanter Systeme

Interagieren Roboter in einer realen Umgebung, so tritt häufig ein regelungstechnisches Dilemma auf: Bei *positionsgeregelten* Robotern werden Zielpositionen direkt angesteuert. Dabei können große Kontaktkräfte entstehen. Ein *kraftgeregelter* Ansatz regelt dagegen eine gewünschte Kontaktkraft aus, hat dabei aber keinen Einfluss auf die erreichte Zielposition.

Die Methode der Impedanzregelung berücksichtigt beide Ansätze, indem sie die Regelgrößen Position und Kraft über ein Feder-Dämpfer-System miteinander verbindet. In diesem Zusammenhang kommt den redundanten Robotern eine besondere Bedeutung zu, da sie aufgrund ihrer Redundanz verschiedene Konfigurationen einnehmen können, ohne die Ausführung der eigentlichen Aufgabe zu beeinträchtigen. Die Summe dieser Konfigurationen wird als Nullraum bezeichnet [Ott, 2008].

In diesem Kapitel werden Arbeiten aus dem Bereich redundanter Systeme vorgestellt, die im Hinblick auf die Kinematik, die Sensorik oder die Steuerung für diese Arbeit relevant sind.

3.5.1 Impedanzregelung des Leichtbauarms LWR

Der Leichtbauarm (LWR[9]) des *Deutschen Zentrums für Luft- und Raumfahrt* stellt für diese Arbeit ein zentrales Forschungsprojekt dar. Der Beitrag dieses Systems ist es, die bei der Interaktion eines Manipulators mit seiner Umwelt auftretenden Kräfte gezielt zu beeinflussen. Der Fokus liegt dabei auf einem ganzheitlichen Ansatz, bei welchem die Entwicklungen in den Bereichen Modellierung, Roboterhardware, Sensorik und Regelung aufeinander abgestimmt sind [Albu-Schaeffer et al., 2008]. Der Leichtbauarm LWR (siehe Abbildung 3.9) wird

---

[9]Engl.: Light Weight Robot.

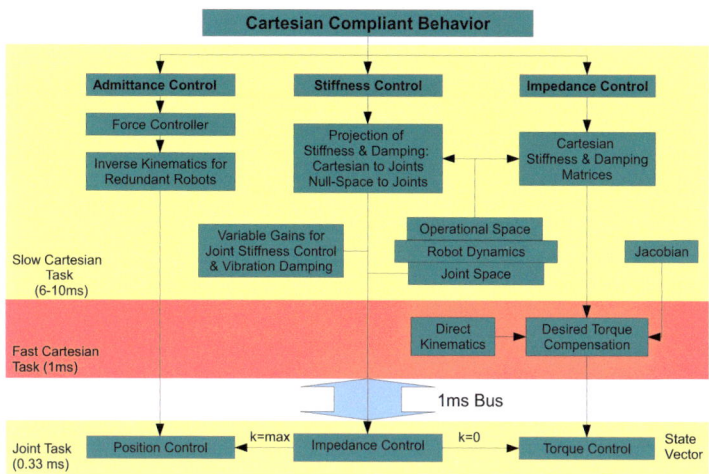

Abb. 3.10: Hierarchische Steuerungsarchitektur des LWR (Quelle: [Albu-Schaeffer und Hirzinger, 2003], eigene Darstellung).

in mehreren Robotersystemen (ROLLIN' JUSTIN [Fuchs et al., 2009], Referenzplattform DESI-RE) verwendet und von der Firma *KUKA* kommerziell vertrieben.

Hierarchische Steuerungsarchitektur

Um den LWR-Manipulator nachgiebig steuern zu können, wird eine hierarchische Steuerungsarchitektur gemäß Abbildung 3.10 verwendet [Albu-Schaeffer und Hirzinger, 2003]. Diese Architektur vereint unterschiedliche Typen von Reglern [Albu-Schaeffer, 2001], die auf unterschiedlichen Abstraktionsebenen in das System eingreifen. Je nach Zusammenschaltung der Regler kann die Regelung der Position, der Drehmomente oder der Impedanz realisiert werden. Abhängig von der Komplexität der Regelungsaufgabe unterscheiden sich die Zykluszeiten. Eine schnelle und stabile Regelung wird zum Beispiel mit einer inneren Positions- und äußeren Kraftregelung [Natale et al., 2000] erreicht.

Während Gelenkregler die Schwerkraft und Reibung kompensieren, werden in den übergeordneten kartesischen Reglern mehrere Strategien (Admittanz-, Impedanz-, Steifigkeits- oder passive Regelung) verfolgt.

Die „*kartesische Impedanzregelung*" besitzt dabei für diese Arbeit eine besondere Relevanz. Hier wird die klassische Positionsregelung um Kraftaufnehmer in den Gelenken erweitert [Hirzinger, 1996; Hirzinger et al., 2001]. Im Gegensatz zur Impedanzregelung im Gelenkwinkelraum werden die Elastizitäten der Gelenke nicht vernachlässigt.

41

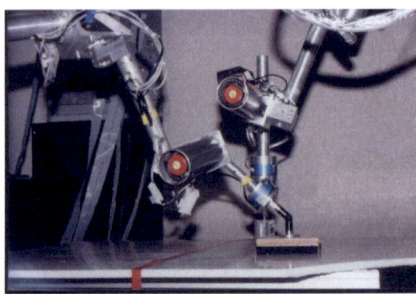

Abb. 3.11: Manipulator REDIESTRO (Quelle: UWO [2009]).

Beim kartesischen Impedanzregler handelt es sich um ein passives Dämpfer-Masse-System zweiter Ordnung. Die Impedanzregelung auf Gelenkebene erfolgt dabei mit wesentlich höheren Taktraten als die übergeordnete kartesische Regelung. Die Parameter Steifigkeit und Dämpfung werden in Form von PD-Reglern implementiert [Albu-Schaeffer et al., 2004; Ott et al., 2004].

Die Bestimmung der Systemparameter fließt in die Güte der Gesamtregelung fundamental ein [Albu-Schaeffer und Hirzinger, 2000]. Der ganzheitliche Ansatz der Entwicklung erlaubt eine exakte Bestimmung dieser Parameter.

Die Bestimmung der Systemparameter ist für die verwendete Steuerungsarchitektur von großer Bedeutung. Da die elektromechanische Entwicklung des Manipulators in der Simulation erfolgte und zur Bestimmung von auftretenden Kräften spezielle Sensoren entwickelt wurden, konnten diese Parameter mit einer großen Genauigkeit bestimmt werden. Daher sind regelungstechnische Ansätze für die vorliegende Arbeit von Interesse. Die Bestimmung der Systemparameter für die mehrsegmentigen Roboter MAKROPLUS und KAIRO-II ist aber mit vertretbarem Aufwand nicht durchzuführen.

3.5.2 Hybride Impedanzregelung mit REDIESTRO-Manipulatoren

An der *University of Western Ontario* wurden Arbeiten im Bereich der Hybriden Impedanzregelung für redundante Manipulatoren veröffentlicht [Shah und Patel, 2005a,b]. Um die Redundanz bei der Berechnung der inversen Kinematik aufzulösen, wird je nach Ansatz die Jacobi-Matrix transponiert bzw. invertiert. Beide Verfahren können gleichwertig verwendet werden [Cheah, 2006].

Ziel der Arbeiten ist es, die Redundanz zweier REDIESTRO-Manipulatoren (siehe Abbildung 3.11) so einzusetzen, dass diese Manipulatoren gemeinsam eine oder zeitgleich mehrere Aufgaben erledigen können.

Hierzu wurde ein hybrider, kartesischer Impedanz-Kraft-Regler entwickelt und auf einem Manipulator implementiert. Dieser Regler ist in der Lage, Kräfte oder impedanzgeregelte Positionen vorzugeben. So können zeitgleich mehrere Aufgaben ausgeführt werden.

Teilen sich zwei Manipulatoren den Arbeitsraum, so beeinflusst jeder Manipulator den Arbeitsraum des jeweils anderen. Ziel der Arbeit ist es, eine Kollisionsvermeidung in die Steuerung beider Roboter zu integrieren, so dass sich beide Manipulatoren im selben Arbeitsraum bewegen, ohne zu kollidieren. Zweihändige Manipulationen sind dabei in Form einer offenen oder einer geschlossenen kinematischen Kette denkbar.

Allgemein lässt sich die hybride Impedanzregelung kartesisch in der Form

$$\mathbf{M_d}\ddot{\underline{X}} + \mathbf{B_d}\dot{\underline{X}} - \underline{F_d} = -\underline{F_e} \qquad [3.1]$$

darstellen. $\underline{F_d}$ und $\underline{F_e}$ sind dabei die gewünschten und die auftretenden Kontaktkräfte, $\mathbf{M_d}$ ist der gewünschte Massenträgheitsparameter, $\mathbf{B_d}$ die gewünschte Dämpfung und $\dot{\underline{X}}$ bzw. $\ddot{\underline{X}}$ ist die Geschwindigkeits- bzw. die Beschleunigungstrajektorie.

Die hybride Impedanzregelung mit REDIESTRO-Manipulatoren enthält wichtige Ansätze für die vorliegende Arbeit, da hier gewünschte und reale Positionen einer redundanten Kinematik über einen kartesischen Regelkreis dynamisch miteinander verknüpft werden. In Kapitel 5 wird diese Regelung daher ausführlich diskutiert und erweitert.

3.5.3 Entkopplung von Kraft und Bewegung

Serviceroboter arbeiten fast immer in einer von Menschen dominierten Umgebung. Während der Interaktion von Mensch und Roboter treten dabei Kontaktszenarien auf. Die Folgen sind, wie bereits beschrieben, Konflikte zwischen Kraft- und Positionsregelung, bei der die Sicherheit des Menschen und des Roboters garantiert werden muss. Um die beiden Größen Kraft und Position unabhängig voneinander regeln zu können, ist es notwendig, für alle Freiheitsgrade entweder Kraft oder Position als Regelgröße festzulegen.

Im Folgenden sind relevante Arbeiten, die sich mit der Entkopplung dieser Größen beschäftigen, aufgeführt.

Arbeiten des *Deutschen Zentrums für Luft- und Raumfahrt* (DLR)

Der bereits in Kapitel 3.5.1 vorgestellte Ansatz der hierarchischen Steuerungsarchitektur implementiert auf der Gelenkebene Regler zur Kompensation von Schwerkraft und Reibung. Darauf aufbauend werden kartesische Regler eingesetzt, die eine gewünschte Dynamik erzeugen. In Kugi et al. [2008] wird ein nachgiebiger Regelkreis im kartesischen Raum definiert, der auf

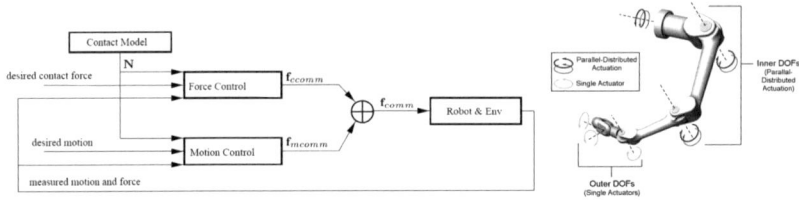

(a) Generalisiertes Kontaktmodell [Featherstone et al., 1999]. (b) Makro-Mini-Aktor DM^2 [Zinn et al., 2004].

Abb. 3.12: Arbeiten am *MIT* im Bereich der Entkopplung von Kraft und Bewegung.

einer flexiblen Struktur angebracht ist. Dieser Regler ist auch ohne exaktes Wissen über die Bewegung der Struktur in der Lage, Störungen auszuregeln.

Arbeiten des *Massachusetts Institute of Technology* (MIT)

Oussama Khatib untersucht in seinen Arbeiten Methoden zur Modellierung und dynamischen Regelung von humanoiden Robotern [Khatib et al., 2004]. Dabei auftretende Kontaktszenarien können durch die gezielte Verwendung der Redundanz der Manipulatoren aufgelöst werden.

Durch die Einführung der *„Operational Space Formulation"* [Khatib, 1987] ist es möglich, aufgaben- und haltungsspezifische Verhalten innerhalb einer *„aufgaben-orientierten Umgebung"*[10] über die Gleichung

$$\Gamma = \Gamma_{\text{Task}} + \Gamma_{\text{Posture}} \qquad [3.2]$$

zu entkoppeln. Zur Bestimmung des kartesischen Kraftvektors Γ werden haltungsspezifische Verhalten Γ_{Posture} (z.B. Steuerung der Hüfthöhe eines humanoiden Roboters) priorisiert verarbeitet. Aufgabenspezifische Verhalten Γ_{Task} (z.B. Positionierung des Endeffektors) werden durch die Verwendung der Redundanz eines Systems im Nullraum des Manipulators ausgeführt [Sentis und Khatib, 2006].

Ein allgemeines Modell beschreibt dabei Kontaktszenarien mehrerer starrer Körper allgemein. Aufbauend auf das *„Raibert-Craig Modell"* wird in Featherstone et al. [1999] ein generalisiertes Kontaktmodell vorgestellt, welches Kraftvektoren und Bewegungsvektoren getrennt betrachtet und dadurch ein dynamisch entkoppeltes Verhalten liefert (siehe Abbildung 3.12(a)).

Auf gewollte oder ungewollte Einflüsse kann nun in diesen entkoppelten Systemen mit Hilfe der *„Makro-Mini-Aktoren"* (DM^2) [Zinn et al., 2004] reagiert werden. Steuerungskomponenten werden dabei in hoch- und niederfrequente Komponenten unterteilt. Große, niederfrequente Aktoren werden in der Basis eines Roboterarms untergebracht und sind fast ausschließlich für

---

[10]Engl.: Task-orientated Framework.

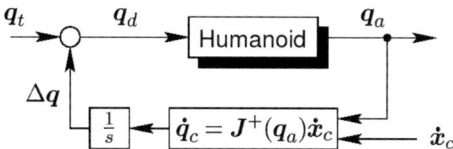

Abb. 3.13: Methode: Jacobi Kompensation (Quelle: [Sobotka et al., 2003]).

die Kraft- und Positionsregelung verantwortlich. Kleine, hochfrequente Aktoren werden dagegen direkt in den Gelenken platziert und kompensieren von dort hochfrequente Störungen (siehe Abbildung 3.12(b)).

Durch den Einsatz dieser verteilten Makro-Mini-Aktoren kann bei Kollisionen die Auswirkung auf die Umgebung dadurch substantiell reduziert werden, dass ein Großteil der notwendigen Ausgleichsbewegung von Aktoren nahe der Roboterbasis ausgeführt wird. Die hohe Dynamik einer solchen Regelung bleibt durch die parallel geschalteten kleinen Motoren erhalten. In Shin et al. [2009] wird eine Methode zur optimalen Bestimmung der Entwurfsparameter dieses hybriden Modells vorgestellt. Dieses Modell unterteilt sich in eine statische und eine dynamische Komponente. Als Ergebnis steht ein Manipulatorsystem, welches eine stark reduzierte Impedanz besitzt.

Die Entkopplung von Aufgabe und Haltung eines Roboters stellt für diese Arbeit eine zentrale Komponente dar.

3.5.4 Haltungskontrolle durch Auflösen von Redundanz

Im Bereich der humanoiden Robotik sind zahlreiche Verfahren zur Generierung von Schrittmustern bekannt. Diese werden in der Regel durch nummerische Methoden berechnet. Randbedingungen wie die dynamische Stabilität des Roboters, Grenzstellungen und maximale Kräfte der Gelenke und selbst Kontaktkräfte werden hier berücksichtigt.

Da solche Berechnungen rechenintensiv sind, ist ihre Bestimmung zur Laufzeit in der Regel nicht möglich. Die „ *Jacobi Kompensation* " [Sobotka et al., 2003] stellt eine Methode dar, diese Nachteile zu beseitigen. Teile der Kinematik können sich innerhalb ausgewählter aufgabenspezifischer Koordinatensysteme bewegen. Eine Anpassung vorher festgelegter Trajektorien nach definierten Stabilitätskriterien kann daraufhin erfolgen.

Eine vorgegebene Trajektorie wird durch die Hinzunahme eines zur Laufzeit berechneten Korrekturterms Δq modifiziert. Die notwendige Anpassung $\dot{x}_c$ der Trajektorie wird im kartesischen

Raum berechnet und anschließend mit der Jacobi-Matrix in den Gelenkwinkelraum transformiert (siehe Abbildung 3.13).

3.6 Zusammenfassung und Schlussfolgerung

In der Literatur finden sich zahlreiche Robotersysteme, die sich im Bereich der Erkundung von schwer zugänglichen Bereichen positionieren. Diese Systeme sind durch ein vorgegebenes Einsatzgebiet auf spezielle Anforderungen angepasst. Beispiele für solche Einsatzgebiete sind der Robocup Rescue Wettbewerb, die Inspektion von Rohrsystemen oder die Unterstützung der Feuerwehr mit schlangenähnlichen Robotern. Die dadurch bedingte Vielfalt an Kinematiken geht von radgetriebenen Robotern (KURT), über schlangenähnliche Systeme (AIKO) bis hin zu teilweise aktiven (OMNITREAD) oder voll aktiven (MAKRO) mehrsegmentigen Robotern.

Allen Systemen ist gemein, dass sie sich innerhalb ihrer Umgebung rein gesteuert (also nicht adaptiv) bewegen oder durch die Wahl ihrer Kinematik in der Auswahl möglicher Bewegungsmuster einschränken. Robotersysteme, die sich in einer schwierigen Umgebung adaptiv fortbewegen und trotzdem ein großes Repertoire an Bewegungsmustern besitzen, sind nicht bekannt. Diese Lücke zu schließen stellt einen zentralen Bereich dieser Arbeit dar.

Im Bereich der Steuerungsarchitekturen finden sich zum einen rein gesteuerte Architekturen für mehrsegmentige Roboter, zum anderen nachgiebige Architekturen für redundante Systeme (Manipulatoren, humanoide Roboter). Die rein gesteuerten Systeme haben dabei zum Ziel, eine große Anzahl an Bewegungsfreiheitsgraden mit einem geringen rechnerischen Aufwand zu steuern. Die Nachteile durch die fehlende Rückkopplung werden entweder durch die Eingriffe eines Operators oder durch *kompromissloses* Fahren ausgeglichen. Nachgiebige Architekturen erfassen dagegen die Umgebung sensorisch und reagieren durch die Verwendung der kinematischen Redundanz adaptiv. Hierzu ist eine Beschreibung der Haupt- und Nebenaufgabe notwendig. Aspekte der Themenfelder der gesteuerten Architekturen für mehrsegmentige Roboter und der nachgiebigen Architekturen für redundante Systeme sollen beide in die Steuerungsarchitektur dieser Arbeit einfließen.

4 Entwurf des Gesamtsystems

In diesem Kapitel werden die zur Umsetzung der Ziele dieser Arbeit notwendigen elektrome-chanischen Komponenten und Modelle für das Gesamtsystem vorgestellt. Die Anforderungs-analyse in Kapitel 2 identifizierte die wesentlichen Komponenten für die Inspektionsfahrt mit Robotern und entwickelte Aspekte zur Optimierung bisheriger Systeme. Die zentralen Aspekte für eine Weiterentwicklung des Gesamtsystems sind dabei

- der *Stauraum* für Nutzsensorik,

- die *Signalverarbeitung* der Basissteuerung und

- die *Beweglichkeit* des Roboters.

Das vorliegende Kapitel definiert nun zunächst die benötigten Koordinatensysteme und Trans-formationen für mehrsegmentige Roboter. Danach werden die verwendeten Zielplattformen MAKROPLUS und KAIRO-II allgemein eingeführt. Anschließend werden die Segmente, die Basissteuerung und die internen Sensoren dieser Plattformen mit Blick auf die aufgeführten zentralen Aspekte analysiert und weiterentwickelt.

Da mehrsegmentige Roboter implizit einen modularen Aufbau besitzen, stellt die Modularität bei der Entwicklung des Gesamtsystems einen zentralen Aspekt dar. Die Modularität der Syste-me und Komponenten erlaubt das einfache Erweitern der kinematischen Kette in Abhängigkeit vom gewählten Einsatzszenario. Die Modularität stellt somit ein wesentliches Merkmal dieser Roboterklasse dar und zieht sich durch alle Bereiche der Entwicklung:

- Die kinematischen und dynamischen Modelle des Roboters werden sequentiell berechnet. Bei gegebener Roboterkonfiguration ist so eine einfache (sequentielle) Berechnung der Modelle möglich.

- Verschiedene Arten an Segmenten können, je nach Anwendung, in unterschiedlicher Aus-führung und Anzahl zusammengesetzt werden. Der Nutzraum und die Beweglichkeit des Roboters kann so angepasst werden.

- Die Basissteuerung besitzt mechanisch und elektronisch normierte Schnittstellen. Ab-hängig von der Roboterkonfiguration und der benötigten Nutzsensorik kann die Basis-steuerung parametriert werden.

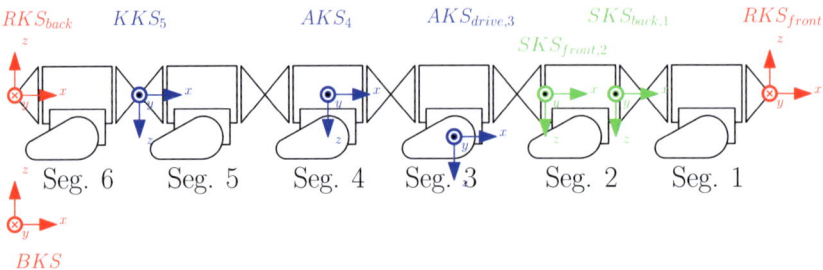

Abb. 4.1: KAIRO-II Koordinatensysteme: Basis und Roboter (rot), Segmente (blau), Sensorik (grün).

- Interne und externe Sensoren werden über Bussysteme in die Steuerung integriert. Die Anzahl der verwendeten Sensoren und das dabei auftretende Datenvolumen wird hierdurch flexibel gehalten.

4.1 Modelle mehrsegmentiger Roboter

Die Koordinatensysteme und Transformationen stellen die mathematischen Beziehungen einzelner Komponenten der mehrsegmentigen Roboter untereinander dar. Im Folgenden werden zunächst alle relevanten Koordinatensysteme definiert. Das kinematische Modell stellt die Beziehung zwischen Gelenkstellungen und kartesischen Roboterpositionen dar. Das vorgestellte inverse dynamische Modell berechnet aus Gelenkstellungen die resultierenden kartesischen Stellkräfte und -momente.

Alle Modelle wurden für den Roboter KAIRO-II im Softwareframework *MCA2* entwickelt. Aufgrund der großen mechanischen Ähnlichkeit sind sie aber, bis auf kleine Einschränkungen, auch für MAKROPLUS gültig.

4.1.1 Koordinatensysteme

Im Rahmen dieser Arbeit werden mehrere lokale Koordinatensysteme verwendet. Die Steuergrößen für die Bewegungsplanung und Ausführung beziehen sich ebenso auf diese Koordinatensysteme wie die gerechneten Ausgangsgrößen der Sensorsysteme zur Zustandserfassung.

Die einzelnen Koordinatensysteme werden im Folgenden vorgestellt. Eine schematische Übersicht über ihre Position und Ausrichtung ist in Abbildung 4.1 dargestellt, eine detaillierte Beschreibung befindet sich im Anhang in den Tabellen B.1 bis B.3. Die einzelnen Koordinatensysteme sind:

Basiskoordinatensystem BKS: Das globale Bezugskoordinatensystem für alle Berechnungen.

Roboterkoordinatensysteme RKS: Positionen des Roboters in der Missionssteuerung sind auf dieses Koordinatensystem bezogen. Je nach Fahrtrichtung wird das im Kopf- bzw. Endsegment liegende Koordinatensystem RKS_{front} bzw. RKS_{back} verwendet.

Koordinatensysteme Knickelement KKS: Das Koordinatensystem KKS_i hat seinen Ursprung in den Knickpunkten des i-ten Knickelements. Der Ursprung dieses Koordinatensystems stellt die Position des Knickpunktes i auf der virtuellen Schiene dar. KKS_i ist fest mit Segment i verbunden.

Antriebskoordinatensysteme AKS: In jedem Antriebssegment i befindet sich das Koordinatensystem AKS_i. Es kann aus der Position des benachbarten Koordinatensystems KKS_i berechnet werden, da es die identische Orientierung besitzt. Durch Translation in die Antriebsachse des Segments wird aus ihm das Koordinatensystem $AKS_{drive,i}$ definiert.

Sensorkoordinatensysteme SKS: Messgrößen der in den Knickelementen integrierten Sensorsysteme beziehen sich auf diese Koordinatensysteme. Auf beiden Seiten des Knickelementes i ist ein Sensorkoordinatensystem untergebracht ($SKS_{front,i}$ bzw. $SKS_{back,i}$).

4.1.2 Kinematisches Modell

Zur Bestimmung des kinematischen Modells der mehrsegmentigen Roboter MAKROPLUS und KAIRO-II sind mehrere Schritte notwendig. Bewegungen der Robotergelenke werden in den Koordinatensystemen AKS, $AKS_{drive,}$ und KKS erfasst. Das kinematische Modell transformiert diese Bewegungen in das Referenzkoordinatensystem des Roboters (RKS) und der Umwelt (BKS).

Der Kopf des Roboters (Bezugspunkt RKS_{front}) wird dabei über die virtuelle Schiene fest im Raum referenziert (Bezugspunkt BKS). Zur Berechnung der Kinematik werden ausgehend vom Kopfsegment Schritt für Schritt die Positionen aller nachfolgenden Segmente ermittelt.

Transformation der Drehachsen

Für die folgenden Betrachtungen wird eine Transformation der Drehachsen durchgeführt. Dabei wird die konstruktionsbedingte Anordnung der Drehachsen im Knickelement der Roboter MAKROPLUS und KAIRO-II für die weiteren Berechnungen in eine rechtwinklige Anordnung (KAIRO) überführt (siehe Abbildung 4.2).

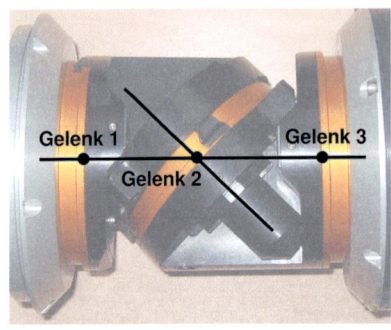 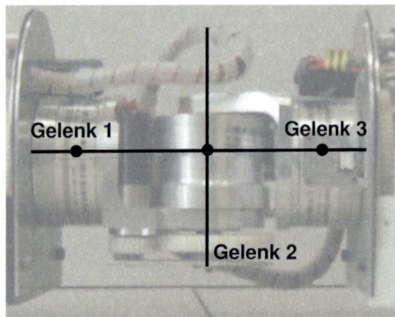

(a) Anordnung im Winkel von 45° (KAIRO-II).   (b) Anordnung im Winkel von 90° (KAIRO).

Abb. 4.2: Anordnung der Drehachsen im Knickelement der mehrsegmentigen Roboter.

Diese Transformation kann durchgeführt werden, da sich in beiden Fällen alle Drehachsen in einem gemeinsamen Punkt, dem Knickpunkt, schneiden. Die resultierende Gesamtrotation eines Knickelements ergibt sich demnach zu

$$\mathbf{R}_{\text{Ges}} = \mathbf{R}_x(\alpha) \cdot \mathbf{R}_z(\beta) \cdot \mathbf{R}_x(\gamma). \qquad [4.1]$$

Direkte und inverse Kinematik

Die Pose des Roboters bezüglich des RKS wird über die kinematischen Modelle beschrieben. Die direkte Kinematik berechnet dabei die Positionen aller Knickpunkte auf der virtuellen Schiene, die sogenannten Knickstellen, über die Transformation $\mathbf{A}_{\text{KKS}_{i-1},\text{KKS}_i}$. Bei Kenntnis der Winkelstellungen (α, β, γ) in den Knickelementen, der Position einer virtuellen und der ersten Knickstelle (K_0 und K_1) sowie des Abstands zweier Knickpunkte (Konstante KINKDISTANCE) lässt sich diese Transformation allgemein für einen n-segmentigen Roboter sequentiell gemäß Algorithmus 4.1 durchführen.

Die inverse Transformation $\mathbf{A}_{\text{KKS}_i,\text{KKS}_{i-1}}$ berechnet aus einer initialen Ausrichtung eines n-segmentigen Roboters auf der virtuellen Schiene und den bekannten Knickstellen die Winkelstellungen (α, β, γ) aller Antriebsmotoren in den Knickelementen (siehe Algorithmus 4.2).

Die Redundanz des Roboters wird dabei über die Festlegung eines künstlichen Horizontes (horizangle) und der Ausrichtung der Segmente an diesem Horizont beherrscht. Die Funktion in Algorithmus 4.3 stellt dieses Vorgehen für die zwei Knickstellen kinkpos (mit Ausrichtung $\underline{dir}_x, \underline{dir}_y, \underline{dir}_z$) und kinkposnext dar.

Algorithmus 4.1 Direkte Kinematik von KAIRO-II mit den Eingaben Gelenkwinkel $\alpha_{1...n}, \beta_{1...n}$ und $\gamma_{1...n}$ und den Knickstellen K_0 und K_1 (n Segmente).

DIREKTEKINEMATIK($\alpha_{1...n}, \beta_{1...n}, \gamma_{1...n}, K_0, K_1$, KINKDISTANCE)

▷ Berechne initiale Richtungsvektoren aus Positionen von virtuellem und erstem Gelenk
$\underline{dir}_{x1} \leftarrow$ BERECHNERICHTUNG($K_0 - K_1$)
$\underline{dir}_{y1} \leftarrow$ BERECHNERICHTUNG($\alpha_1, \underline{dir}_{x1}$)
$\underline{dir}_{z1} \leftarrow$ BERECHNERICHTUNG($\alpha_1, \underline{dir}_{x1}$)

▷ Berechne Position Knickelement ($2...n$)
for $i \leftarrow 2...n$
    do $\underline{dir}_{yi}, \underline{dir}_{zi} \leftarrow$ BERECHNERICHTUNG($\alpha_i, \underline{dir}_{x(i-1)}$)
        $\underline{dir}_{xi}, \underline{dir}_{yi} \leftarrow$ BERECHNERICHTUNG($\beta_i, \underline{dir}_{zi}$)
        $\underline{dir}_{yi}, \underline{dir}_{zi} \leftarrow$ BERECHNERICHTUNG($\gamma_i, \underline{dir}_{xi}$)
        $K_i = K_{i-1} -$ KINKDISTANCE $* \underline{dir}_{xi}$

▷ Rückgabe der Knickstellen $2...n$.
return ($K_2...K_n$)

Algorithmus 4.2 Inverse Kinematik von KAIRO-II mit den Eingaben Knickstellen K_1 bis K_n und den Winkeln $\alpha_{\text{virt}}, \beta_{\text{virt}}$ und γ_{virt} (n Segmente).

INVERSEKINEMATIK($K_0...K_n, \alpha_{\text{virt}}, \beta_{\text{virt}}, \gamma_{\text{virt}}$)

▷ Berechne Ausrichtung des ersten Segments
$\alpha_0, \beta_0, \gamma_0 \leftarrow \alpha_{\text{virt}}, \beta_{\text{virt}}, \gamma_{\text{virt}}$
$\underline{dir}_x, \underline{dir}_y, \underline{dir}_z \leftarrow$ Einheitsvektoren

▷ Sequentielle Berechnung der Gelenkwinkel für alle Segmente
for $i \leftarrow 1...n$
    do kinkpos $\leftarrow K_{i-1}$
        kinkposnext $\leftarrow K_i$
        $\alpha_i, \beta_i, \gamma_i, \underline{dir}_x, \underline{dir}_y, \underline{dir}_z \leftarrow$ BERECHNENÄCHSTENWINKEL($\alpha_{i-1}, \beta_{i-1}, \gamma_{i-1}, ...$
        ... kinkpos, kinkposnext, $\underline{dir}_x, \underline{dir}_y, \underline{dir}_z$, horizangle)

▷ Rückgabe der Gelenkwinkel für alle Segmente
return ($\alpha_{1...n}, \beta_{1...n}, \gamma_{1...n}$)

Algorithmus 4.3 Auflösung der Redundanz bei inverser Kinematik.

BERECHNENÄCHSTENWINKEL(kinkpos, kinkposnext, $\underline{dir}_x, \underline{dir}_y, \underline{dir}_z$, horizangle)

▷ Berechnung α, β, Aktualisierung des Richtungsvektors
nextdir ← kinkposnext - kinkpos
α ← BERECHNEUNDNORMIEREALPHA(nextdir, $\underline{dir}_x, \underline{dir}_y, \underline{dir}_z$)
$\underline{dir}_x, \underline{dir}_z$ ← AKTUALISIERERICHTUNGSVEKTOREN($\alpha, \underline{dir}_y$)
β ← BERECHNEBETA($\underline{dir}_x, \underline{dir}_y$, nextdir)
$\underline{dir}_x, \underline{dir}_y$ ← AKTUALISIERERICHTUNGSVEKTOREN($\beta, \underline{dir}_z$)

▷ Auflösung der Redundanz bei Berechnung von γ
ownhoriz ← BERECHNEHORIZONT($\underline{dir}_x, \underline{dir}_y, \underline{dir}_z$)
γ ← BERECHNEUNDNORMIEREGAMMA(ownhoriz, horizangle)
$\underline{dir}_x, \underline{dir}_z$ ← AKTUALISIERERICHTUNGSVEKTOREN($\gamma, \underline{dir}_y$)

▷ Rückgabe der Gelenkwinkel eines Knickelements und neuer Richtungsvektor
return ($\alpha_i, \beta_i, \gamma_i, \underline{dir}_x, \underline{dir}_y, \underline{dir}_z$)

Die Ursprungspunkte der Koordinatensysteme im Antriebssegment (AKS$_i$ mit Ursprung $\mathbf{O}_{Ai}$ und AKS$_{drive,i}$ mit Ursprung $\mathbf{O}_{Di}$) lassen sich aus der Lage der jeweils benachbarten Koordinatensysteme im Knickelement (KKS$_{i-1}$ mit Ursprung $\mathbf{O}_{Ki}$) durch Verschiebung gemäß folgender Formeln ermitteln:

$$\mathbf{O}_{Ai} = \mathbf{O}_{Ki} + \frac{l_1}{2} \cdot x_{Ki} \text{ und} \qquad [4.2]$$

$$\mathbf{O}_{Di} = \mathbf{O}_{Ai} + r_1 \cdot z_{Ai} . \qquad [4.3]$$

Die für die Translation notwendigen Parameter sind Tabelle C.2 im Anhang zu entnehmen. Für KAIRO-II ergibt sich die Konstante KINKDISTANCE gemäß dieser Tabelle zu

$$\text{KINKDISTANCE} = l_1 + l_2 = 33{,}2 \text{ cm}.$$

4.1.3 Inverses dynamisches Modell

Das inverse dynamische Modell wird über den rekursiven Newton-Euler-Ansatz (RNE) realisiert. Durch die Einführung eines vereinfachten dynamischen Modells [Birkenhofer et al., 2006] kann der Rechenaufwand für dieses Modell wesentlich reduziert werden. Dabei werden die drei Gelenke des Knickelementes ($\alpha_{KE}, \beta_{KE}, \gamma_{KE}$) gemäß der Abbildung 4.3 in den Knickpunkt des

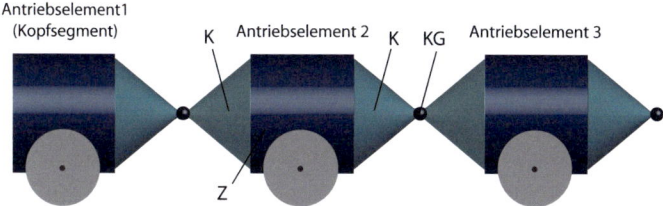

Abb. 4.3: Vereinfachtes Modell, bestehend aus einem Kopfsegment (Segment 1) und zwei Mittelsegmenten (Segmente 2 und 3) für KAIRO-II mit Zylinder (**Z**), Kegel (**K**) und Kugelgelenk (**KG**).

Elementes verschoben. Diese Vereinfachung ist möglich, da sich die Rotationsachsen der drei Gelenke in genau diesem Punkt schneiden.

Parameter	α_i	θ_i	$\mathrm{Rot}(i)$	b_i	m_i
1 Kopfsegment	0	0	0	0	6,85 kg
2 Virtuelles Segment	$-\frac{\pi}{2}$	α_i	1	0	0
3 Virtuelles Gelenk	$\frac{\pi}{2}$	β_i	1	0	0
4 Mittelsegment	0	γ_i	1	0	9,5 kg

Tab. 4.1: KAIRO-II RNE-Parameter: DH-Parameter α_i und θ_i, Rotationsgelenk Rot_i, Dämpfung b_i und Masse m_i.

Das vereinfachte dynamische Modell kennt dabei die in Tabelle 4.1 aufgeführten Körper und Parameter. Die DH-Parameter α_i und θ_i können Tabelle C.3 im Anhang entnommen werden. Bei den Körpern 2 bis 4 handelt es sich um rotatorische Gelenke (Rot$(i) = 1$), die Dämpfung b_i wird für alle Körper zu Null gesetzt. Die Masse des Roboters konzentriert sich auf Kopf- und Mittelsegment. Virtuelle Segmente sind dagegen masselos.

Um nun die relevanten RNE-Parameter zu bestimmen, werden die Körper freigeschnitten und getrennt voneinander betrachtet. Mit den elementaren Parametern Masse und Trägheitstensor aus den Tabellen C.4 und C.5 ergeben sich damit die Trägheitsmomente der Körper ($\mathbf{R}_{i,0}\mathbf{I}_i\mathbf{R}_{0,i}$), die Richtungsvektoren in den Schwerpunkt der Körper ($\mathbf{R}_{i,0}\underline{s}_i$) und die Richtungsvektoren zu den nächsten Koordinatensystemen ($\mathbf{R}_{i,0}\underline{p}_i$) für das vereinfachte dynamische Modell. Diese Parameter sind in Tabelle 4.2 dargestellt und können für jede „i-j"–Konfiguration sequentiell erweitert werden.

Mit diesen Parametern lässt sich nun durch kinematische Vorwärtstransformation und anschließender dynamischer Rückwärtstransformation das inverse dynamische Modell ausrechnen. Eine Darstellung des implementierten Modells findet sich in Studer [2006].

Parameter	$\mathbf{R}_{i,0}\mathbf{I}_i\mathbf{R}_{0,i}$	$\mathbf{R}_{i,0}\underline{S}_i$	$\mathbf{R}_{i,0}\underline{P}_i$
1 Kopfsegment	$\begin{bmatrix} 0{,}04 & 0 & 0 \\ 0 & 0{,}04 & 0 \\ 0 & 0 & 0{,}02 \end{bmatrix}$	$\begin{bmatrix} 0 \\ 0 \\ -\frac{l_2}{2}-l_1+l_s) \end{bmatrix}$	$\begin{bmatrix} 0 \\ 0 \\ l_1+\frac{l_2}{2} \end{bmatrix}$
2 Virtuelles Segment	$\underline{0}$	$\underline{0}$	$\underline{0}$
3 Virtuelles Gelenk	$\underline{0}$	$\underline{0}$	$\underline{0}$
4 Mittelsegment	$\begin{bmatrix} 0{,}10 & 0 & 0 \\ 0 & 0{,}10 & 0 \\ 0 & 0 & 0{,}03 \end{bmatrix}$	$\begin{bmatrix} 0 \\ 0 \\ -\frac{(l_1+l_2)}{2} \end{bmatrix}$	$\begin{bmatrix} 0 \\ 0 \\ l_1+l_2 \end{bmatrix}$

Tab. 4.2: KAIRO-II RNE-Parameter: Mit $l_1 = 14{,}6$ cm, $l_2 = 18{,}6$ cm und $l_s = \frac{l_2}{2} = 9{,}3$ cm gemäß Tabelle C.2.

4.2 Roboter und Segmente

Im Rahmen dieser Arbeit werden die beiden Roboter MAKROPLUS und KAIRO-II als Ziel-plattform für die Integration von Komponenten und zur anschließenden Evaluation der Komponenten und des Gesamtsystems verwendet.

In den folgenden Kapiteln werden zunächst beide Zielplattformen vorgestellt. Anschließend werden die für die Montage dieser Roboter verwendeten Segmente in der Ausprägung für den KAIRO-II-Roboter beschrieben.

4.2.1 Roboterplattform MAKROPLUS

Abb. 4.4: MAKROPLUS.

Der mehrsegmentige Roboter MAKROPLUS (siehe Abbildung 4.4) wurde innerhalb dieser Arbeit im Rahmen des Forschungsprojektes MAKROPLUS (*BMBF*, Förderkennzeichen 02WK0257) entwickelt. Ziel dieses Projektes war die Entwicklung eines mehrsegmentigen Inspektionsroboters für das Zielszenario „*Kanalinspektion*". Den Anforderungen eines Inspektionsszenarios wurde vor allem durch Entwicklungen in den Bereichen der internen Sensoren und der Basissteuerung Rechnung getragen. Der Roboter verfügt über ausreichend Stauraum für die benötigten Komponenten Nutzsensorik, Rechnereinheit und Energieversorgung. Außerdem ist die Basissteuerung des Roboters in der Lage, verschieden interne und externe Sensoren auszulesen und zu verarbeiten.

Da MAKROPLUS keine Sensoren zur Zustandserfassung besitzt, können keine komplexen bzw. adaptiven Manöver durchgeführt werden. Die Bewegungsplanung wird in einem offenen Regelkreis rein *gesteuert* realisiert.

Im Rahmen der vorliegenden Arbeit wurden die Basissteuerung und die internen Sensoren dieses Roboters entwickelt. Die Mechanik des Roboters, die Nutzsensorik und die Bewegungsplanung wurde dagegen von Projektpartnern entwickelt.

4.2.2 Roboterplattform KAIRO-II

(a) Gesamtansicht.　　　　　　　　(b) Detailansicht Antriebskonzept.

Abb. 4.5: KAIRO-II.

Der Roboter KAIRO-II (siehe Abbildung 4.5) genügt den Anforderungen einer *geregelten* Inspektionsfahrt. Wesentliche Komponenten dieses Roboters entsprechen denen von MAKRO-PLUS. Um geregelte Inspektionsfahrten durchzuführen, wurde die Elektromechanik des Roboters in den folgenden Bereichen erweitert:

- Der Bodenkontakt des Roboters wird durch die Messung des Motorstroms der Antriebsmotoren ermittelt. Die hierzu notwendige Motorstrommessung ist in die Basissteuerung integriert.

- Die interne Sensorik zur absoluten Messung von Winkelpositionen in den Knickelementen wird erweitert. Die Sensorik erkennt fehlerhaft bestimmte Positionen und korrigiert diese. Das Auftreten von unkontrollierten Bewegungen während der Initialisierungsphase kann so verhindert werden.

- In den Knickelementen des Roboters werden Dehnungsmessstreifen zur Detektion von mechanischen Zuständen integriert. Die Basissteuerung wird um Komponenten zur Signalverarbeitung dieser Sensoren erweitert.

- Die Antriebskästen werden um einen Bewegungsfreiheitsgrad „*Flipper*" erweitert. Kontaktpunkte des Roboters mit dem Untergrund können so gezielt gesucht und angefahren werden.

4.2.3 Segmente

Mehrsegmentige Roboter werden aus einzelnen Segmenten zusammengesetzt. Je nach Konfiguration variiert die Anzahl der Segmente. Die Roboter MAKROPLUS und KAIRO-II setzen sich aus den drei Typen von Segmenten Antriebselement, Antriebskasten und Knickelement zusammen. Ein Überblick über die Segmente ist Abbildung 4.6 zu entnehmen.

In den folgenden Abschnitten werden nun die Segmente von KAIRO-II vorgestellt. Die Segmente von MAKROPLUS variieren leicht. Die Unterschiede sind aber im Rahmen dieser Arbeit nicht relevant und werden daher nicht weiter betrachtet. Alle Segmente von MAKROPLUS wurden im Rahmen des gleichnamigen Forschungsvorhabens von einem Projektpartner entwickelt. Für KAIRO-II wurden die selben Knickelemente übernommen, Antriebselement und Antriebskasten wurden im Rahmen der vorliegenden Arbeit erweitert. Insbesondere wurde in den Antriebskasten ein zusätzlicher Bewegungsfreiheitsgrad integriert.

Antriebselement

Im Inneren des Antriebselements steht ausreichend Platz für Nutzsensorik, Rechnereinheiten oder die Energieversorgung zur Verfügung. In der Basis des Segments ist die Basissteuerung (ALPHA-PLATINE) untergebracht. Jedes Antriebselement ist mit einem Antriebskasten bestückt. Das Antriebselement ist modular gestaltet, so dass es mechanisch und elektronisch auf beiden Seiten mit einem Knickelement verbunden werden kann.

Kopfsegment und Endsegment sind Sonderformen eines Antriebselements. Diese Segmente befinden sich am Kopf bzw. Ende des Roboters und sind mechanisch und elektronisch nach einer Seite abgeschlossen. Je nach Ausführung können sie mit spezieller Sensorik ausgestattet werden.

Antriebskasten

Der Antriebskasten stellt die für die Lokomotion des Roboters verantwortliche Komponente dar. Je nach Ausführung sind ein bis zwei Motoren in die Antriebskästen integriert. Bei KAIRO-II

(a) Antriebselement mit integrierter ALPHA-PLATINE.

(b) Antriebskasten (Bewegungsfreiheitsgrade: Vortrieb x_{AE} und Winkelstellung des Kettenantriebs α_{AE}).

(c) Knickelement mit integrierter GAMMA-PLATINE (Bewegungsfreiheitsgrade (orange): Rotationen α_{KE}, β_{KE} und γ_{KE}).

Abb. 4.6: Die Segmente von KAIRO-II.

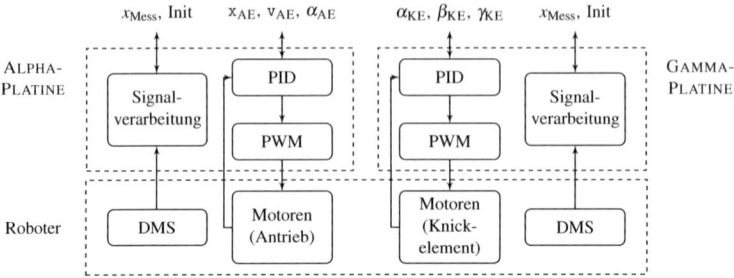

x_{Mess}, Init x_{AE}, v_{AE}, α_{AE} α_{KE}, β_{KE}, γ_{KE} x_{Mess}, Init

Abb. 4.7: Struktur der Basissteuerung einer kinematischen Einheit.

besitzt er Bewegungsfreiheitsgrade für den Vortrieb (x_{AE}) und für die Winkelstellung der Kettenantriebe (α_{AE}). Für die Bestimmung von momentaner Fahrtgeschwindigkeit sowie Winkelstellung der Kettenantriebe sind inkrementelle und absolute Encoder integriert.

Knickelement

Das Knickelement verbindet zwei Antriebselemente mechanisch und elektronisch miteinander. Seine drei Bewegungsfreiheitsgrade α_{KE}, β_{KE}, γ_{KE} bewegen diese Antriebselemente rotatorisch in allen Raumrichtungen gegeneinander. Die integrierten Platinen der Basissteuerung (BETA- und GAMMA-PLATINE) verbinden Versorgungs- und Signalleitungen der Antriebseinheiten, steuern die Gelenke des Knickelements aktiv an und erfassen die Winkel des Elements über absolute Encoder.

4.3 Basissteuerung

Die im Rahmen dieser Arbeit entwickelte Basissteuerung verfolgt die Ziele Auswertung und Ansteuerung der Gelenkantriebe, Auswertung interner Sensoren und Unterstützung der Peripherie (Spannungsversorgung und Kommunikation). Die Struktur der Basissteuerung ist in Abbildung 4.7 dargestellt.

Motiviert durch die Problemstellung dieser Arbeit ist sie hochintegriert gestaltet. Im Inneren des Roboters befindet sich somit ausreichend Stauraum für Nutzsensorik, Rechnereinheiten und die Energieversorgung. Den Anforderungen an die Modularität der Steuerung wird sowohl mechanisch als auch elektronisch Rechnung getragen. So lassen sich die einzelnen Platinen der Basissteuerung über Steckverbinder mechanisch miteinander verbinden. Aber auch elektronisch können die Platinen beliebig miteinander verbunden werden, da sowohl die Kommunikation über Bussysteme als auch die Datenverarbeitung über verteilte Signalprozessoren modular gestaltet ist [Birkenhofer et al., 2003].

Platine	Funktion	Segment	Roboter
ALPHA-PLATINE	Basissteuerung	AE	MAKROPLUS, KAIRO-II
BETA-PLATINE	Peripherie	KE	MAKROPLUS, KAIRO-II
GAMMA-PLATINE	Basissteuerung	KE	MAKROPLUS, KAIRO-II
KE-ADAPTER-PLATINE	Peripherie und erweiterte Sensorik	KE	KAIRO-II

Tab. 4.3: Die Platinen der Basissteuerung.

Die Basissteuerung von MAKROPLUS und KAIRO-II unterscheidet die drei Platinentypen AL-PHA-, BETA- und GAMMA-PLATINE. Für die Basissteuerung von KAIRO-II wurde für die Peripherie und die Auswertung weiterer interner Sensoren eine zusätzliche Platine (KE-ADAPTER-PLATINE) entwickelt. Ein Überblick über die Platinen zur Basissteuerung, ihre Funktion und ihre Position im Roboter ist in Tabelle 4.3 dargestellt. Die Einbindung der Basissteuerung in die hierarchische Steuerungsarchitektur des Roboters wird in Kapitel 5.1 beschrieben.

Platinen ALPHA, BETA und GAMMA

Die Platinen ALPHA, BETA und GAMMA in Abbildung 4.8(a) bis (c) stellen die zentralen Funktionalitäten der Basissteuerung zur Verfügung. Die ALPHA-PLATINE ist in der Basis des Antriebselements integriert. Über Steckverbinder ist sie mit den Platinen BETA und GAMMA verbunden. BETA- und GAMMA-PLATINE sind im Knickelement untergebracht und schließen dieses nach beiden Seiten ab. Diese Platinen sind untereinander über einen im Knickelement verlegten Kabelstrang verbunden.

Die Signalverarbeitung dieser Platinen beruht auf dem Prinzip der UCoM-Steuerung [Regenstein et al., 2007a,b]. Algorithmen zur Datenverarbeitung können gezielt zwischen den Recheneinheiten DSP, FPGA und PC verschoben werden. Eine effiziente und schnelle Signalverarbeitung ist so gewährleistet. Über die integrierten Bussysteme (I^2C, CAN, SPI und USB) können auch über die Anwendung dieser Arbeit hinaus interne und externe Sensoren integriert werden. Nicht verwendete Komponenten des Roboters können abgeschaltet werden.

Adapterplatine mit PICOSTRAIN-Bausteinen

Die KE-ADAPTER-PLATINE in Abbildung 4.8(d) erweitert die Basissteuerung des KAIRO-II-Roboters um Funktionalitäten zur Auswertung von Dehnungsmessstreifen (DMS). Diese Einheit erfasst die Messsignale, welche für das Sensorsystem zur Zustandserfassung in Kapitel 6

(a) ALPHA-PLATINE.

(b) BETA-PLATINE.

(c) GAMMA-PLATINE.

(d) KE-ADAPTER-PLATINE.

Abb. 4.8: Die Platinen der Basissteuerung.

(a) Sensorscheibe mit aufgeprägtem optischen Code (inkrementelle Codespur und absolute BCH-Codespur).

(b) Reflexlichtschranken zur Detektion von inkrementeller und absoluter Codespur.

Abb. 4.9: Absolutencoder Knickelement (KAIRO-II).

zur Feststellung von Verspannungen und Torsionen benötigt werden. Die Messeinheiten sind über einen SPI-Bus mit der Signalverarbeitung der Basissteuerung verbunden.

4.4 Interne Sensoren

Der modulare Aufbau der vorgestellten Basissteuerung erlaubt es, anwendungsabhängig interne Sensoren einzubinden. Im Folgenden werden nun drei Sensoren vorgestellt, welche die Zuverlässigkeit der Roboter erhöhen oder die für die Sensorsysteme zur Zustandserfassung in Kapitel 6 benötigten Sensorrohdaten erfassen. Die Basissteuerung ist so in der Lage, den übergeordneten Steuerungsebenen die notwendigen, vorverarbeiteten Messsignale zur Verfügung zu stellen.

Die vorgestellten internen Sensoren erfassen die absolute Gelenkposition in den Knickelementen, messen die Motorströme der einzelnen Motoren und werten Anordnungen von Dehnungsmessstreifen aus. Dabei wird für die Bestimmung der absoluten Gelenkposition in den Knickelementen ein Sensor für MAKROPLUS und, in überarbeiteter Version, für KAIRO-II entwickelt. Die Sensoren zur Auswertung der Motorströme und der Dehnungsmessstreifen werden dagegen lediglich in den KAIRO-II-Roboter integriert.

4.4.1 Absolute Gelenkposition der Knickelemente

Die Messung der *absoluten* Gelenkposition in den Knickelementen ist essentiell, um raumgreifende Bewegungen während der Phase der Initialisierung zu vermeiden. Solche Bewegungen können in engen oder unbekannten Umgebungen zu Kollisionen führen. Eine *fehlertolerante*

Messung sorgt für weitere Sicherheit beim Betreiben des Roboters, da auch falsch gemessene Winkelstellungen zu Kollisionen führen können.

Bedingt durch mechanische Vorgaben der Knickelemente bietet sich bei der Realisierung der Absolutencoder ein auf Reflexlichtschranken basierendes Sensorsystem gemäß Abbildung 4.9 an. Durch paralleles Auslesen von inkrementeller Taktspur und absoluter Codespur ist die Basissteuerung in der Lage, die absolute Winkelposition zu bestimmen.

Für KAIRO-II wurde für die absolute Codespur ein redundanter, zyklischer Absolutcode auf Basis von „Bose-Chaudhuri-Hocquenghem-Codes" (BCH) [Klimant et al., 2006] entwickelt und implementiert. Die Verwendung eines solchen Codes bietet sich aus mehreren Gründen an:

- Die mechanische Komplexität des Sensors kann dadurch minimiert werden, dass zum Auslesen dieses zyklischen Codes lediglich zwei Codespuren notwendig sind.

- Die Länge des Codes kann variabel gewählt werden. Die optimale Codelänge ist dabei eine Abwägung zwischen Sensorauflösung (technischer Aufwand) und Auflösung der Winkelstellung (Güte). Bedingt durch die im Rahmen dieser Arbeit verwendeten Reflexlichtschranken wurde die Codelänge auf 820 festgelegt.

- Bei der Erzeugung des Codes kann eine gewünschte Hamming-Distanz vorgegeben werden. Um Positionen fehlertolerant auslesen zu können, ist eine Hamming-Distanz von mindestens drei notwendig.

In den folgenden Abschnitten wird zunächst ein zyklischer Absolutcode für KAIRO-II entwickelt und integriert. Anschließend wird die Güte des Sensors in einem realen Messaufbau evaluiert.

Zyklischer Absolutcode für KAIRO-II

Primitive zyklische Codes haben eine Codelänge n der Form $n = 2^k - 1$. Für die bei KAIRO-II geforderte Codelänge $n_{\text{KAIRO-II}} = 820$ wird also zunächst ein Code der Länge $n = 1023$ erzeugt und anschließend gekürzt. Erzeugt wird ein solcher Code durch ein Generatorpolynom $g(x)$, welches sich aus dem Produkt irreduzibler Minimalpolynome $m_i(x)$ ergibt. Die Minimalpolynome können mit Hilfe eines irreduziblen Modularpolynoms $M(x)$ bestimmt werden.

In der vorliegenden Arbeit wird aus Peterson und Weldon [1988] das primitive Modularpolynom vom Grad $k = 10$

$$M(x) = x^{10} + x^3 + 1 \qquad [4.4]$$

gewählt. Da nach dem Fundamentalsatz der Algebra

$$M(x) = \prod_{j=1}^{k} (x - a_j) \qquad [4.5]$$

Wortlänge in Bit	Hammingabstand	1-Bit-Fehler korrigierbar
10 bis 16	1	nein
17 bis 23	2	nein
24 bis 29	3	ja

Tab. 4.4: Hammingabstand des erzeugten Absolutcodes abhängig von der Anzahl der eingelesenen Bits.

gilt (mit den Nullstellen $a_j = a^{2^{j-1}i \bmod p}$ für $j = 1,\ldots,k$), ergeben sich für verschiedene i die konjugierten Elemente der Folge

$$a^{2^0 i},\ldots,a^{(2^{k-1}i)\bmod p}. \qquad [4.6]$$

Dabei bezeichnet p die Ordnung des Elements a. Die konjugierten Elemente befinden sich jeweils in einem Zyklus. Die Anzahl der Elemente in einem Zyklus wird mit r für jeden Zyklus separat festgelegt.

Nun kann für jeden Zyklus das zugehörige Minimalpolynom

$$m_i(x) = \prod_{j=1}^{r}(x + a^{(2^{j-1}i)\bmod p}), \quad (i = (0,1,2,\ldots,2^k - 2)) \qquad [4.7]$$

bestimmt werden. Hierbei gilt $m_i(x) = m_{2i \bmod p}(x) = \cdots = m_{(2^{r-1}i)\bmod p}(x)$.

Mit dem Startwert $\mu = 0$ und dem Entwurfsabstand $d_E = \frac{n-1}{2} = 511$ ergibt sich dann gemäß

$$g(x) = \text{kgV}(m_\mu(x), m_{\mu+1}(x), m_{\mu+2}(x),\ldots,m_{\mu+d_E-2}(x)) \qquad [4.8]$$

ein Generatorpolynom vom Grad 1013, welches mit dem Quellpolynom $c^* = 0000000001$ einen 1023-stelligen Code erzeugt.

Der erzeugte Code kann ab der 319. Codeposition auf eine gewünschte Länge von 820 Bit gekürzt werden, ohne dabei seine Zyklizität zu verlieren [Härdle, 2008]. Für den Hammingabstand ergeben sich abhängig von der eingelesenen Wortlänge die in Tabelle 4.4 dargestellten Werte. Daraus lässt sich erkennen, dass mindestens 24 Bit eingelesen werden müssen, um fehlerkorrigierende Maßnahmen bei der Dekodierung des gekürzten Codes durchführen zu können. Das Modul in der Basissteuerung zur Auswertung des Absolutcodes wird auf diese Länge eingestellt.

Güte des Sensors

Die Güte des Sensors wird in mehreren Testreihen untersucht. Der Messaufbau, bestehend aus einem Gelenk des Knickelements und einer UCoM- Steuereinheit, ist in Abbildung 4.10

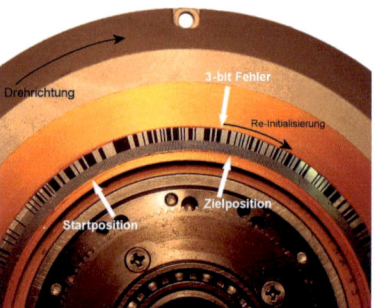

(a) Messaufbau, bestehend aus Knickelementgelenk und UCoM- Steuereinheit.

(b) Versuchsverlauf: Testreihe Lesequalität (1).

Abb. 4.10: Sensor zur absoluten Winkelmessung: Messaufbau und Versuchsverlauf.

Testreihe	Umläufe	korrekte Bits	Bitfehler / Fehler	%-Erfolg	Bemerkungen
Lesequalität (1)	6	4918	2	99,9	Kopf dejustiert
Lesequalität (2)	20	16400	0	100	Bestanden
Initialisierung	24	24	0	100	Bestanden
Dauerbetrieb	116	116	0	100	Bestanden
Anfahren festgelegter Positionen	72	72	0	100	Bestanden

Tab. 4.5: Sensor zur absoluten Winkelmessung: Testreihen.

dargestellt. Die durchgeführten Testreihen (siehe Tabelle 4.5) validieren das Funktionsprinzip des Sensors und des erstellten Absolutcodes. Im Rahmen von Langzeituntersuchungen bestätigen sie auch die Zuverlässigkeit des Sensors. Die Testreihen wurden zum Teil bei verschiedenen Drehgeschwindigkeiten durchgeführt, um die *Alltagstauglichkeit* des Moduls zu zeigen. Dabei wurden die folgenden Aspekte untersucht:

Lesequalität Es wurden drei komplette Umläufe in beiden Drehrichtungen eingelesen und bitweise mit der Vorlage des Codes verglichen. Der Absolutcode wies nach diesen Durchläufen zwei unterschiedliche Codefolgen auf, wobei fünf der Vorlage entsprachen und eine Codefolge zwei Einzelbitfehler aufzeigte. Nach einer mechanischen Neuausrichtung des Lesekopfes zeigten sich in zehn weiteren Durchläufen je Drehrichtung keine Fehler.

Initialisierung Zur Überprüfung der korrekten Funktion wurde mehrfach eine Initialisierung in beiden Drehrichtungen durchgeführt. Dazu wurde an verschiedenen Stellen der Codescheiben das System neu gestartet und anschließend die zur Initialisierung notwendigen 24 Bit eingelesen. Die Initialisierung wurde für zwölf festgelegte Positionen in beiden Richtungen durchgeführt. Alle Versuche waren erfolgreich.

Dauerbetrieb Im Rahmen dieser Testreihe wurde untersucht, wie die beiden internen Zähler (inkrementell und absolut) des Absolutcodemoduls nach einer Initialisierung im Langzeitbetrieb auf Richtungswechsel und Zählerüberläufe reagieren. Der Code wurde dabei in jeder Drehrichtung mehr als zweimal komplett überfahren, wobei die Richtung der Drehung 115-mal umgekehrt wurde. Die Analyse von inkrementellem und absolutem Zählerstand zeigte stets für beide Register identische Zählerstände. Es traten keine Fehler auf.

Anfahren festgelegter Positionen Es wurden zunächst 36 verschiedene Positionen festgelegt, die dann jeweils über den Inkrement- bzw. den Absolutzähler angefahren wurden. Bei Erreichen der Zielposition wurde dann überprüft, ob die Register für den inkrementellen und absoluten Zählerstand dieselben Werte aufweisen. Dieser Test wies keinerlei Fehler auf, alle Positionen konnten unmittelbar und korrekt angefahren werden.

Zusammenfassung

Das Modul zur Bestimmung der absoluten Winkelposition in den Knickelementen ist in die Basissteuerung integriert und liefert nach dem initialen Einlesen der Startposition ständig die aktuelle Winkelposition in inkrementeller und absoluter Form.

Die durchgeführten Versuchsreihen zeigen, dass fehlerhaftes Auslesen der Winkel nur dann auftritt, wenn die optischen Impulsgeber nicht ausreichend justiert sind. Im Rahmen der Inbetriebnahme des Roboters kann dieser Fehler allerdings beseitigt werden. Die Softwaremodule zur Auswertung des Codes arbeiten in allen Versuchen fehlerfrei.

In der vorliegenden Arbeit wurde das vorgestellte Sensorsystem zur Bestimmung absoluter Winkelpositionen so integriert, dass die Basisregler standardmäßig inkrementelle Encoderwerte verwenden. Die absolute Position wird auf Anfrage übernommen.

4.4.2 Motorstrommessung

Die in Kapitel 4.3 vorgestellte Basissteuerung ist in der Lage, den Stromverbrauch der Antriebsmotoren zu bestimmen. Diese Messgröße dient dem Sensorsystem zur Zustandserfassung in Kapitel 6 zur Analyse des Bodenkontakts des Roboters.

Dabei findet in der Basissteuerung eine Vorverarbeitung dieser Messgröße statt. Ziel dieser Vorverarbeitung ist es, abhängig vom Motorstrom, die über einem Referenzwiderstand abfallende

Spannung zu festgelegten Messzeitpunkten zu erfassen. Diese Messzeitpunkte werden in Abhängigkeit der Motorsteuersignale synchronisiert. Der resultierende Spannungswert kann dann zur Analyse des Bodenkontakts des Roboters verwendet werden.

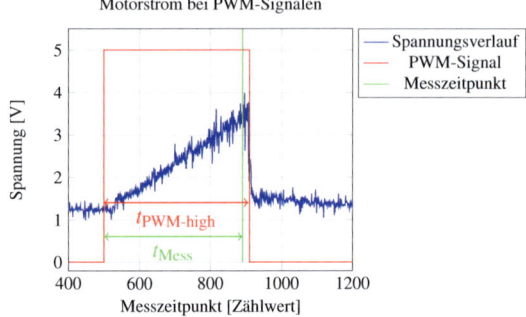

Abb. 4.11: Verlauf Motorstrom bei PWM-Signalen: Während eines PWM-Zykluses steigt der Strom in der Messschaltung stetig an. Dargestellt ist die über dem Messwiderstand abfallende Spannung sowie die Dauer eines PWM-Impulses $t_{\text{PWM-high}}$ und der Messzeitpunkt t_{Mess}.

Die für die Vorverarbeitung des Messwertes notwendigen Schritte sind in Abbildung 4.11 dargestellt. Da es sich bei den Motorsteuersignalen um Puls-Weiten-Modulierte-Signale (PWM) handelt und Motoren ein induktives Verhalten besitzen, steigt der Strom in der Messschaltung während eines PWM-Zykluses stetig an.

Der Messzeitpunkt wird nun so gewählt, dass der Strom in diesem Zyklus, unabhängig vom PWM-Verhältnis, einen maximalen Wert einnimmt. Durch Vorgabe eines festen Verhältnisses von

$$\frac{t_{\text{Mess}}}{t_{\text{PWM-high}}} < 1 \qquad [4.9]$$

wird so ein vom PWM-Verhältnis unabhängiger Messwert ermittelt. Dabei ist der Messwert umso größer, je näher bei 1 das Verhältnis gewählt wird. Die verbleibenden Schwankungen werden schließlich über einen Median-Filter reduziert [Böge, 2007].

4.4.3 Auswertung einer Anordnung von Dehnungsmessstreifen

In Kapitel 6 wird das Sensorsystem zur Zustandserfassung vorgestellt. Dieses Sensorsystem erfasst mechanische Verspannungen innerhalb des Roboters über eine Anordnung von Dehnungsmessstreifen. Innerhalb des KAIRO-II Roboters ist die Auswertung der Dehnungsmessstreifen aufgrund der starren Robotermechanik mit vielen Störungen überlagert. Die Verwendung

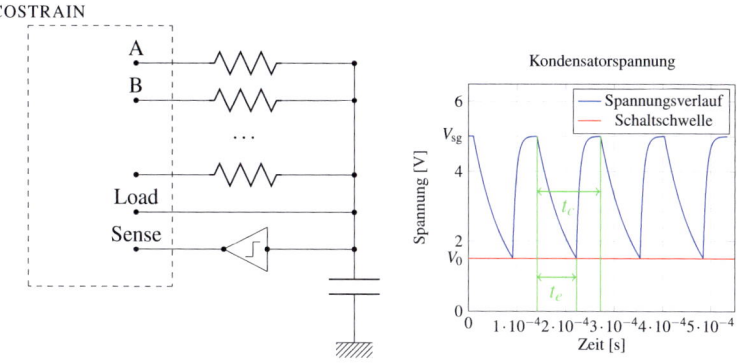

(a) Prinzipschaltbild PICOSTRAIN.

(b) Verlauf der Kondensatorspannung mit Zykluszeit t_c und Entladezeit t_e.

Abb. 4.12: PICOSTRAIN-Messprinzip zur Auswertung von Dehnungsmessstreifen: Der Ladekondensator wird über den "*Load*"-Pin auf die Kondensatorspannung V_{sg} aufgeladen und über die zu messenden Widerstände an den Pins "*A*", "*B*", ... entladen. Der Komparator am "*Sense*"-Pin vergleicht die Kondensatorspannung mit der fest eingestellten Schaltschwelle V_0. Die Zeit bis zum Umschalten des Komparators wird gemessen.

einer PICOSTRAIN-Messeinheit bietet sich hier an, weil sie, bedingt durch das PICOSTRAIN-Messprinzip, eine sehr gute Auflösung und Resistenz gegen Störquellen besitzt.

Im folgenden Kapitel werden nun die notwendigen Schritte zur Vorverarbeitung des Signals sowie die Integration der Messeinheit in die Basissteuerung von KAIRO-II dargestellt. Als Ausgangssignal dieser Messeinheit ergibt sich für jeden Dehnungsmessstreifen ein zu seinem Widerstand proportionaler Messwert. Auf welche Art und Weise die Dehnungsmessstreifen in die Mechanik des Roboters integriert werden und welche Zustandsgröße damit erfasst wird, ist Gegenstand der Kapitel 6.2 und 6.3.

Das PICOSTRAIN-Messprinzip

Die PICOSTRAIN-Messung bestimmt, im Gegensatz zur klassischen Messung über die Wheatstone'sche Messbrücke, die einzelnen Widerstandswerte einer Messschaltung nicht über einen Spannungsteiler, sondern einzeln. Die Messung der Widerstände erfolgt dabei indirekt durch Messung der Entladezeit eines Kondensators über die Widerstände. Das Funktionsprinzip der PICOSTRAIN-Messung ist in Abbildung 4.12 dargestellt.

Die Verwendung von PICOSTRAIN-Bausteinen zur Bestimmung der Widerstandsänderungen bietet sich im Rahmen dieser Arbeit daher aus mehreren Gründen an:

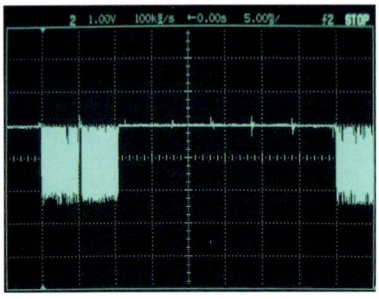 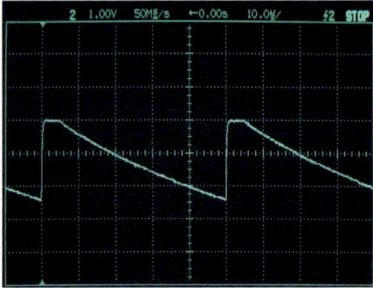

(a) Kompletter Messzyklus eines PS021 (5 ms pro Gittereinheit).

(b) Einzelner Lade-/Entlade-Zyklus (10 µs pro Gittereinheit).

Abb. 4.13: Verlauf der Kondensatorspannung bei Messzyklus (U=1 V pro Gitternetzlinie, die 0 V-Linie befindet sich am unteren Bildrand).

- Bei einer Messung werden für die zu messenden Widerstände dieselben Messkomponenten (Komparator, Kondensator) verwendet. Der Wert des Kondensators geht daher nicht in das Ergebnis der Auswertung ein. Die Widerstände werden abwechselnd gemessen, daher spielt auch ein Temperaturdrift der Komponenten keine Rolle.

- Ein auf die Messung von Zeitabständen ausgelegtes Messprinzip ist sehr exakt.

- Beliebige Anordnungen von Dehnungsmessstreifen können gemessen werden.

Die Elektronik zur Datenerfassung

Die Elektronik zur Datenerfassung der Dehnungsmessstreifen ist über die KE-ADAPTER-PLATINE in die Basissteuerung integriert. Auf jeder dieser Platinen sind drei PICOSTRAIN-Gruppen integriert. Jede dieser Gruppen verfügt über vier Messkanäle. Dabei werden die Messungen der einzelnen Kanäle und Gruppen nacheinander durchgeführt. Abbildung 4.13 zeigt den Verlauf über einen kompletten Messzyklus und eine detaillierte Darstellung eines einzelnen Entladezykluses für eine Gruppe. In dem dargestellten Messzyklus werden zwei Messungen in einer Gruppe durchgeführt (Dauer der Messung: jeweils 5 ms). Während der anschließenden Pause von 40 ms finden in anderen Gruppen Messungen statt.

Konfiguration und Ausführung der Messung

Eine Einzelmessung des PICOSTRAIN-Bausteins besteht aus acht Entladezyklen des Kondensators. Ein Entladezyklus setzt sich aus dem Entladevorgang des DMS über dem zu messenden Widerstand und dem Aufladevorgang auf die Kondensatorspannung V_{sg} zusammen.

Die Gesamtdauer eines Entladezykluses t_c wird vom Benutzer konfiguriert. Die Entladezeit t_e hängt von der Kapazität des Kondensators, dem zu messenden Widerstand und der Schaltschwelle des Komparators ab. Experimentell wurde in Herrmann [2007] für die vorliegende Anwendung mit einem Kondensator der Größe $C = 68$ nF eine Zykluszeit von $t_c \approx 50$ μs bestimmt.

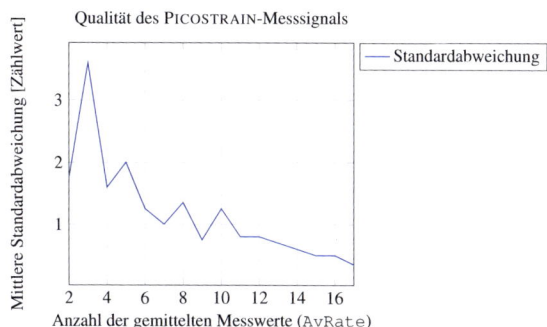

Abb. 4.14: Qualität des PICOSTRAIN-Messsignals bei Mittelung mehrerer Messwerte.

Um die Güte des Ausgangssignals zu erhöhen, werden mehrere Einzelmessungen durchgeführt und die erhaltenen Messwerte anschließend gemittelt. Eine hohe Mittelungsrate (AvRate) verbessert dabei die Qualität des Messsignals, erhöht jedoch die Dauer der Messung, so dass nur eine geringere Abtastrate möglich ist. In Abbildung 4.14 ist der Einfluss der Mittelungsrate auf die Qualität der Messung dargestellt.

Im Rahmen dieser Arbeit wurde eine Mittelungsrate von AvRate = 12 gewählt. Die Gesamtdauer für die Erfassung eines Messwertes ergibt sich damit zu $t_{\text{Mess}} = 8 \cdot \text{AvRate} \cdot t_c$. Sie beträgt also $t_{\text{Mess}} \approx 5$ ms. Die benötigte Zeit zum Auslesen des Messwerts und zum Konfigurieren und Starten der nächsten Messung wird als *Rüstzeit* t_{Setup} bezeichnet. Im vorliegenden Fall gilt $t_{\text{Setup}} \approx 1{,}7$ ms. Für die Auswertung von einem Dehnungsmessstreifen ($n_{\text{DMS}} = 1$) ergibt sich damit eine Abtastrate f_s von

$$f_s = \frac{1}{n_{\text{DMS}}(t_{\text{Mess}} + t_{\text{Setup}})} \qquad [4.10]$$
$$\approx 150 \text{ Hz.}$$

Die resultierende Ausgangsgröße liegt schließlich in der Form

$$x_{\text{Mess}} = k \cdot \varepsilon + x_0 \qquad [4.11]$$

vor. Die real anliegende Dehnung am Dehnungsmessstreifen ist dabei $\varepsilon = \frac{\Delta l}{l_0}$. Der Verstärkungsfaktor k und die Nullpunktverschiebung x_0 sind für die jeweilige Anwendung konstante Parameter.

Güte der PICOSTRAIN-Messung

Die Güte eines PICOSTRAIN-Messsignals wird nun anhand statistischer Größen bewertet. Mehrere Störquellen werden identifiziert und ihr Einfluss auf das resultierende Ausgangssignal x_{Mess} minimiert.

Allgemein gilt als Maß für die Qualität eines Messsignales $x(n), n \in \mathbb{N}$ in den folgenden Abschnitten die gleitende Standardabweichung

$$\sigma(n) = \sqrt{\frac{1}{N} \sum_{i=1}^{N} (x(n-N+i) - \mu(n))^2} \qquad [4.12]$$

mit dem gleitenden Mittelwert

$$\mu(n) = \frac{1}{N} \sum_{i=1}^{N} x(n-N+i). \qquad [4.13]$$

Die Beobachtungsdauer N wird entsprechend dem zu untersuchenden Zeitraum gewählt. Sie wird im Folgenden zu $N = \frac{1\,\text{s}}{t_a}$ (Abtastzeit t_a) gewählt. Es werden also die Störgrößen untersucht, die die Messung innerhalb der letzten Sekunde beeinflussen. Dabei haben die PWM-Steuersignale und die gleichzeitige Messung mehrerer PICOSTRAIN-Gruppen den größten Einfluss auf die Qualität des resultierenden Messsignals. Sie werden nun untersucht. Ihre Charakteristik und ihr Einfluss auf das Messsignal zeigt Abbildung 4.15.

Störimpuls der PWM-Steuersignale   Die Basissteuerung erzeugt PWM-Signale, um die Antriebe des Roboters zu steuern. Jedes PWM-Signal verursacht dabei Spannungsspitzen am Ladekondensator der Messschaltung. Dieses Verhalten ist in Teilbild (a) dargestellt. Eine negative Spannungsspitze führt hier dazu, dass der Komparator bereits umschaltet, obwohl die Schaltschwelle nicht erreicht ist. Es wird eine zu kurze Zeit gemessen, was einem zu kleinen Widerstand entspricht. Die mittlere Standardabweichung des Messsignals beträgt bei anliegendem PWM-Signal $\sigma_{Mess} = 2{,}37$ Zählwerte. Durch Erdung des Metallgehäuses lässt sich die Störung auf $\sigma_{Mess} = 1{,}15$ Zählwerte reduzieren. Die Messsignale ohne und mit Kompensation finden sich in Teilbild (b).

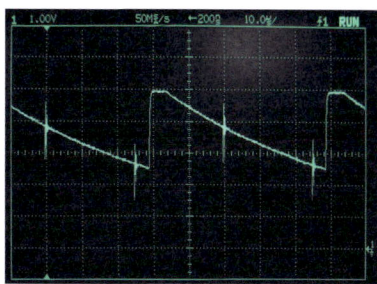

(a) PWM-Störimpuls am Ladekondensator.

Rauschen des PICOSTRAIN-Messsignals

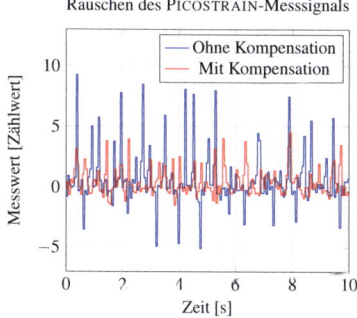

(b) Einfluss PWM-Störimpuls auf Messsignal.

Rauschen des PICOSTRAIN-Messsignals

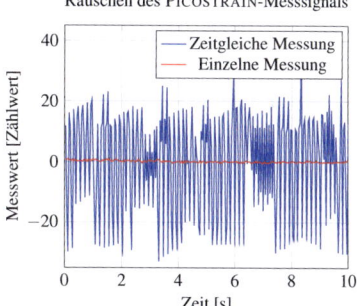

(c) Einfluss Messzeitpunkt auf Messsignal.

Abb. 4.15: Störgrößen der PICOSTRAIN-Messung.

Feinabstimmung des Messzeitpunktes Auf der PICOSTRAIN-Platine befinden sich mehrere PICOSTRAIN-Gruppen. Wird in mehreren PICOSTRAIN-Gruppen gleichzeitig gemessen, beeinflussen sich die einzelnen Messungen gegenseitig. Eine mittlere Standardabweichung von $\sigma_{Mess} = 17$ Zählwerten verdeutlicht dies. Der Messzeitpunkt wird daher so gewählt, dass eine Messung erst dann startet, wenn die vorherigen Messungen der anderen PICOSTRAIN-Gruppen abgeschlossen und die Messwerte ausgelesen sind. Die maximale Abtastrate wird entsprechend der Anzahl der gemessenen DMS verringert. Die Güte des Messsignals steigt hierdurch enorm. Es wurde eine mittlere Standardabweichung von $\sigma_{Mess} = 0,8$ Zählwerten ermittelt. Beide Verhalten sind in Teilbild (c) dargestellt.

Zusammenfassung

Das Modul zur Auswertung einer Anordnung von Dehnungsmessstreifen ist in die Basissteuerung integriert. Es basiert auf dem Funktionsprinzip der PICOSTRAIN-Messung. Dieses Funktionsprinzip erlaubt die Auswertung einer Anordnung von Dehnungsmessstreifen mit hoher Güte. So konnten im Rahmen dieser Arbeit zwei Störquellen, die das Messsignal beeinflussen, identifiziert und ihr Einfluss auf die Güte des Signals minimiert werden. Diese Störquellen sind das PWM-Steuersignal für die Motoren und die gleichzeitige Messung mehrerer PICOSTRAIN-Gruppen. Die mittlere Standardabweichung des Messsignals konnte für beide Störquellen wesentlich reduziert werden.

Ob die Güte des Sensors ausreicht, zeigt sich in den Kapiteln 6.2 und 6.3. Hier werden auf Basis der Ausgangswerte dieses Sensors die Sensorsysteme zur Zustandserfassung des Roboters entwickelt.

4.5 Zusammenfassung

In diesem Kapitel wurden die für das Gesamtsystem notwendigen elektromechanischen Komponenten und Modelle vorgestellt. Als Basis für alle weiteren Berechnungen wurden zunächst die verwendeten Koordinatensysteme, die Transformationen zwischen diesen Koordinatensystemen und kinematische und dynamische Modelle definiert.

Im Rahmen dieser Arbeit werden Komponenten und Systeme auf den beiden mehrsegmentigen Roboterplattformen MAKROPLUS und KAIRO-II zur Anwendung gebracht. Auch sie wurden in diesem Kapitel vorgestellt. Insbesondere wurden hier die zentralen Aspekte für das Erreichen der Ziele dieser Arbeit analysiert und angepasste Komponenten entwickelt.

Im Einzelnen wurde

• die Ausführung der Segmente des Roboters auf das gewählte Zielszenario angepasst,

- die Basissteuerung hinsichtlich der Anforderungen dieses Zielszenarios entwickelt und

- die internen Sensoren zur absoluten Erfassung der Gelenkstellungen in den Knickelementen, zur Messung des Motorstroms und zur Auswertung einer Anordnung von Dehnungsmessstreifen entwickelt.

Dabei stellen die beiden letzten aufgeführten internen Sensoren Komponenten dar, welche lediglich vorverarbeitete Rohwerte liefern. In Kapitel 6 werden Sensorsysteme zur Zustandserfassung des Roboters vorgestellt. Sie verwenden diese Rohwerte als Eingangssignal.

Die vorgestellten Systeme und Komponenten stellen damit einen mehrsegmentigen Sensorträger dar. Dieser Sensorträger erfüllt die im Anforderungsprofil in Kapitel 2 dargestellten Randbedingungen. Die Güte der Systeme und Komponenten wird implizit in Kapitel 7 evaluiert. Die dort vorgestellten Versuche zur Bewegungsplanung und Ausführung verwenden den mehrsegmentigen Sensorträger als Versuchsfahrzeug. Alle Systeme und Komponenten dieses Kapitels werden bei diesen Testfahrten eingesetzt.

5 Bewegungsplanung und Ausführung

Die Komponenten der Bewegungsplanung und Ausführung ermöglichen es einem Operator oder einer übergeordneten Navigationsschicht, komplexe Bewegungen des Roboters zu planen und anschließend auszuführen. Die hohe Redundanz des Roboters sorgt dabei auf der einen Seite für eine große Flexibilität bei der Ausführung der Bewegung, macht aber auf der anderen Seite die Planung der Bewegung aufwendig.

Im Rahmen dieser Arbeit soll diese Komplexität dadurch erfasst werden, dass parametrierbare Manöver definiert und umgesetzt werden. Die Umsetzung dieser Manöver soll dabei so flexibel entworfen sein, dass durch entsprechende Vorgabe auf hoher, abstrakter Ebene nahezu beliebige Manöver eingeführt werden können, ohne dass dafür eine Veränderung der gesamten Steuerung notwendig ist. Aus Grundmanövern sollen auf einfache Weise komplexere Manöver zusammengesetzt werden können, indem sie durch sensorische oder durch einen Benutzer initiierte Ereignisse gesteuert nacheinander ausgeführt und deren Parameter entsprechend angepasst werden. Hierbei soll es möglich sein, bereits implementierte Manöver wiederzuverwenden.

In den folgenden Abschnitten werden zunächst der Aufbau der Steuerungsarchitektur und die hierbei implementierten Ebenen der Architektur vorgestellt. Anschließend werden die Hauptkomponenten der Architektur sowie fundamentale Merkmale der Komponenten im Detail beschrieben. Alle Arbeiten sind im Softwareframework *MCA2* realisiert.

5.1 Hierarchischer Aufbau der Steuerungsarchitektur

Für die vorgeschlagene Steuerungsarchitektur bietet sich ein hierarchischer Aufbau an. Dabei werden für alle Ebenen ihre Funktionsweise und die Schnittstellen zu den darüber und darunter angeordneten Ebenen definiert. Je nach Anwendung können einzelne Ebenen entfernt werden und durch Ebenen unterschiedlicher Funktionsweise, aber mit den identischen Schnittstellen, ersetzt werden. Die Anordnung der Ebenen und ihre Komponenten sind in Abbildung 5.1 dargestellt.

Die „Missionsplanung" stellt dabei die oberste Ebene dar. Sie wählt je nach Situation und Aufgabenstellung entsprechende Manöver und deren Parameter aus. In dieser Arbeit wurde die Planung einer Mission von einem menschlichen Operator über eine grafische Benutzeroberfläche,

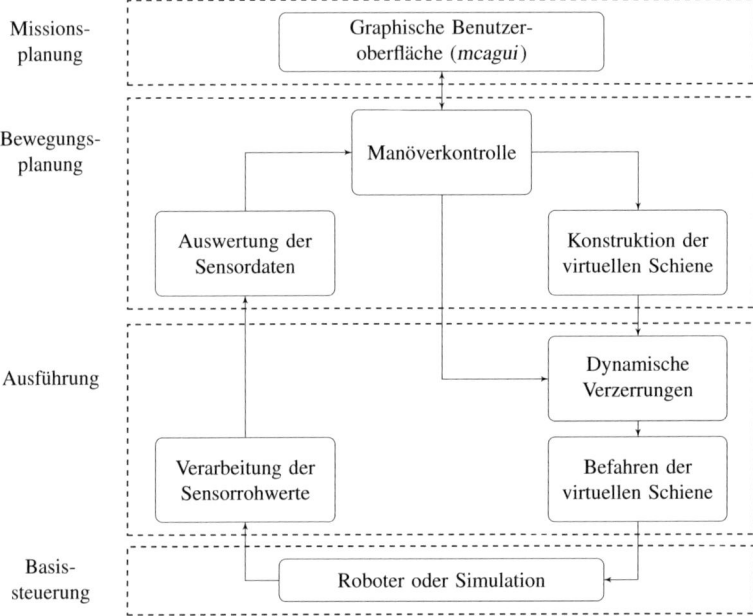

Abb. 5.1: Steuerungsebenen der Bewegunsplanung und Ausführung. Die Entwicklung der Komponenten ist im Softwareframework *MCA2* umgesetzt.

wie in Abbildung 5.2 dargestellt, vorgegeben. Denkbar ist hier aber ebenso eine Komponente, die diese Planung selbständig durchführt.

Die „*Bewegungsplanung*" und die „*Ausführung*" liegen im hierarchischen Aufbau unterhalb der „*Missionsplanung*". Hier werden die Teilschritte eines gewünschten Manövers parametriert und in Form von Gelenkkoordinaten an die unteren Schichten weitergegeben.

In der untersten Ebene, der Ebene „*Basissteuerung*", werden diese Vorgaben schließlich an den realen Roboter oder einen simulierten Roboter weitergegeben. Sensorwerte werden erfasst und den übergeordneten Ebenen zur Verfügung gestellt.

5.1.1 Ebene „*Bewegungsplanung*"

In der Ebene „*Bewegungsplanung*" werden die Bewegungen des Roboters entsprechend den Vorgaben der übergeordneten Schichten geplant. Hierzu zählt insbesondere die Auswahl eines Manövers sowie die Festlegung der zugehörigen Parameter.

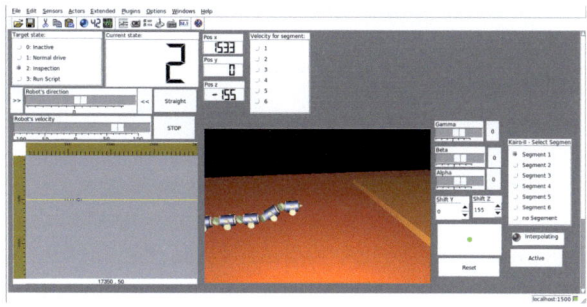

Abb. 5.2: Die grafische Benutzeroberfläche zur Missionsplanung mit *mcagui*.

Die *Manöverkontrolle* ist dafür zuständig, die Phasen eines Manövers abzuarbeiten und Vorgaben für diese und die darunter liegenden Schichten abzuleiten. Neben Vorgaben für die Weiterführung der (ebenfalls in dieser Ebene konstruierten) virtuellen Schiene können auch Vorgaben für Zusatzaufgaben erzeugt und an die direkt darunterliegenden Ebenen weitergegeben werden. Dank der hohen Redundanz des Roboters können diese Zusatzaufgaben bereits während des Befahrens der Schiene ausgeführt werden.

Eine *Auswertungseinheit für Sensordaten* erfasst Zustände des Roboters und führt eine Vorverarbeitung dieser Werte durch. Die Funktionsweise der „*Bewegungsplanung*" ist im Algorithmus 5.1 dargestellt.

Algorithmus 5.1 Ebene „*Bewegungsplanung*" mit den Eingaben Manöver m, Parametervektor $\underline{p}$ und Sensorzustand $\underline{Z}$.

BEWEGUNGSPLANUNG(m, $\underline{p}$, $\underline{Z}$)

▷ Manöverkontrolle und Auswertung Sensordaten
if $m \neq$ AKTUELLESMANÖVER
  then BEENDEMANÖVER(AKTUELLESMANÖVER)
    AKTUELLESMANÖVER $\leftarrow m$
    BEGINNEMANÖVER(AKTUELLESMANÖVER)
($\underline{v}$, $\underline{\phi}$, $\Delta\underline{y}$, $\Delta\underline{z}$, m) $\leftarrow$ NÄCHSTERSCHRITT(AKTUELLESMANÖVER, $\underline{p}$, $\underline{Z}$)

▷ Konstruktion virtuelle Schiene **S** in Richtung $\underline{\phi}$
S $\leftarrow$ BAUESCHIENE(**S**, $\underline{\phi}$)

▷ Rückgabe an über- und untergeordnete Ebenen
MISSIONSSTEUERUNG(m), AUSFÜHRUNG(**S**, $\underline{v}$, $\Delta\underline{y}$, $\Delta\underline{z}$)

5.1.2 Ebene „*Ausführung*"

Die „*Ausführung*" führt die Bewegungen, die von der Bewegungsplanung vorgegeben werden, aus. Hierzu gehört insbesondere das Auflösen der Redundanz. Dies wird erreicht, indem die Segmente einzeln auf der virtuellen Schiene positioniert werden und diese mit einer vorgegebenen Geschwindigkeit befahren. Diese Bewegung wird von gezielten Abweichungen, den „*dynamischen Verzerrungen*" der Schiene, überlagert. Dynamische Verzerrungen werden zur Ausführung der Unteraufgaben verwendet. Insgesamt wird auf diese Weise also die Pose jedes Segments in allen sechs Raumfreiheitsgraden bestimmt. Diese Posen werden dann auf die jeweiligen Aktoren umgesetzt, indem entsprechende Konfigurationen für die Gelenke und Achsgeschwindigkeiten für die einzelnen Räder berechnet werden.

Die Komponenten zur *Verarbeitung der Sensorrohdaten* transformiert gemessene Gelenkstellungen mit Hilfe der Vorwärtskinematik in kartesische Positionen. Aus den Signalen der Kraftsensoren werden außerdem die Kräfte und Momente berechnet, die auf die jeweiligen Segmente wirken.

Der funktionelle Zusammenhang der Komponenten dieser Ebene ist im Algorithmus 5.2 veranschaulicht.

Algorithmus 5.2 Ebene „*Ausführung*" mit den Eingaben virtuelle Schiene S, Geschwindigkeit v, dynamische Verzerrungen $\underline{\Delta y}$ und $\underline{\Delta z}$ und Sensorzustand $\underline{Z}_{Roh}$.

AUSFÜHRUNG(S, $\underline{v}$, $\underline{\Delta y}$, $\underline{\Delta z}$, $\underline{Z}_{Roh}$)
   $\triangleright$ Befahren der Schiene für die Taktzeit T
   FAHREVORWÄRTS(S, $\underline{v} * T$)

   $\triangleright$ Dynamische Verzerrungen
   for $i \leftarrow 1 \ldots n$
      do $\underline{x}_i \leftarrow$ POSITIONIEREAUFSCHIENE(i, S, $\underline{\Delta y}_i$, $\underline{\Delta z}_i$)

   $\triangleright$ Radgeschwindigkeiten und Gelenkwinkel aus kartesischen Positionen berechnen
   $\underline{\Theta} \leftarrow$ INVERSEKINEMATIK($\underline{x}_1, \ldots, \underline{x}_n$)
   $\underline{r} \leftarrow$ RADGESCHWINDIGKEITEN(T, $\underline{x}_1, \ldots, \underline{x}_n$)

   $\triangleright$ Vorverarbeitung Sensordaten
   $\underline{Z} \leftarrow$ VORVERARBEITUNG($\underline{Z}_{Roh}$)

   $\triangleright$ Rückgabe an über- und untergeordnete Ebene
   BEWEGUNGSPLANUNG($\underline{Z}$), BASISSTEUERUNG($\underline{\Theta}$, $\underline{r}$)

5.1.3 Ebene „*Basissteuerung*"

Die „*Basissteuerung*" setzt die von den oberen Ebenen erhaltenen Steuersignale direkt auf die Zielplattform um und leitet die erfassten Sensorwerte an diese oberen Ebenen weiter. Dabei stehen mehrere Zielplattformen zur Verfügung:

Roboter MAKROPLUS bzw. KAIRO-II: Basisregler steuern die Zielkoordinaten der einzelnen Robotergelenke direkt an. Die Positionen und Geschwindigkeiten der Gelenke werden dabei auf den ALPHA- und GAMMA-Platinen der Basissteuerung durch Gelenkregler ausgeregelt.

Robotersimulation (Programm *KairoDspSimulation*): Die einzelnen Gelenke des Roboters werden in *MCA2* simuliert.

Die verwendeten Basisregler sind in Kapitel 5.5.2 dargestellt.

5.2 Zustandsautomat für die Manöverkontrolle

Im Kapitel 2.3 wurden für die Durchführung von Inspektionsfahrten mit mehrsegmentigen Robotern Anforderungen an die Bewegungssteuerung gestellt. Dabei wurde ein Satz elementarer Manöver mit dem Ziel definiert, die für das Einsatzszenario notwendigen Aufgabenklassen zu realisieren [Birkenhofer et al., 2008].

Um eine Vielzahl unabhängiger elementarer und komplexer Manöver implementieren zu können, bietet sich die Realisierung der Manöverkontrolle als endlicher Zustandsautomat an. Die Manöverkontrolle führt dabei die Teilschritte elementarer Manöver aus, setzt elementare Manöver zu komplexen Manövern zusammen und schaltet zwischen den Manövern um. Jedes Manöver besteht dabei aus einem oder mehreren Zuständen. Zustandsübergänge können durch Vorgaben der Missionssteuerung oder durch Ereignisse, die durch die Sensorsysteme wahrgenommen werden, erfolgen.

Eine Übersicht über die elementaren und komplexen Manöver mit den zugehörigen Parametersätzen zeigt Tabelle 5.1. Der realisierte Zustandsautomat ist in Abbildung 5.3 dargestellt.

5.2.1 Elementare Manöver „*Freie Fahrt*" und „*Anhalten*"

Diese elementaren Manöver bestehen nur aus einem einzigen Zustand. Der Zustand kann jederzeit verlassen werden, sobald ein anderes Manöver ausgewählt wird. Dabei werden die gewünschte Fahrtgeschwindigkeit und die Fahrtrichtung lediglich an die darunterliegenden Module weitergegeben. Parametrierte Varianten dieser Manöver werden in komplexeren Manövern wiederverwendet.

Manöver	Parameter	
„Anhalten"	keine	
„Freie Fahrt "	v	Geschwindigkeit
	ϕ	Winkel
„Positioniere Modul"	i	Inspektionssegment
	$\Delta y, \Delta z$	Translation
	α, β, γ	Rotation
„Inspektion"	Kombination *„Freie Fahrt"* und *„Positioniere Modul"*	
„Stufe"	Kombination *„Freie Fahrt"* und *„Positioniere Modul"*	
	v	Richtung (Vorzeichen)
	h	Geschätzte Stufenhöhe
„Nachgiebiges Fahren"	v	Geschwindigkeit
	ϕ	Winkel

Tab. 5.1: Zustandsautomat der Manöverkontrolle: Übersicht über die Manöver mit den zugehörigen Parametervektoren.

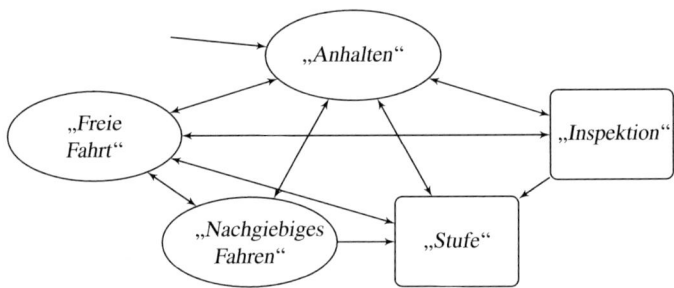

Abb. 5.3: Zustandsautomat der Manöverkontrolle: Einfache Manöver (Ellipse) bestehen aus einem Zustand, komplexe Manöver (Rechteck) besitzen mehrere Zustände.

5.2.2 Elementares Manöver „*Positioniere Modul*"

Unabhängig von der Inspektionsfahrt wird durch dieses Manöver ein vorgegebenes Segment in eine Wunschposition und -orientierung mit dem Ziel bewegt, ein in diesem Segment unterge-brachtes Sensorikmodul entsprechend zu positionieren. So kann eine Bewegung des Segmentes mit definierter Geschwindigkeit erwünscht sein, um etwa mit einem eindimensionalen Sensor eine zweidimensionale Abbildung zu erstellen. Hierzu wird das Segment in fünf Freiheitsgraden von der virtuellen Schiene verschoben bzw. rotiert.

Die notwendigen Parameter dieses Manövers sind neben der Nummer n des ausgewählten Seg-mentes zum einen die beiden Translationen in y- und z-Richtung im Segmentkoordinatensys-tem. Die x-Koordinate zeigt in Richtung der virtuellen Schiene und kann entsprechend durch die gesamte Bewegungsgeschwindigkeit des Roboters verändert werden. Zum anderen sind Rota-tionen des Segmentes um alle drei Achsen möglich. Insgesamt ergibt sich der Parametervektor $\underline{I} = (n, \Delta y, \Delta z, \alpha, \beta, \gamma)^T$. Dabei wird die Erreichbarkeit der einzunehmenden Pose vor Beginn des Manövers in der Simulation überprüft.

5.2.3 Manöver „*Inspektion*"

Dieses Manöver stellt eine Kombination der elementaren Manöver „*Freie Fahrt*" und „*Positio-niere Modul*" dar. Aus den Parametern beider elementarer Manöver wird zunächst die Verschie-bung der einzelnen Knickstellen von der virtuellen Schiene berechnet. Dabei werden lediglich die Knickstellen direkt vor und nach dem Inspektionssegment verschoben, alle anderen verblei-ben auf der virtuellen Schiene. Die Rotation um die x-Achse des Roboters, angegeben durch den Parameter α, lässt sich nicht durch die Verschiebung der Knickstellen beschreiben. Sie muss für das jeweilige Segment zusätzlich ausgegeben werden. Ein Beispiel für die entstan-dene Verzerrung der virtuellen Schiene durch ein Inspektionsmanöver zeigt Abbildung 2.3 in Kapitel 2.

5.2.4 Manöver „*Befahren von Stufen*"

Das Befahren von Stufen stellt ein komplexes Manöver dar, da es aus der Zusammenschal-tung mehrerer elementarer Manöver besteht (Realisierter Zustandsautomat siehe Abbildung 5.4). Hier soll insbesondere der Fall betrachtet werden, dass die Parameter der Stufe (*Positi-on* und *Höhe*) nur ungefähr bekannt sind. Es kann daher keine feste Trajektorie vorgegeben werden, sondern der Roboter muss anhand der vorhandenen Sensoren die Trajektorie den auf-tretenden Kräften anpassen. Das Besteigen der Stufe wird hier prototypisch durchgeführt, um

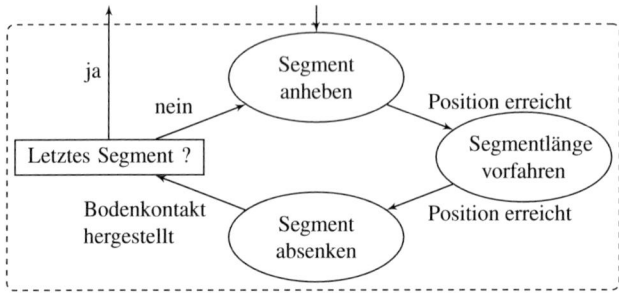

Abb. 5.4: Zustandsautomat der Manöverkontrolle: Komplexes Manöver „*Stufe*" (Rechteck, gestrichelt) und die dazugehörigen Zustände (Ellipse).

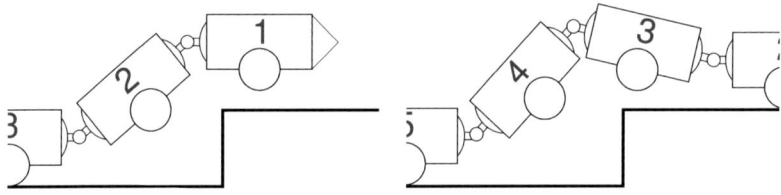

(a) Segment 1 im Zustand *Segment absenken*. Das Segment ist parallel zur Stufe ausgerichtet.

(b) Segment 3 im Zustand *Segment absenken*. Um Kollisionen zu vermeiden, ist das Segment schräg ausgerichtet.

Abb. 5.5: Simulation Manöver „*Befahren von Stufe*".

die Fähigkeit der Steuerung zu verifizieren, mit Hilfe eines Zustandsautomaten aus elementaren Manövern komplexe Manöver zusammenzustellen.

Die Segmente werden der Reihe nach von der Schiene abgehoben, um das Hindernis zu erklimmen und schließlich darauf fahren zu können (siehe Abbildung 5.5). Nach Beendigung des Manövers wird die Änderung permanent für die virtuelle Schiene übernommen und nicht mehr in Form einer (mitfahrenden) Verzerrung realisiert.

Die einzelnen Zustände werden im Folgenden genauer beschrieben:

Segment anheben Steht der Roboter vor der Stufe, muss zunächst das erste Segment angehoben werden. Die Höhe wird dabei so gewählt, dass sie sicher über der Höhe der Stufe liegt. Realisiert wird das Anheben über das Manöver „*Positioniere Modul*" mit den Parametern für das erste Segment und der Höhe der Stufe.

Vorfahren Wurde die vorgegebene Höhe erreicht, fährt der Roboter eine bestimmte Distanz vor, so dass das angehobene Segment sich nun über der Stufe befindet. Das komplexe Manöver „*Inspektion*" kann hier verwendet werden, wobei die Parameter zur Positionierung des Moduls unverändert bleiben. Die zu fahrende Strecke wird durch das Manöver „*Freie Fahrt*" realisiert. Ist diese Position erreicht, wird in den nächsten Zustand gewechselt.

Segment absenken Ein Segment befindet sich nun über der Stufe und soll auf diese aufgesetzt werden. Hierzu wird es langsam abgesenkt (Manöver „*Positioniere Modul*"), bis die Räder den Boden berühren, also ein Zustandsübergang erkannt wurde. Um dies festzustellen, wird der Motorstrom, der aufgebracht werden muss, um das Rad mit einer vorgegebenen Geschwindigkeit zu bewegen, gemessen. Die Räder dieses Segmentes werden dabei gezielt so angesteuert, dass sie den Rädern der anderen Segmente, die am Boden stehen, entgegenwirken. Solange sich die Räder in der Luft befinden, übt der Boden keine Kraft auf sie aus, sie können sich also ungehindert drehen. Sobald sie den Boden berühren, steigt der Motorstrom dieses Antriebssegmentes aber stark an.

Handelt es sich um das letzte Segment, wurde die Stufe nun komplett bestiegen. Die virtuelle Schiene kann nun permanent auf die neue Höhe verschoben werden. Das Manöver ist somit beendet und der Zustandsautomat verlässt den Zustand „*Stufe*".

5.2.5 Manöver „*Nachgiebiges Fahren*"

Für ein „*Nachgiebiges Fahren*" werden die Positionen bzw. Kräfte (y-, z-Achsen und Winkel α des RKS) der einzelnen Knickstellen jeweils unabhängig voneinander geregelt. Für jeden dieser Freiheitsgrade wird von der Manöverkontrolle der Regelungsmodus mit den zugehörigen Parametern vorgegeben.

Um einen geschlossenen Regelkreis für Positions- und Kraftvorgaben zu ermöglichen, müssen neben den *Soll*-Größen auch die *Ist*-Größen bekannt sein. Die Ist-Positionen können aus den Messsystemen über die Vorwärtskinematik und entsprechenden Transformationen auf die virtuelle Schiene berechnet werden. Die Ist-Kräfte und -Momente werden zunächst für jedes Segment gemessen und anschließend so transformiert, dass jeder geregelten Größe jeweils eine entsprechende Kraft bzw. ein Segment gegenüber steht. Aus den Kraft- und Momentwerten für jedes Segment werden die Auswirkungen auf die benachbarten Knickstellen berechnet. Dies geschieht analog zum Vorgehen bei der Umrechnung der Inspektionsparameter auf die Positionen der benachbarten Knickstellen beim Manöver „*Inspektion*".

5.3 Trajektoriengenerierung

In der Regel sollen die einzelnen Segmente des Roboters genau dem Pfad folgen, der durch das erste (bzw. beim Rückwärtsfahren durch das letzte) Segment vorgegeben wird. Dies wird durch Vorgabe einer Trajektorie als virtuelle Schiene (siehe Kapitel 3.3.1) erreicht. Dabei werden alle Knickpunkte eines mehrsegmentigen Roboters auf die virtuelle Schiene projiziert. Diese Punkte werden als Knickstellen bezeichnet.

Durch Vorgabe eines Winkels, der angibt, in welche Richtung der Roboter fahren soll, weist die virtuelle Schiene in dieser Richtung ins Unendliche. Ändert sich der Winkel, wird an der aktuellen Kopfposition des Roboters ein Knick in die virtuelle Schiene eingefügt. Wurden einzelne Schienensegmente vom gesamten Roboter befahren, werden sie von der Schiene entfernt.

Die Funktionalität der klassischen virtuellen Schiene genügt den Anforderungen im Rahmen dieser Arbeit nicht. Daher wird in dieser Arbeit die Methode der erweiterten virtuellen Schiene eingeführt. Mehrere Gründe machen dieses Vorgehen notwendig:

- Die klassische virtuelle Schiene erlaubt Geschwindigkeitsvorgaben nur für das Kopfsegment. Für welches Segment Geschwindigkeitsvorgaben im Rahmen dieser Arbeit gelten, hängt aber vom gewählten Manöver ab. Die erweiterte virtuelle Schiene ordnet daher einer Geschwindigkeit v ein selektiertes Zielsegment i zu. Geschwindigkeiten für die verbleibenden Segmente werden entsprechend angepasst.

- Die virtuelle Schiene soll dynamischen Verzerrungen unterworfen werden um komplexe Manöver durchführen zu können. Die erweiterte virtuelle Schiene ist daher in der Lage, diese Verzerrungen durch die Auswahl eines Segments i und der Auslenkungen Δy, Δz vorzugeben.

In den folgenden Absätzen wird nun vorgestellt, in welcher Form die erweiterte virtuelle Schiene diese Anforderungen umsetzt.

5.3.1 Befahren der virtuellen Schiene

Wird ein Segment von der virtuellen Schiene angehoben, wie es etwa bei Inspektionsmanövern der Fall ist, verkürzt sich die Gesamtlänge des Roboters auf der virtuellen Schiene. Beim Anheben eines mittleren Segments müssen sich daher das erste und letzte Segment einander annähern. Dies ist auf unterschiedliche Arten möglich:

- Das erste Segment fährt zurück. Das letzte Segment bleibt ortsfest.

- Das letzte Segment fährt vorwärts. Das erste Segment bleibt ortsfest.

- Erstes und letztes Segment fahren aufeinander zu. Das Inspektionssegment bleibt ortsfest.

Diese Bewegungen können von einer Vorwärtsbewegung mit konstanter Geschwindigkeit überlagert sein. Statt ortsfest zu bleiben (also Geschwindigkeit Null) behält das jeweilige Segment dann die vorgegebene Geschwindigkeit, während die anderen Segmente entsprechend schneller oder langsamer fahren.

Die Komponente *Befahren der virtuellen Schiene* realisiert dieses Vorgehen dadurch, dass genau ein Segment auf der Schiene geschwindigkeitsgeregelt ist, also die vorgegebene Geschwindigkeit annimmt. Alle anderen Segmente werden entsprechend der geometrischen Betrachtungen auf der virtuellen Schiene positioniert und können sich dadurch schneller oder langsamer bewegen. Dies geschieht zum einen während des Anhebens, Senkens oder Drehens eines Segments, aber auch beim Befahren von Abbiegungen.

5.3.2 Dynamische Verzerrungen

Nicht immer sollen alle Knickpunkte eines mehrsegmentigen Roboters direkt auf die virtuelle Schiene projiziert werden, sondern um einen bestimmten Wert in y- und z-Richtung von dieser abweichen. Bei einem Inspektionsmanöver soll beispielsweise ein Segment von der Schiene angehoben werden, während die anderen Segmente weiterhin der Schiene folgen. Diese Verzerrung der virtuellen Schiene wird als zusätzlicher Parameter übergeben und bei der Positionierung des Roboters auf der virtuellen Schiene berücksichtigt [Birkenhofer et al., 2005].

Die Abweichungen benachbarter Segmente hängen dabei voneinander ab, da sie über ein gemeinsames Knickelement miteinander verbunden sind. Soll beispielsweise ein Segment angehoben werden, müssen die beiden benachbarten Segmente entsprechend gekippt werden, so dass sie das dazwischen liegende Segment anheben. Die Abweichungen von zwei benachbarten Knickstellen sind dagegen unabhängig.

Daher werden die Abweichungen im Folgenden nicht für Antriebssegmente sondern für Knickpunkte vorgegeben. Auf diese Weise ist es möglich, alle identifizierten Manöver mit einem festen Satz an Parametern umzusetzen. In der Steuerungsebene „Ausführung" wird dieser Parametersatz einheitlich behandelt.

Durch dieses Vorgehen sind die Schnittstellen der Ebenen „Bewegungsplanung" und „Ausführung" klar definiert. Zur Implementierung zusätzlicher Manöver muss lediglich in die Ebene „Bewegungsplanung" eingegriffen werden. Für die „Ausführung" sind keine Anpassungen notwendig.

Die Umsetzung der dynamischen Verzerrungen beruht auf der Methode des *Erweiterten NSVS-Algorithmus*.

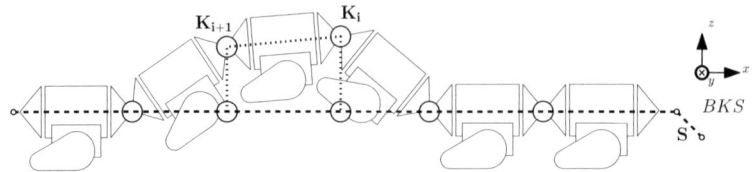

Abb. 5.6: Dynamische Verzerrungen der virtuellen Schiene: Mit dem „*erweiterten NSVS-Algorithmus*" werden alle Knickstellen K_i auf die virtuellen Schiene S (gestrichelt) projiziert. Anschließend wird die erweiterte virtuelle Schiene durch alle Knickstellen generiert (gepunktet).

Methode „*Erweiterter NSVS-Algorithmus*" Diese Methode erweitert den Funktionsumfang des klassischen „*NSVS-Algorithmus*" [Scholl, 2003] . Die Projektionen der angehobenen Knickstellen auf die virtuelle Schiene werden dabei berechnet und, wie in Abbildung 5.6 dargestellt, in entsprechenden Abständen auf ihr positioniert. Im Gegensatz zum klassischen NSVS-Algorithmus verringern sich dabei die Abstände der Knickstellen voneinander.

Um dieses Vorgehen auch für Abbiegungen auf der virtuellen Schiene verwenden zu können, ist es notwendig, die jeweils nächste Projektion einer Knickstelle stets von der tatsächlichen Position des Knickelements (neben der virtuellen Schiene) zu berechnen (und nicht von der Position der Projektion dieses Knickelements). Befindet sich zwischen den beiden Projektionen eine Abbiegung in der virtuellen Schiene, haben die zur Schiene senkrechten y- und z-Achsen für die beiden Punkte eine unterschiedliche Ausrichtung. Dadurch kann der Abstand der Projektionen auf der virtuellen Schiene variieren, während aber der Abstand von einem Knickelement zur Projektion des nächsten Knickelementes konstant bleibt.

Um die dynamisch verzerrte virtuelle Schiene zu befahren, werden die berechneten Abweichungen in das Koordinatensystem des jeweiligen Schienenabschnitts transformiert und auf die berechneten Punkte der Projektionen aufsummiert.

Das grundsätzliche Vorgehen dieser Methode ist in Algorithmus 5.3 zusammengefasst.

5.4 Kinematik mehrsegmentiger Roboter

5.4.1 Gelenkwinkel und Radgeschwindigkeiten

Durch die Erweiterung der Trajektoriengenerierung hin zu dynamischen Verzerrungen müssen auch die kinematischen Berechnungen der Gelenkwinkel und Radgeschwindigkeiten im Vergleich zu den Vorgängersystemen erweitert werden.

Die Berechnung der *Gelenkwinkel* zwischen den Segmenten ist dabei trivial und kann mit einfachen trigonometrischen Berechnungen gewonnen werden. Sind allerdings (wie in früheren

Algorithmus 5.3 Methode *Erweiterter NSVS-Algorithmus*: Mit den Eingaben virtuelle Schiene **S** und dynamische Verzerrungen $\underline{\Delta y}$ und $\underline{\Delta z}$ werden die kartesischen Positionen der Knickstelle K_i berechnet (n Segmente).

ERWEITERTER NSVS-ALGORITHMUS($\mathbf{S}$, $\underline{\Delta y}$, $\underline{\Delta z}$)

▷ Erste Knickstelle K_1: Addition von Projektion P_1 auf **S** und Verzerrungen $\underline{\Delta y}$, $\underline{\Delta z}$.

$P_1 \leftarrow$ AKTUELLEPOSITION($\mathbf{S}$)

$\underline{x} \leftarrow$ RICHTUNGDERSCHIENE($\mathbf{S}$, P_1)

$K_1 \leftarrow P_1 +$ VERZERRUNGKARTESISCH($\underline{x}$, $(0, \underline{\Delta y}_1, \underline{\Delta z}_1)^T$)

▷ Sequentielle Berechnung für alle weiteren Knickstellen

for $i \leftarrow 2 \ldots n+1$

    do ▷ Zwischenrechnung: Abstand $Pi-1$ zu P_i und Abstand K_{i-1} zu P_i

$$d_{PP} \leftarrow \sqrt{\text{KINKDISTANCE}^2 - (\underline{\Delta y}_{i-1} - \underline{\Delta y}_i)^2 - (\underline{\Delta z}_{i-1} - \underline{\Delta z}_i)^2}$$

$$d_{KP} \leftarrow \sqrt{d_{PP}^2 + \underline{\Delta y}_{i-1}^2 + \underline{\Delta z}_{i-1}^2}$$

    ▷ Knickstellen K_2 bis K_{n+1}

$\underline{P}_i \leftarrow$ POSITIONAUFSCHIENE($\mathbf{S}$, $\underline{K}_{i-1}$, d_{KP})

$\underline{K}_i \leftarrow P_i +$ VERZERRUNGKARTESISCH($P_{i-1} - P_i$, $(0, \underline{\Delta y}_i, \Delta z_i)^T$)

▷ Rückgabe der Knickstellen

return $(K_1, \ldots, \underline{K}_{n+1})$

Systemen) nur die Positionen der Knickstellen vorgegeben, bleibt ein Freiheitsgrad offen, da jedes Segment um die virtuelle Schiene beliebig gedreht werden kann. Dieser Winkel wird in der Regel so gewählt, dass beide Räder eines Segments auf dem Boden aufsetzen. In der vorliegenden Arbeit ist die Vorgabe dieses Winkels als zusätzlicher Parameter in die Bewegungsplanung und Ausführung integriert. Die Vorgabe dieses Parameters ist insbesondere bei der Ausführung eines Inspektionsmanövers sinnvoll.

Für die Berechnung der *Radgeschwindigkeit* wird zunächst in jedem Berechnungtakt die Positionsänderung $\Delta \underline{x}$ aller Segmentmittelpunkte ermittelt. Diese Punkte liegen mittig zwischen den beiden angrenzenden Knickpunkten. Bezogen auf das Koordinatensystem (AKS) sind die Räder dabei nur für die x-Komponente der Bewegung zuständig. Daher ergibt sich die Sollgeschwindigkeit für jedes Segment aus dem Skalarprodukt eines normierten Vektors in Richtung der x-Achse des Segmentkoordinatensystems $\underline{e}_x$ mit $\Delta \underline{x}$ und Berücksichtigung des Berechnungstaktes T zu

$$\underline{v} = \frac{\langle \underline{e}_x, \Delta \underline{x} \rangle}{T}. \qquad [5.1]$$

Um $\Delta \underline{x}$ zu berechnen wird die vorherige Position des Segmentes benötigt. Die zur Segmentrichtung orthogonale Komponente wird dabei aus der inversen Kinematik gewonnen, während die Komponente in Fahrtrichtung aus der Odometrie der Antriebselemente stammt.

Die maximale Geschwindigkeitsvorgabe wird für alle Segmente einzeln berechnet. Dabei stehen drei Modi zur Verfügung. Der Modus *avg* verwendet einen einheitlichen Durchschnittswert für alle Segmente. Die Modi *max* bzw. S_i stellen die maximale Geschwindigkeit in Abhängigkeit vom schnellsten Segment (Modus *max*) bzw. von einem Inspektionssegment i (Modus S_i) ein [Kurz, 2008].

5.4.2 Interpolation

Insbesondere beim Aktivieren von Inspektionsmanövern zeigt sich das Problem, dass bei langen kinematischen Ketten beim *harten* Anfahren neuer Gelenkkonfigurationen instabile Posen durchfahren werden können (siehe Bewegungssequenz in Abbildung 5.7). Grund hierfür sind die zum Teil großen Änderungen einzelner Gelenke im Gelenkwinkelraum bei kleinen Änderungen der Zielposition im kartesischen Raum.

Da die hierbei durchgeführten Gelenktrajektorien zu großen Teilen im Nullraum des Systems stattfinden, kann diese „*Lookahead*"-Problematik durch Interpolation gelöst werden. Die dynamischen Verzerrungen der virtuellen Schiene werden dabei über mehrere Zyklen verzögert weitergegeben. Eine interne Bewertungsfunktion passt dabei die Schrittweite der einzelnen Zyklen zur Laufzeit an. Die Umsetzung dieses Verfahrens ist in der Bewegungssequenz 5.8 dargestellt.

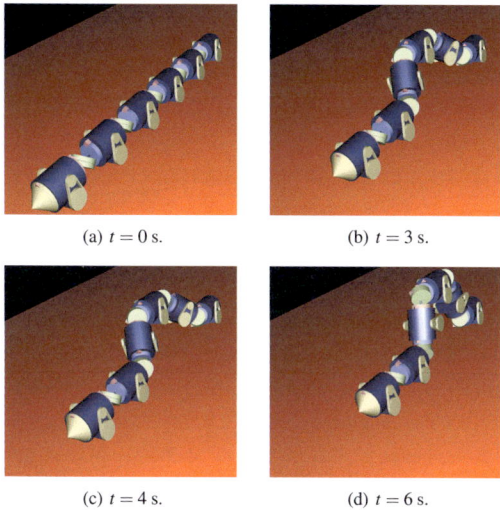

(a) $t = 0$ s. (b) $t = 3$ s.

(c) $t = 4$ s. (d) $t = 6$ s.

Abb. 5.7: Überschleifen beim Aktivieren eines Inspektionsmanövers: Ursprungsposition (a) soll in Zielposition (d) überführt werden. Die Zwischenpositionen (b) und (c) sind instabil und können den Roboter umkippen oder beschädigen.

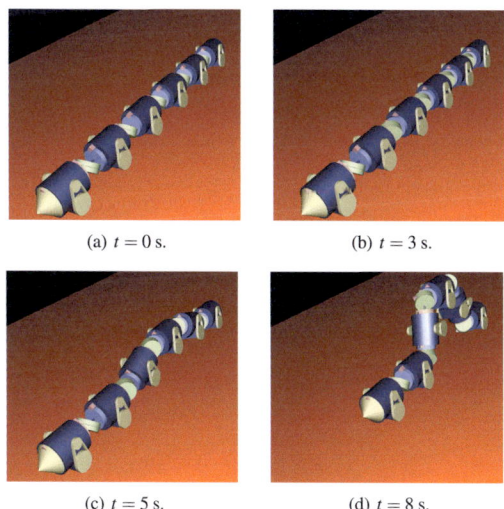

(a) $t = 0$ s. (b) $t = 3$ s.

(c) $t = 5$ s. (d) $t = 8$ s.

Abb. 5.8: Interpolation beim Aktivieren eines Inspektionsmanövers: Das Überschleifen wird vermieden. Allerdings dauert das Einnehmen der Inspektionspose länger.

Die Stabilität der eingenommenen Pose wird dabei auf Kosten der Bewegungsgeschwindigkeit erhöht.

5.4.3 Statische Stabilität bei Inspektionsmanövern

Die statische Stabilität eines mehrsegmentigen Roboters lässt sich aus der Projektion der Schwerpunkte des Roboters und der Bodenkontaktpunkte aller Segmente in die xy-Ebene (BKS) ableiten. Liegt der projizierte Schwerpunkt innerhalb der konvexen Hülle der Kontaktpunkte, ist die Roboterpose stabil. Ist dies nicht der Fall, so kippt der Roboter.

Die vorgestellte hierarchische Steuerungsarchitektur überprüft die statische Stabilität des Roboters im Rahmen der Verarbeitung der Sensordaten. Dort wird die benötigte konvexe Hülle konstruiert, indem alle Kontaktpunkte der Antriebsräder mit dem Untergrund durch Liniensegmente verbunden werden. Der Schwerpunkt des Roboters kann anschließend aus den Schwerpunkten der einzelnen Segmente, gewichtet mit ihrer jeweiligen Masse, gemittelt werden.

Um die Stabilität des Roboters zu bewerten, wird zunächst festgestellt, ob sich der Schwerpunkt innerhalb der berechneten konvexen Hülle befindet. Als Maß für die Stabilität der Pose wird der Abstand des Schwerpunktes zum Rand der konvexen Hülle verwendet. Eine Zusammenfassung des Verfahrens zeigt Algorithmus 5.4.

Algorithmus 5.4 Stabilität bei Inspektionsmanövern: Mit den Eingaben Position (x, y, z) aller Räder mit Bodenkontakt wird das Maß m für die Stabilität einer Pose ermittelt.

STABILITÄT(Position (x, y, z) aller Räder mit Bodenkontakt)

    ▷ Berechne konvexe Hülle der Bodenkontaktpunkte.

    B ← {(x, y) | (x, y, z) ist Position eines Rades mit Bodenkontakt}
    H ← KONVEXEHÜLLE(B)

    ▷ Berechne Schwerpunkt des Roboters.

    $\underline{s} \leftarrow \frac{1}{n} \sum_{i=1}^{n}$ SCHWERPUNKTVONSEGMENT(i)

    ▷ Maß für die (In-)Stabilität: Abstand vom Rand der Hülle

    $m \leftarrow \min_{\underline{x} \in \partial H} \|\underline{x} - \underline{s}\|$

    ▷ Prüfe, ob Projektion des Schwerpunktes in konvexer Hülle liegt.

    if $(s_x, s_y) \in H$
        then return m ▷ stabil (positiver Rückgabewert oder 0)
        else return $-m$ ▷ instabil (negativer Rückgabewert)

Steht der Roboter gerade, so wird die konvexe Hülle der Auflagepunkte durch die Räder des ersten und letzten Segmentes gebildet und hat die Form eines Rechtecks. Wird eine Inspektionspose

 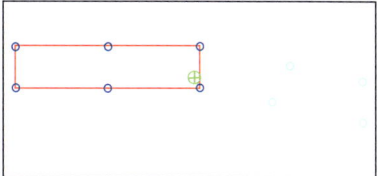

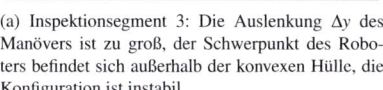

(a) Inspektionsegment 3: Die Auslenkung Δy des Manövers ist zu groß, der Schwerpunkt des Roboters befindet sich außerhalb der konvexen Hülle, die Konfiguration ist instabil.

(b) Inspektionssegment 1: Der Schwerpunkt des Roboters liegt 21 mm vom Rand der Hülle entfernt, die Konfiguration ist stabil.

Abb. 5.9: Stabilität von Inspektionsmanövern („5-4"–Konfiguration): Konvexe Hülle (rot) der Punkte mit Bodenkontakt (blau), Punkte ohne Bodenkontakt (hellblau), Schwerpunkt des Roboters (grün).

Regler	Regelgröße	Typ
Kartesischer Regelkreis	$[x, y, z, \alpha, \beta, \gamma] \; \forall$ Segmente	Hybride Impedanzreglung
Basisregler	$\alpha_{KE}, \beta_{KE}, \gamma_{KE}$	Positionsregler
	x_{AE}	Geschwindigkeitsregler
	α_{AE}	Positions-, Geschwindigkeitsregler

Tab. 5.2: Übersicht über die zweischichtige Reglerstruktur.

eingenommen, so kann diese instabil werden. In Abbildung 5.9 ist die resultierende konvexe Hülle einer stabilen und einer instabilen Pose dargestellt.

5.5 Regelung

Die Regelungsstruktur unterteilt sich in einen Regler zur Bewegungsplanung im kartesischen Raum und einen Basisregler im Gelenkwinkelraum (siehe Tabelle 5.2). Der kartesische Regler ist dabei hierarchisch in den Ebenen „*Bewegungsplanung*" und „*Ausführung*" angeordnet. Der Basisregler befindet sich dagegen in der „*Basissteuerung*".

5.5.1 Kartesischer Regler zur Bewegungsplanung

Der kartesische Regler zur Bewegungsplanung verfolgt mehrere Ziele: Je nach gewähltem Manöver werden verschiedene Regelungsmodi für die einzelnen kartesischen Achsen vorgegeben. Über eine integrierte Bewertungsfunktion wird die Redundanz des Roboters beherrscht. Kontaktkräfte der Umwelt werden in beiden Fällen berücksichtigt.

Allgemein tritt bei der Regelung von Kontaktkräften redundanter Systeme häufig das Problem auf, dass die Bewegung des Manipulators in kartesischen Koordinaten beschrieben werden muss. Hierfür wird ein dynamisches Modell des Manipulators in kartesischen Koordinaten verwendet. Die Abbildung von kartesischen Koordinaten in Gelenkkoordinaten ist aber nicht immer eindeutig. Mit dem Ansatz der „Hybriden Impedanzregelung" [Shah und Patel, 2005a] wird diese Problematik umgangen, weil hierbei kein dynamisches Modell des Roboters in kartesischen Koordinaten notwendig ist. Die Erweiterung hin zu einer auf der inversen Jacobi-Matrix basierenden Hybriden Impedanzregelung erlaubt es außerdem, die Redundanz gezielt einzusetzen.

In der vorliegenden Arbeit wurde ein kartesischer Regler zur Bewegungsplanung und Ausführung realisiert. Ziel ist es, die Differenz zwischen der aktuellen Position $\underline{X}$ und der gewünschten Position $\underline{X}_d$ entsprechend einem vorgegebenen Gütekriterium zu minimieren. Beide Positionen stellen dabei einen Vektor dar, welcher für alle n Robotersegmente alle sechs kartesischen Koordinaten vorgibt.

Prinzipiell integriert der vorgestellte kartesische Regler zur Bewegungsplanung und Ausführung eine Impedanzregelung und eine hybride Kraft/Positionsregelung in einem Schema. Die Redundanz des Roboters wird durch einfache geometrische Beziehungen gemäß Kapitel 5.1.2 unterdrückt. Der Arbeitsraum wird dabei in einen positionsgeregelten und einen kraftgeregelten Unterraum unterteilt. Im kraftgeregelten Unterraum gilt die Wunschdynamik

$$\mathbf{M_d}\underline{\ddot{X}} + \mathbf{B_d}\underline{\dot{X}} - \underline{F_d} = -\underline{F_e} \qquad [5.2]$$

mit dem Steuervektor $\underline{\ddot{X}}$ bzw. $\underline{\dot{X}}$, der Trägheitsmatrix $\mathbf{M_d}$, der Dämpfung $\mathbf{B_d}$ und den gemessenen und gewünschten Kräften $\underline{F_e}$ bzw. $\underline{F_d}$. Das Impedanzmodell für kollisionsbehaftete Umgebungen wird um einen erwünschten Steuervektor $\underline{X}_d$ und eine Steifigkeit $\mathbf{K_d}$ erweitert und sieht folgendermaßen aus:

$$\mathbf{M_d}(\underline{\ddot{X}} - \underline{\ddot{X}_d}) + \mathbf{B_d}(\underline{\dot{X}} - \underline{\dot{X}_d}) + \mathbf{K_d}(\underline{X} - \underline{X_d}) = -\underline{F_e}. \qquad [5.3]$$

Die Zielformel der Hybriden Impedanzregelung ergibt sich damit zu

$$\underline{\ddot{X}} = \mathbf{M_d^{-1}}[-\underline{F_e} + (\mathbf{I} - \mathbf{S})\underline{F_d} - \mathbf{B_d}(\underline{\dot{X}} - \mathbf{S}\underline{\dot{X}_d}) + \mathbf{K_d}\mathbf{S}(X - \underline{X_d})] + \mathbf{S}\underline{\ddot{X}_d} \qquad [5.4]$$

mit der Selektionsmatrix $\mathbf{S}$ als Diagonalmatrix mit dem Wert 1 für eine positionsgeregelte Richtung und 0 für eine kraftgeregelte Richtung. Die Trajektorie folgt dabei der bekannten Anfangsbedingung

$$\mathbf{M_d}(\underline{\ddot{X}} - \mathbf{S}\underline{\ddot{X}}) + \mathbf{B_d}(\underline{\dot{X}} - \mathbf{S}\underline{\dot{X}}) + \mathbf{K_d}\mathbf{S}(\underline{X} - \underline{X_d}) - (\mathbf{I} - \mathbf{S})\underline{F_d} = -\underline{F_e}. \qquad [5.5]$$

Die Selektionsmatrix S ist eine Diagonalmatrix. Sie wird abhängig vom gewählten Manöver konstruiert. Im Manöver „*Freie Fahrt*" entspricht sie der Einheitsmatrix, im Manöver „*Positioniere Modul*" kann sie in Richtung der dynamischen Verzerrung der virtuellen Schiene je nach Anwendung den Wert 0 oder 1 annehmen.

5.5.2 Basisregler im Gelenkwinkelraum

Die Basisregelung im Gelenkwinkelraum wird für alle Gelenke getrennt durchgeführt. Ziel ist es, Gelenkpositionen anzufahren, die von den übergeordneten Steuerungsebenen ermittelt werden. Abhängig von der gewählten Komponente in der Ebene „*Basissteuerung*" (*Roboter* oder *Simulation*) werden dabei angepasste Regler eingesetzt.

Die Basisregler von KAIRO-II sind in die UCoM-Steuerung integriert. Dabei werden die Gelenke in den Knickelementen (α_{KE}, β_{KE} γ_{KE}) positionsgeregelt, die Antriebsgelenke (x_{AE}) werden geschwindigkeitsgeregelt und die Winkelstellungen der Antriebssegmente (α_{AE}) können entweder positions- oder geschwindigkeitsgeregelt werden. Die Regler der Knickelemente und der Antriebsgelenke sind als PID-Regler realisiert, die Winkelstellung der Antriebssegmente wird mit Hilfe eines kaskadierten PID-Reglers geregelt.

Die Basisregler der Simulationsumgebung realisieren die identischen Regelgrößen durch eine verzögerte und gedämpfte Verarbeitung der Zielpositionen.

5.6 Simulation, Verarbeitung und Auswertung der Sensordaten

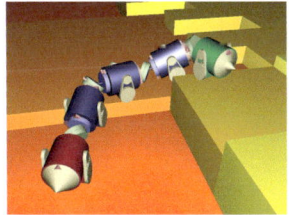

Abb. 5.10: KAIRO-II Robotermodell in simulierter Umgebung.

Um in unstrukturierten, vorab unbekannten und dynamischen Umgebungen zurechtzukommen, ist das Einbeziehen von Sensordaten in die Steuerungsstruktur der Bewegungsplanung und Ausführung notwendig. Die vorgestellte hierarchische Steuerungsstruktur ist dabei in der Lage, reale und simulierte Sensordaten zu verarbeiten. Dabei können grundsätzlich drei Arten von Datenquellen verarbeitet werden:

- Verwendung realer Sensorwerte,

- Vorgabe von Sensorwerten über eine graphische Oberfläche,

- Berechnung simulierter Sensorwerte anhand von Robotermodell und Umgebungskarte (siehe Abbildung 5.10).

Alle drei Varianten sind in der Steuerung implementiert und können entweder getrennt oder kombiniert verarbeitet werden.

Die Auswertung der Sensordaten in der Bewegungsplanung ermittelt für jedes Segment sechs Ausgangswerte. Dies sind einerseits die Kräfte in y- und z-Richtung (F_y, F_z) sowie Momente um alle drei Achsen (M_x, M_y, M_z). Außerdem wird für jedes Segment festgestellt, ob die Räder Bodenkontakt haben oder nicht. Während die Kräfte und Momente einen kontinuierlichen Wertebereich annehmen können, wird der Bodenkontakt lediglich als Wahrheitswert ausgegeben.

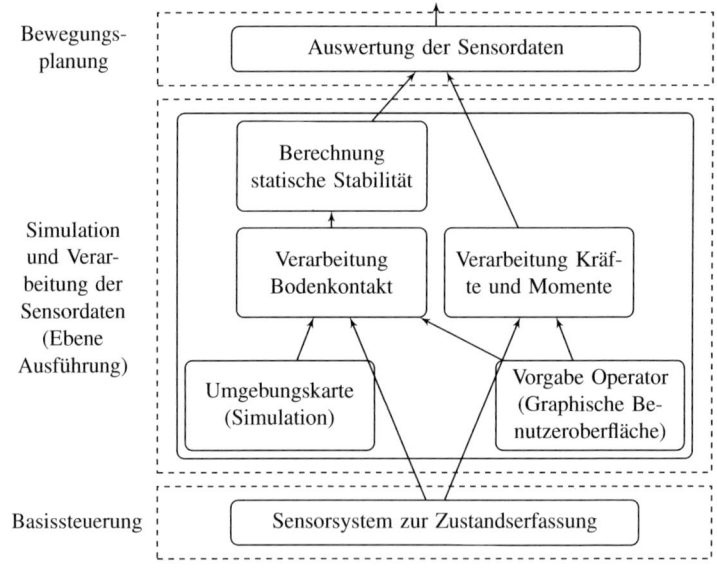

Abb. 5.11: Simulation, Verarbeitung und Auswertung der Sensordaten.

Die Einbettung der relevanten Komponenten zur Verarbeitung und Auswertung von Sensordaten in die hierarchische Steuerungsarchitektur ist in Abbildung 5.11 dargestellt.

5.7 Zusammenfassung

In diesem Kapitel wurde der Aufbau der in *MCA2* implementierten Steuerungsarchitektur vorgestellt. Die Steuerungsarchitektur ist hierarchisch aufgebaut und besitzt die vier Ebenen „*Missionsplanung*", „*Bewegungsplanung*", „*Ausführung*" und „*Basissteuerung*". Sie ermöglicht es einem Operator, komplexe Bewegungen des Roboters zu planen und auszuführen.

Die Komplexität der Bewegung bleibt dem Operator dabei, bedingt durch den hierarchischen Aufbau, verborgen. Zusätzliche Manöver können in Zukunft auf abstrakter Ebene eingeführt werden, untergeordnete Komponenten sind von diesen Änderungen dann nicht betroffen.

Für die Lösung der Problemstellung dieser Arbeit wurden in diesem Kapitel wesentliche Aspekte und Komponenten realisiert:

- Es wurde ein Zustandsautomat zur Manöverkontrolle implementiert. Dieser Zustandsautomat setzt sich aus elementaren und komplexen Manövern zusammen.

- Der Steuerungsvektor zur Bewegungsplanung und Ausführung von Inspektionsmanövern wurde erweitert, um einzelne Segmente des Roboters für erweiterte Aufgaben zu verwenden. Hierzu wurde die Methode des *Erweiterten NSVS-Algorithmus* eingeführt.

- Um adaptive Bewegungen durchzuführen, wurde ein kartesischer Regelkreis zur Bewegungsplanung und Ausführung vorgestellt. Außerdem wurden Komponenten zur Simulation, Verarbeitung und Auswertung von Sensordaten vorgestellt.

Die vorgestellte Steuerungsarchitektur verwendet zur Realisierung adaptiver Bewegungen simulierte und reale Sensordaten. Das Sensorsystem zur Zustandserfassung stellt die realen Sensordaten zur Verfügung. Es wird im folgenden Kapitel vorgestellt.

6 Sensorsystem zur Zustandserfassung

In den beiden vorherigen Kapiteln wurden zunächst die im Rahmen dieser Arbeit verwendeten Roboter und anschließend die hierarchische Steuerungsarchitektur zur Bewegungsplanung und Ausführung vorgestellt. Damit ist ein menschlicher Operator in der Lage, über eine graphische Benutzeroberfläche komplexe Manöver für die Inspektion schwer zugänglicher Bereiche auszuwählen und zu parametrieren. Da diese Manöver ein adaptives Verhalten besitzen, benötigen sie Informationen über den internen Zustand des Roboters.

In diesem Kapitel wird nun das Sensorsystem zur Zustandserfassung vorgestellt. Ziel dieses Sensorsystems ist es, die für die Bewegungsplanung und Ausführung relevanten Zustände zu erfassen und in geeigneter Güte zur Verfügung zu stellen. Ausgehend von einer Analyse von Zustandsmerkmalen der relevanten inspektions-spezifischen Manöver werden zunächst charakteristische Kenngrößen identifiziert. Anschließend werden spezifische Sensorsysteme zur Erfassung dieser Kenngrößen entwickelt und vorgestellt.

Dabei greifen die vorgestellten Sensorsysteme auf die Rohdaten der internen Sensoren der Basissteuerung von KAIRO-II aus Kapitel 4 zu. Die erfassten Rohdaten werden durch Modellbildung transformiert, der Einfluss von Störgrößen wird reduziert. Anschließend werden die resultierenden Daten aller Sensorsysteme fusioniert und dem Zustandsautomaten zur Manöverkontrolle in geeigneter Form zur Verfügung gestellt.

6.1 Erfassung des inneren Zustands von KAIRO-II

Der innere Zustand des Roboters beschreibt die kinematischen Möglichkeiten und Einschränkungen des Roboters in abstrakter Form. Bei Bewegungen des Roboters in seiner Umwelt verändert sich der innere Zustand.

Die Kenntnis des inneren Zustands des Roboters ist im Rahmen dieser Arbeit aus mehreren Gründen von Interesse:

- Die Redundanz mehrsegmentiger Roboter kann verwendet werden, um mechanische Verklemmungen oder Kollisionen aufzulösen. Ein solcher Zustand kann in der Regel nicht direkt über interne Sensoren bestimmt werden. Vielmehr ist eine komplexe Analyse des inneren Zustands des Roboters notwendig, um diese Situation zu erkennen.

- Komplexe Manöver werden in Form von Zustandsautomaten beschrieben. Übergänge zwischen den einzelnen Zuständen werden dabei in Abhängigkeit des inneren Zustands des Roboters geschaltet.

Im Folgenden wird untersucht, welche Zustandsinformationen die beschriebenen Szenarien charakterisieren und in welcher Güte und Auflösung die hierfür notwendigen Sensorsignale vorliegen müssen. Basis dieser Analyse sind die im Kapitel 2.3 dargestellten inspektionsspezifischen Manöver.

6.1.1 Zustandsmerkmale inspektions-spezifischer Manöver

Bei den *rein gesteuerten* mehrsegmentigen Robotern KAIRO und MAKRO liefern die Gelenkencoder die wesentliche Information über den Zustand des Roboters. Diese Information reicht bereits aus, um mit einfachen kinematischen und dynamischen Robotermodellen die statische Stabilität von Roboterposen und (in angenäherter Form) die Fahrtrichtung und -geschwindigkeit des Roboters zu berechnen.

Für die Ermittlung des inneren Zustands bei inspektions-spezifischen Manövern reicht diese Information aber nicht aus. Vielmehr sind hier zusätzliche Sensorinformationen notwendig, die dabei helfen, die Bewegungsplanung und Ausführung einerseits zu verfeinern und andererseits adaptiv zu gestalten.

(a) *Unsauberes* Aufsetzen bei Fahrt auf nicht ebenem Untergrund (Quelle: MakroPlus [2006]).

(b) Kollision von MAKRO bei Kurvenfahrt im Abwasserkanal.

Abb. 6.1: Zustandsmerkmale einzelner Manöver: Sensorinformationen verfeinern die Bewegungsplanung.

In Abbildung 6.1 sind typische Szenen aus dem Bereich der in Kapitel 2 identifizierten inspektionsspezifischen Manöver dargestellt. In Teilbild (a) verhindert das unsaubere Aufsetzen des Antriebskastens auf dem Untergrund eine optimale Traktion. Teilbild (b) zeigt die Kollision des

Roboters mit der Umwelt bei einer Kurvenfahrt. In beiden dargestellten Szenen reicht das Wissen über die Winkelstellung aller Gelenke nicht aus. Zusätzliche Informationen sind notwendig.

So kann beim Aufsetzen des Antriebskastens auf dem Untergrund mit Hilfe zusätzlicher Sensorik festgestellt werden, ob Bodenkontakt besteht. Da aber die verwendeten Roboter lediglich einen Antriebsmotor für beide Antriebsräder verwenden, ist für die Feststellung, ob der Bodenkontakt tatsächlich bei beiden Rädern existiert, zusätzliche Information sinnvoll. Eine Möglichkeit besteht darin, die Verwindung des Roboters um seine Längsachse zu bestimmen.

Treten bei einer Kurvenfahrt Kollisionen auf, so resultieren daraus mechanische Verspannungen im Roboter. Diese Verspannungen treten großflächig im gesamten Roboter auf. Um sie zu erfassen, sind ebenfalls zusätzliche Sensoren notwendig.

In den beschriebenen typischen Szenen treten also in den einzelnen Zuständen folgende charakteristische Merkmale auf:

- Verspannungen quer zur Fahrtrichtung des Roboters,
- Verwindungen entlang der Fahrtrichtung des Roboters oder
- Drehmomente der Antriebseinheiten.

Diese Charakteristiken durch Messgrößen zu erfassen, ist Ziel der nächsten Abschnitte. Das vorgestellte Sensorsystem zur Zustandserfassung beschränkt sich dabei auf die Feststellung der aufgeführten Zustandsmerkmale. Die Identifikation und Feststellung weiterer Zustandsmerkmale wird im Rahmen dieser Arbeit nicht behandelt, kann aber nachträglich in die bestehende Architektur eingebunden werden.

6.1.2 Messgrößen zur Zustandserfassung

Die identifizierten Zustandsmerkmale sollen nun im KAIRO-II-Roboter durch Integration von geeigneten Sensorsystemen erfasst werden. Die Zustandsmerkmale werden dabei in kontinuierlicher Form oder als Schwellwert benötigt. Eine Diskussion über die Güte eines erfassten Sensorwertes findet daher spezifisch für jeden Wert einzeln im jeweiligen Kapitel statt[1].

Grundsätzlich wirken während der Ausführung von Bewegungen die im letzten Kapitel identifizierten Kräfte und Momente auf die einzelnen Komponenten des Roboters. Aufgrund der linearen Struktur des Roboters bietet es sich jedoch an, Kräfte, die quer zur Längsrichtung des Roboters wirken, ebenfalls als Momente aufzufassen. Demnach sind im Rahmen dieser Arbeit für alle Robotersegmente die Momente M_x (Verwindung), M_y (Verspannung), M_z (Verspannung)

---

[1]Anmerkung: Um die identifizierten Messgrößen sensorisch zu erfassen, werden kleine mechanische oder elektronische Änderungen im Systemaufbau geduldet. Auf große Eingriffe (zum Beispiel der Integration von Kraftmessdosen oder einer elektronischen Haut) wurde im Rahmen dieser Arbeit verzichtet, weil sie fundamentale Auswirkungen auf die Kinematik oder das Einsatzgebiet des Gesamtsystems haben.

Sensor	Eigenschaften
Verspannung *Kapitel 6.2*	Messgröße: M_y, M_z (SKS$_\mathrm{i}$) Messprinzip: DMS Ort: Flanschplatte
Torsion *Kapitel 6.3*	Messgröße: M_x (SKS$_\mathrm{i}$) Messprinzip: DMS Ort: HARMONIC DRIVE (α_{KE}, γ_{KE})
Bodenkontakt *Kapitel 6.4*	Messgröße: F_x (AKS$_\mathrm{drive,i}$) Messprinzip: Motorstrom Ort: Antriebsmotor x_{AE}

Tab. 6.1: Überblick über die Sensorsysteme eines Segments.

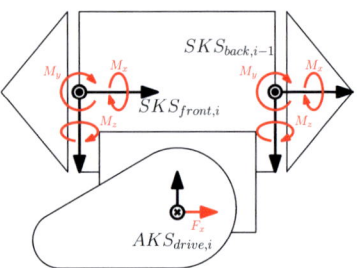

Abb. 6.2: Platzierung und Messgröße der Sensorsysteme M_x (2x), M_y (2x), M_z (2x) und F_x (1x) für ein Segment (schematisch).

und die Kraft F_x (Bodenkontakt) von Interesse. Alle Größen beziehen sich dabei auf das jeweilige Segmentkoordinatensystem.

Eine Analyse des Motorstroms stellt dabei die einfachste Methode dar, auftretende Kräfte und Momente zu messen. Bei Krafteinwirkung auf den Roboter steigen für positions- oder geschwindigkeitsgeregelte Antriebe auch die Motorströme an. Kräfte, die in Fahrtrichtung des Roboters zwischen den einzelnen Antriebssegmenten (x_{AE}-Gelenke) wirken (F_x), können mit einem solchen System erfasst werden. Kräfte und Momente, die auf den anderen Gelenken (α_{AE}, α_{KE}, β_{KE}, γ_{KE}) wirken, sind aber hoch übersetzt. Hier ist der mechanische Widerstand zu hoch. Ihre Bestimmung über eine Analyse des Motorstroms ist nicht in ausreichender Güte möglich.

Die Messung dieser Kräfte und Momente erfolgt daher indirekt. In Birkenhofer et al. [2004] wurden für die Detektion dieser Kräfte und Momente relevante Bereiche und Komponenten des Roboters untersucht. Für die Detektion der Momente M_x, M_y und M_z wurden dabei die Flanschplatte bzw. die in die Flanschplatte integrierten Getriebe als idealer Bereich identifiziert. Bei Krafteinwirkung reagiert dieser Bereich des Roboters mit beträchtlichen mechanischen Deformationen. Diese Deformationen können mit Hilfe von Dehnungsmessstreifen erfasst werden.

Eine Übersicht über die Sensorsysteme und deren Platzierung im Roboter ist Tabelle 6.1 und Abbildung 6.2 zu entnehmen. Alle aufgeführten Sensorsysteme werden nun in den folgenden Kapiteln einzeln vorgestellt.

6.2 Detektion von Verspannungen

Das Sensorsystem zur Detektion von Verspannungen verfolgt das Ziel, die bei Kollisionen und komplexen Bewegungen auftretenden Verspannungen quer zur Fahrtrichtung des Roboters zu erfassen. In beiden Situationen treten innerhalb der Flanschplatte Oberflächenspannungen auf. Sie führen zu Deformationen.

In Pisar [2004] und Hoffmeister [2004] konnte gezeigt werden, dass die Flanschplatte grundsätzlich für die Detektion von Verspannungen geeignet ist. Durch Anbringen von Dehnungsmessstreifen auf der Flanschplatte können Verspannungen quer zur Fahrtrichtung des Roboters (also die Momente M_y und M_z) erfasst werden.

Das im Folgenden vorgestellte Sensorsystem greift zur Auswertung der Dehnungsmessstreifen auf die bereits vorgestellten Funktionalitäten der Basissteuerung zu. Die ermittelten Rohdaten werden statistisch vorverarbeitet und anschließend durch das Modell des Sensors transformiert. Als resultierende Ausgangsgröße erhält man so Betrag und Winkel einer anliegenden Verspannung in der M_yM_z-Ebene des zugehörigen Koordinatensystems.

Ist mit diesem Sensorsystem eine Kollision erkannt worden, so kann der Regelkreis zur Bewegungsplanung die Redundanz des Roboters dazu verwenden, die Kollision aufzulösen. Dabei ist vor allem der Ort der Kollision von Interesse (Segment n_{Kol} und Winkel α_{Kol} im SKS). Ist er bekannt, kann das entsprechende Segment über das Manöver „*Inspektion*" in negativer Richtung ($= \alpha_{Kol} - \pi$) aus dem Gefahrenbereich bewegt werden. Informationen über den Betrag der detektierten Kollision sind von Vorteil, aber nicht notwendig.

In den folgenden Abschnitten werden nun zunächst das Messprinzip und das Modell des Sensors beschrieben. Durch Kalibrierung des Sensormodells zur Laufzeit wird dieses parametriert. Dabei wird in diesem Kapitel das Sensormodell lediglich allgemein entwickelt. In Kapitel 7 wird dann das entwickelte Sensormodell mit verschiedenen Sätzen an Kalibrationsdaten parametriert und evaluiert.

6.2.1 Messprinzip

Zur Auflösung der Momente M_y und M_z ist ein Sensorsystem mit mindestens zwei linear unabhängigen Messgrößen notwendig. Verformt sich die Flanschplatte als Folge anliegender Kräfte, so ändern sich die Widerstandswerte von Dehnungsmessstreifen proportional zur relativen Längenänderung der Flanschplatte.

Da die Flanschplatte mit ihren zahlreichen Bohrungen und Strukturen rotations-symmetrisch um $60°$ ist, bietet sich die Platzierung von insgesamt drei DMS-Brücken gemäß Abbildung 6.3 an. Die DMS-Paare $w_{1+/-}$, $w_{2+/-}$ und $w_{3+/-}$ sind jeweils um $60°$ versetzt aufgebracht. Ein

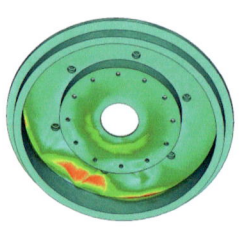 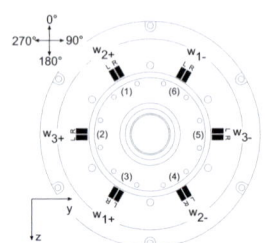 

(a) Bei Verspannung defor-
miert sich die Flanschplatte
(FEM-Simulation [Pisar, 2004]).

(b) Positionierung der DMS (schematisch).

(c) Positionierung der DMS (real).

Abb. 6.3: Flanschplatte: Simulierte und reale Position der Dehnungsmessstreifen.

anliegendes Moment bewirkt dann eine mechanische Deformation der Dehnungsmessstreifen. Phase und Amplitude der DMS-Messgrößen (w_1, w_2 und w_3) lassen auf Betrag und Richtung der Resultierenden, und damit auf M_y und M_z, schließen.

6.2.2 Sensormodell

Innerhalb dieses Kapitels wird zunächst das inverse Sensormodell aufgestellt. Dieses Modell berechnet aus einem nach Betrag und Winkel bekannten Moment die resultierenden Momente M_y und M_z, sowie die erwarteten Messwerte $w_1 \ldots w_3$.

Das direkte Sensormodell wird anschließend mit Hilfe des linearen Ausgleichsproblems über mehrere Teilschritte ermittelt: Dazu wird das direkte Sensormodell zunächst in Abhängigkeit von Messwerten und Modellparametern allgemein aufgestellt. Das inverse Sensormodell generiert dann synthetische Messtupel. Mit diesen Messtupeln wird das direkte Sensormodell kalibriert. Ein Vergleich von Eingangsdaten des analytischen inversen Modells mit Ausgangsdaten des direkten Sensormodells erlaubt schließlich, die Güte des direkten Modells zu bestimmen.

Inverses Sensormodell

Das inverse Sensormodell bildet Richtung und Betrag eines anliegenden Moments P direkt auf M_y und M_z ab. Die Richtung des Moments wird dabei durch die Laufvariable $t \in [0,1]$ dargestellt, die Amplitude ist l. P hat im $M_y M_z$-Koordinatensystem dann die Koordinaten

$$P_{M_z} = l \cdot \cos(t \cdot 360°), \qquad P_{M_y} = l \cdot \sin(t \cdot 360°). \qquad [6.1]$$

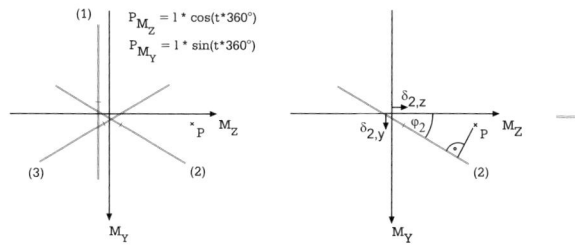

(a) Punkt P und DMS-Achsen (1), (2), (3) im M_yM_z-Koordinatensystem.

(b) Verschiebung der DMS-Achse (2) in den Ursprung des M_yM_z-Koordinatensystems.

(c) Betrag w_2 des Punktes P auf DMS-Achse (2).

Abb. 6.4: Detektion von Verspannungen: Inverses Sensormodell zur Bestimmung von M_y und M_z.

Der Zusammenhang zwischen den Koordinaten des anliegenden Momentes P und M_y und M_z ist in Abbildung 6.4 dargestellt.

Um die Messwerte $w_1 \ldots w_3$ entlang der DMS-Achsen (1), (2) und (3) in Abhängigkeit des Punktes P zu bestimmen, werden zuerst alle DMS-Achsen in den Ursprung verschoben (Translation $T(\delta_{1\ldots3,z}, \delta_{1\ldots3,y})$) und der Punkt P anschließend auf jede der drei DMS-Achsen projiziert (Rotation $R(-\phi_{1\ldots3})$).

Damit ergeben sich durch Vorgabe einer Amplitude l und einer Laufvariablen t die Momente M_y, M_z sowie die Messwerte $w_1 \ldots w_3$. Das Messtupel lautet somit

$$(t,l) \mapsto [M_y\ M_z\ w_1\ w_2\ w_3].\qquad [6.2]$$

Direktes Sensormodell

Das direkte Sensormodell lässt sich allgemein über die Gleichung

$$\underline{q} \approx f(p_1..p_m, c_1..c_o) \qquad \underline{q} \in \mathbb{R}^n, m < o \qquad [6.3]$$

bestimmen. Das Sensormodell f hängt dabei von den Messwerten $\underline{p} \in \mathbb{R}^m$ und den Modellparametern $\underline{c} \in \mathbb{R}^o$ ab.

Im vorliegenden Fall gilt für die Sensorausgangswerte $\underline{q}$ und die Messwerte $\underline{p}$

$$\underline{q} = \begin{bmatrix} M_y \\ M_z \end{bmatrix}, \qquad \underline{p} = \begin{bmatrix} w_1 \\ w_2 \\ w_3 \end{bmatrix}. \qquad [6.4]$$

Die Modellparameter können nun mit Hilfe von r Datenpaaren $[p^\lambda, q^\lambda]\ 0 < \lambda \leq r$ so bestimmt werden, dass der quadratische Fehler

$$||q^\lambda - f(p^\lambda, \underline{c})|| \qquad [6.5]$$

minimal wird. In vereinfachter Form können dabei die Komponenten q_i als Linearkombination der Komponenten von p betrachtet werden. Die $i \in [1..n]$ Einzelkomponenten lauten dann vereinfacht

$$\begin{bmatrix} q_i^1 \\ \vdots \\ q_i^r \end{bmatrix} \approx \underbrace{\begin{bmatrix} 1 & p_1^1 & \cdots & p_m^1 \\ \vdots & \vdots & & \vdots \\ 1 & p_1^r & \cdots & p_m^r \end{bmatrix}}_{\mathbf{A}} \cdot \begin{bmatrix} c_{i,1} \\ \vdots \\ c_{i,m+1} \end{bmatrix}. \qquad [6.6]$$

Die Koeffizientenmatrix $\mathbf{A}$ stellt dabei eine Beziehung zwischen Sensorausgangswerten und Messwerten dar. Bei der innerhalb dieser Arbeit verwendeten Koeffizientenmatrix $\mathbf{A}$ kommen neben linearen und quadratischen Kombinationen der Messwerte auch Mischterme unterschiedlicher Messwerte zum Einsatz. Die verwendete Koeffizientenmatrix lautet

$$\mathbf{A}_{\text{lin,sqr,crs}} = \begin{bmatrix} 1 & w_1^1 & w_2^1 & w_3^1 & w_1^{1\,2} & w_2^{1\,2} & w_3^{1\,2} & w_1^1 w_2^1 & w_1^1 w_3^1 & w_2^1 w_3^1 \\ \vdots & \vdots & \vdots & \vdots & \vdots & \vdots & \vdots & \vdots & \vdots & \vdots \\ 1 & w_1^r & w_2^r & w_3^r & w_1^{r\,2} & w_2^{r\,2} & w_3^{r\,2} & w_1^r w_2^r & w_1^r w_3^r & w_2^r w_3^r \end{bmatrix}. \qquad [6.7]$$

$$\underbrace{}_{\text{linear}} \quad \underbrace{}_{\text{quadratisch}} \quad \underbrace{}_{\text{Mischterme}}$$

Werden in der Koeffizientenmatrix quadratische Komponenten oder Mischterme berücksichtigt, so muss auch der Vektor der Modellparameter $\underline{c}$ angepasst werden. Im Rahmen dieser Arbeit kann dieser (auch als „*Erzeugenden-Vektor*" $\underline{E}$ bekannte) Vektor folgende unterschiedliche Ausprägungen haben:

$$\underline{E}_{\text{lin}}(w_{1..3}) = [1, w_1, w_2, w_3], \qquad [6.8]$$

$$\underline{E}_{\text{lin,sqr}}(w_{1..3}) = [1, w_1, w_2, w_3, w_1^2, w_2^2, w_3^2], \qquad [6.9]$$

$$\underline{E}_{\text{lin,crs}}(w_{1..3}) = [1, w_1, w_2, w_3, w_1 w_2, w_1 w_3, w_2 w_3], \qquad [6.10]$$

$$\underline{E}_{\text{lin,sqr,crs}}(w_{1..3}) = [1, w_1, w_2, w_3, w_1^2, w_2^2, w_3^2, w_1 w_2, w_1 w_3, w_2 w_3], \qquad [6.11]$$

$$\underline{E}_{\text{poly}^3}(w_{1..3}) = [1, w_1, w_2, w_3, w_1^2, w_2^2, w_3^2, w_1^3, w_2^3, w_3^3]\ \text{oder} \qquad [6.12]$$

$$\underline{E}_{\text{poly}^3,\text{crs}^2}(w_{1..3}) = [1, w_1, w_2, w_3, w_1^2, w_2^2, w_3^2, w_1^3, w_2^3, w_3^3,$$
$$w_1 w_2, w_1 w_3, w_2 w_3, (w_1 w_2)^2, (w_1 w_3)^2, (w_2 w_3)^2]. \qquad [6.13]$$

Da das Gleichungssystem 6.6 mit $r > m + 1$ in der Regel überbestimmt ist, kann zur Bestimmung der Koeffizienten $\underline{c}$ die Methode der kleinsten quadratischen Fehler eingesetzt werden. Je

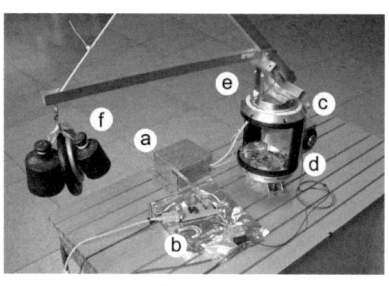

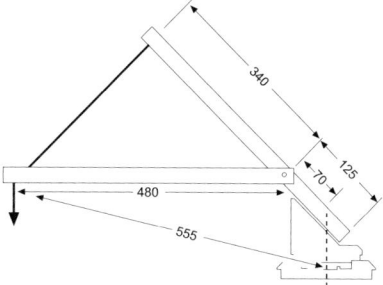

(a) Komponenten.   (b) Fachwerk (Längenangaben in *mm*).

Abb. 6.5: Messaufbau des M_yM_z-Sensors.

Einzelkomponente q_i ergibt sich so ein Lösungsvektor $[c_{i,1}...c_{i,m+1}]^T$. Dieser wird zur Kalibrationsmatrix

$$C = \begin{bmatrix} c_{1,1} & \cdots & c_{1,m+1} \\ \vdots & & \vdots \\ c_{n,1} & \cdots & c_{n,m+1} \end{bmatrix} \qquad [6.14]$$

kombiniert.

Liegt nun ein Vektor von Messwerten $\underline{\dot{p}} \in \mathbb{R}^m$ mit $\underline{\dot{p}} = [1 \ \dot{p}_1 \ ... \ \dot{p}_m]^T$ vor, können durch Multiplikation die Sensorausgangswerte $\underline{\dot{q}} \in \mathbb{R}^n$ abgeschätzt werden.

Das direkte Sensormodell lautet somit

$$\underline{\dot{q}} = C \cdot \underline{\dot{p}}. \qquad [6.15]$$

Abhängig von der gewählten Koeffizientenmatrix und den zugrunde liegenden Messwerten variiert das direkte Sensormodell. Das Auflösen der Gleichungssysteme erfolgt zur Laufzeit, so dass eine Kalibrierung des Modells auch während einer Fahrt erfolgen kann. In den folgenden Abschnitten werden nun Kalibrationsdaten erzeugt, um das direkte Sensormodell zu berechnen.

6.2.3 Aufnahme von Kalibrationsdaten

Um das direkte Sensormodell zu kalibrieren, werden Systemdaten aufgenommen. Abbildung 6.5 zeigt den Messaufbau zur Erfassung definierter Oberflächenspannungen: Der Messverstärker (a) ist über eine Schnittstelle (b) seriell mit dem PC verbunden. Die Flanschplatte (c) ist über sechs Schrauben mit dem Rumpf des Antriebssegments auf der Grundplatte (d) verankert.

Die Flanschplatte kann über die am Fachwerk (e) befestigten Gewichte (f) mit Drehmomenten belastet werden.

Der Hebelarm zwischen angenommenem Drehpunkt der Flanschplatte und Ansatzpunkt der Gewichte hat eine Länge von 0,56 m. Das Fachwerk wiegt 0,50 kg. Es wird als idealisiertes Dreieck angenommen.

Für das an der Flanschplatte maximal wirkende Moment $M_{\text{cal,max}}$ gilt für diesen Messaufbau abhängig vom Kalibrationsgewicht $m_{\text{cal,max}}$

$$M_{\text{cal,max}} = 0{,}56\,\text{m} \cdot g \cdot \left(m_{\text{cal,max}} + \frac{0{,}50\,\text{kg}}{2} \right). \qquad [6.16]$$

Aus der Analyse von möglichen Roboterposen in Hoffmeister [2004] ergibt sich ein maximal wirkendes Moment von $M_{\text{cal,max}} = 27\,\text{Nm}$. Um dieses maximal wirkende Moment zu erreichen wird ein Kalibrationsgewicht von $m_{\text{cal,max}} = 4{,}75\,\text{kg}$ verwendet.

Zur Aufnahme von Messreihen wird eine Last am Fachwerk befestigt. Wird vom Motor des Gelenks α_{KE} eine konstante Bewegung erzeugt, so wirkt, abhängig vom aufgebrachten Kalibrationsgewicht, das Moment M_{cal} unter dem Winkel α auf die Flanschplatte. Für die resultierenden Momente M_y und M_z gilt somit

$$M_y = M_{\text{cal}} \cdot \cos\,(\alpha) \quad \text{und} \quad M_z = M_{\text{cal}} \cdot \sin\,(\alpha). \qquad [6.17]$$

Zu Beginn der Messung befindet sich das Fachwerk in der Position $\alpha = 0°$, der Messverstärker ist kalibriert, so dass die in Ruhe anliegenden Messwerte zu Null definiert sind. Bei rotierendem Fachwerk werden nun verschiedene Gewichte an das Fachwerk angebracht. Dabei werden die Sensorsignale $w_1 \ldots w_3$ erfasst.

Abbildung 6.6 zeigt die Ergebnisse der durchgeführten Messreihen. Die Signale zeigen einen Signalzyklus pro Umdrehung und sind um jeweils 60° phasenverschoben. Maximum und Minimum des Signals sind jeweils um 180° verschoben. Die den Signalen überlagerten Störungen sind für die Auswertung der Signale ebenso unerheblich, wie die Abhängigkeit der Bewegungsrichtung für die Signalform. Entscheidend ist vielmehr die eindeutige Zuordnung von angelegtem Moment und Signalamplitude. Sie erlaubt die Verwendung der Messsignale zur Sensorkalibrierung und anschließend zur eindeutigen Bestimmung der am Sensor angelegten Momente.

6.2.4 Kalibrierung

Das direkte Sensormodell wird mit Hilfe der aufgenommenen Messdaten $[M_y, M_z, w_1, w_2, w_3]^\lambda$ kalibriert. Die Güte der Kalibration hängt dabei von der Auswahl der Kalibrationsdaten ab.

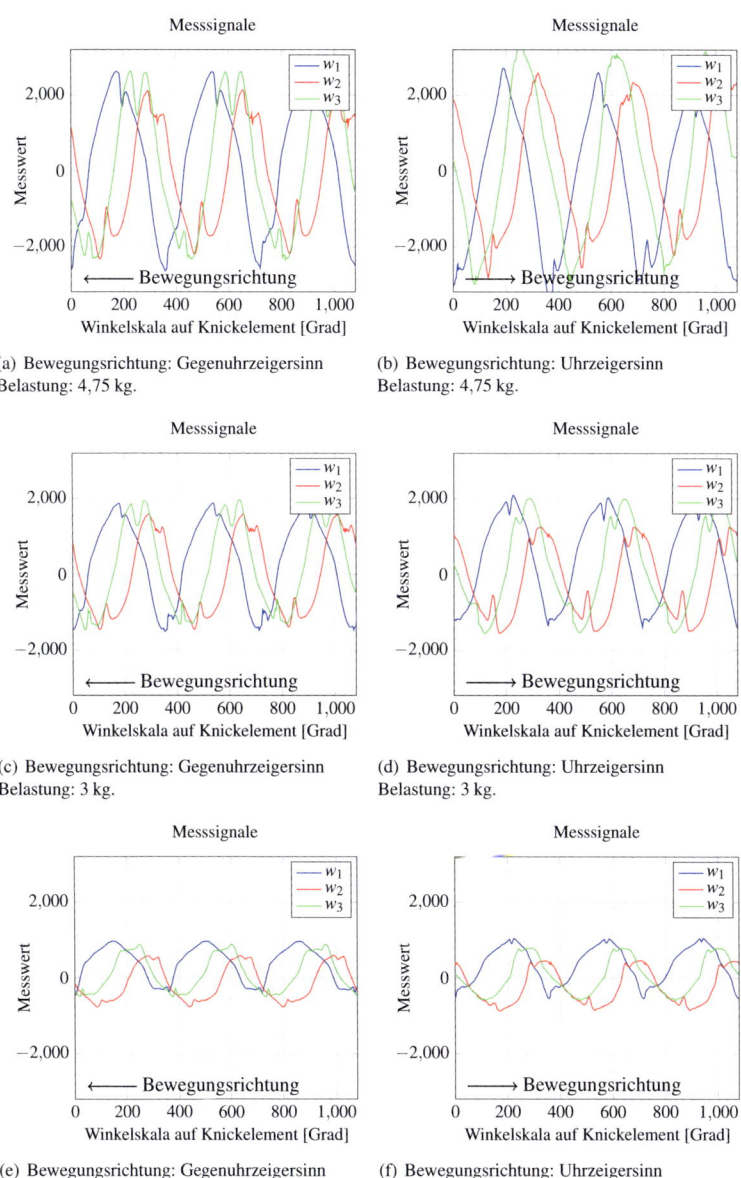

(a) Bewegungsrichtung: Gegenuhrzeigersinn
Belastung: 4,75 kg.

(b) Bewegungsrichtung: Uhrzeigersinn
Belastung: 4,75 kg.

(c) Bewegungsrichtung: Gegenuhrzeigersinn
Belastung: 3 kg.

(d) Bewegungsrichtung: Uhrzeigersinn
Belastung: 3 kg.

(e) Bewegungsrichtung: Gegenuhrzeigersinn
Belastung: 1 kg.

(f) Bewegungsrichtung: Uhrzeigersinn
Belastung: 1 kg.

Abb. 6.6: $M_y M_z$-Sensor: Aufnahme von Kalibrationsdaten (Messreihen 1 bis 3: 3 Umdrehungen im Gegen- und Uhrzeigersinn mit Belastungen 4,75 kg, 3 kg, 1 kg).

Ziel ist es, die Modellparameter des direkten Sensormodells $c_{i,j} \in \mathbb{R}^{2 \times m+1}$ durch das Lösen eines überbestimmten Gleichungssystems so zu bestimmen, dass das folgende Gleichungssystem einen kleinstmöglichen Fehler aufweist:

$$M_y^\lambda \approx c_{1,0} + c_{1,1}w_1^\lambda + c_{1,2}w_2^\lambda + c_{1,3}w_3^\lambda + c_{1,4}w_1^\lambda w_1^\lambda + .. + c_{1,7}w_1^\lambda w_2^\lambda ..$$
$$M_z^\lambda \approx c_{2,0} + c_{2,1}w_1^\lambda + c_{2,2}w_2^\lambda + c_{2,3}w_3^\lambda + c_{2,4}w_1^\lambda w_1^\lambda + .. + c_{2,7}w_1^\lambda w_2^\lambda .. \qquad [6.18]$$

Die Kalibrierung des direkten Sensormodells erfolgt zur Laufzeit in mehreren Schritten:

- Die Messdaten werden statistisch vorverarbeitet.
- Aus den Messwerten $w_1 \dots w_3$ werden die Momente M_y und M_z mit Hilfe des inversen Sensormodells synthetisch berechnet.
- Das direkte Sensormodell wird mit diesen Daten erzeugt.
- Durch Lösen des Gleichungssystems 6.18 werden die Koeffizienten des Sensormodells bestimmt.

In Kapitel 7 werden verschiedene Ausprägungen des resultierenden parametrierten Sensormodells aufgestellt und hinsichtlich ihrer Güte untersucht.

6.2.5 Zusammenfassung

Die Integration einer Anordnung von Dehnungsmessstreifen in die Flanschplatte stellt eine sinnvolle Möglichkeit dar, großflächige Verspannungen im KAIRO-II-Roboter zu erfassen. Das resultierende Sensorsystem vermeidet große Eingriffe in den Aufbau des Roboters. Weiterhin bietet die starre Struktur der Mechanik nur wenige Bereiche, in denen angreifende Kräfte auch tatsächlich zu deutlichen Deformationen führen. Für die Flanschplatte ist dies der Fall.

Die realisierte Anordnung von drei Paaren von Dehnungsmessstreifen ist in der Lage, die Amplitude und den Winkel, unter welchem anliegende Momente angreifen, zu messen. Hierzu wurde ein inverses und ein direktes Sensormodell erstellt. Das direkte Sensormodell wird zur Laufzeit kalibriert und besitzt je nach verwendetem Parametersatz eine unterschiedliche Ausprägung. Eine Bewertung der Parametersätze und des daraus resultierenden parametrierten direkten Sensormodells findet im Kapitel Experimente und Ergebnisse statt.

6.3 Detektion von Torsionen

Ziel bei der Entwicklung dieses Sensorsystems ist es, Verwindungen des Roboters (Torsionen) entlang seiner Fahrtrichtung zu messen. Solche Verwindungen treten vor allem dann auf, wenn einzelne Segmente *unsauberen* Bodenkontakt haben. Aufgrund der starren und komplexen Robotermechanik sind die α_{KE} und γ_{KE} Gelenke der Knickelemente der ideale Ort um diese Torsionen sensorisch zu erfassen. Mehrere Gründe sprechen dafür:

- Diese Gelenke sind in der Achse der Fahrtrichtung angebracht. Das gewünschte Moment M_x liegt also direkt vor und muss nicht extra transformiert werden.
- Bei Verwindungen greifen die Drehmomente lediglich die Getriebe dieser Gelenke an. Die zu erfassenden Messsignale werden durch die komplexe Robotermechanik nicht verfälscht.

Dabei handelt es sich bei den Getrieben in den Gelenken α_{KE} und γ_{KE} um sogenannte HARMONIC DRIVE Getriebe. Das Funktionsprinzip dieser Gleitkeilgetriebe ist im Anhang D dargestellt. Die Messung von Drehmomenten in diesen Getrieben ist sinnvoll und wurde bereits in mehreren Arbeiten vorgestellt.

In diesem Kapitel wird zunächst ein Überblick über bekannte und relevante Arbeiten zur Erfassung von Drehmomenten in Gleitkeilgetrieben gegeben. Anschließend wird das Sensormodell für die vorliegende Arbeit entwickelt. Dabei stellt sich das Messsignal als Überlagerung von Nutzsignal und einem systembedingten Störsignal dar. Die Elimination dieses Störsignals ist möglich. Sie wird zunächst nach einer aus der Literatur bekannten Methode durchgeführt. Anschließend wird im im Rahmen der vorliegenden Arbeit ein eigenes Verfahren entwickelt, bevor beide Methoden kombiniert werden.

Drehmomentmessung in HARMONIC DRIVE

Zur Messung von Drehmomenten in HARMONIC DRIVE Getrieben sind verschiedene Arbeiten bekannt. Das Messprinzip beruht dabei in der Regel auf der Auswertung einer Anordnung von Dehnungsmessstreifen. Zentrales Problem ist dabei die Kompensation der auftretenden Störsignale.

Erste Arbeiten in diesem Gebiet stammen von Hashimoto et al. [1991]. Er integrierte eine Anordnung von Sensoren zur Erfassung von Drehmomenten in einem sieben-achsigen Manipulator [Hashimoto et al., 2002]. Die Störung wird hier durch orthogonal angebrachte DMS, die ein gegenphasiges Störsignal messen, reduziert. Höhere Oberschwingungen des Signals können so allerdings nicht kompensiert werden. Fehler in der Positionierung führen außerdem zu einer ungenügenden Kompensation der Störung.

Taghirad und Bélanger benutzen ein Kalman-Filter mit einem harmonischen Oszillator sechster Ordnung, um die Störung zu reduzieren [Taghirad und Bélanger, 1998]. Dieses Verfahren ist rechenaufwendig und verzögert die Verarbeitung der Messwerte. Es ist nicht möglich, die Störung von einem tatsächlichen Drehmoment der gleichen Frequenz zu unterscheiden.

Von Godler et al. stammt ein Verfahren zur Gewichtung der einzelnen Messsignale [Godler et al., 2001]. Mehrere äquidistant verteilte DMS werden verwendet, um die systembedingte Störung und den durch fehlerhafte Positionierung entstandenen Messfehler auszugleichen. Dieses Verfahren ist schnell und effizient. Es werden allerdings $M = 2N + 1$ Dehnungsmessstreifen benötigt, um N Frequenzkomponenten der Störung zu eliminieren.

6.3.1 Messprinzip und Sensormodell

Um ein Drehmoment in den α_{KE} und γ_{KE} Gelenken von KAIRO-II messen zu können, bietet sich die Unterseite der FLEXIBLE SPLINE - Komponente an. Sie ist dünn und *flexibel*. Auf anliegende Drehmomente reagiert sie mit einer beträchtlichen, mit Hilfe von Dehnungsmessstreifen leicht zu messenden Verformung.

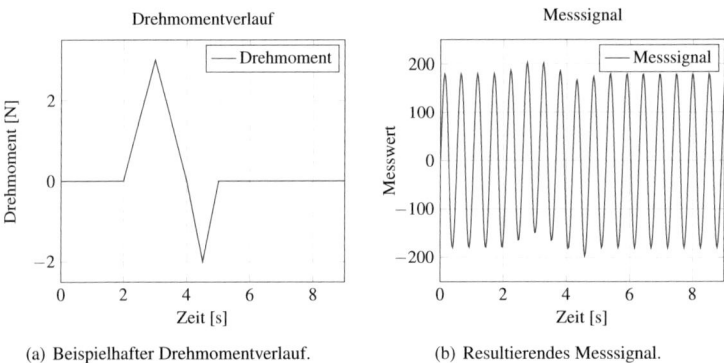

(a) Beispielhafter Drehmomentverlauf.   (b) Resultierendes Messsignal.

Abb. 6.7: Drehmomentverlauf und resultierendes Messsignal. Drehmomente, die entgegen der Laufrichtung des Getriebes (bremsend) wirken, sind positiv gewertet.

Dieser Verformung ist, bedingt durch die Funktionsweise des HARMONIC DRIVE, eine periodische Verformung des FLEXIBLE SPLINE überlagert. Nutzsignal (durch Drehmoment hervorgerufen) und Störung (durch periodische Verformung hervorgerufen) überlagern sich also. In dem bei KAIRO-II verwendeten Getriebe ist die Amplitude der Störung ungefähr zehn Mal größer als die des Nutzsignals. In Abbildung 6.7 ist das angelegte Drehmoment mit resultierendem Messsignal beispielhaft dargestellt.

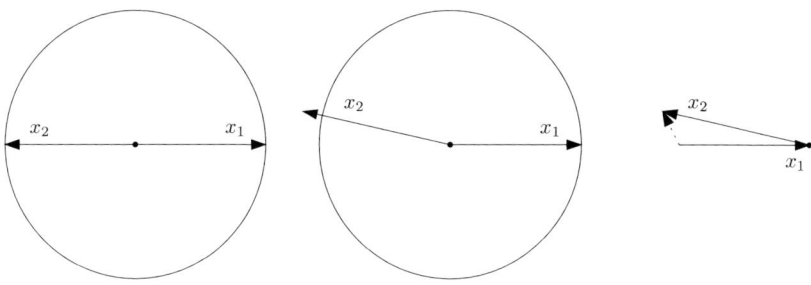

(a) Zeigerdiagramm (ideal). (b) Zeigerdiagramm (real) mit resultierendem Phasenfehler.

Abb. 6.8: Detektion von Torsionen: Ideales und reales Sensormodell nach Hashimoto et al. [1991].

Ideales und reales Sensormodell

In einem ersten Ansatz gemäß Hashimoto et al. [1991] wird diese systembedingte Störung $x_{\text{Stör}}$ als harmonisches Signal

$$x_{\text{Stör}}(\beta) = a\sin(2\beta) \qquad [6.19]$$

modelliert. Bringt man auf dem FLEXIBLE SPLINE zwei um $\frac{\pi}{2}$ verschobene DMS an, erhält man gemäß Abbildung 6.8(a) die Messsignale

$$x_1(\beta) = x_{\text{Nutz}}(\beta) + a\sin(2\beta) \quad \text{und} \qquad [6.20]$$
$$x_2(\beta) = x_{\text{Nutz}}(\beta) + a\sin(2(\beta + \frac{\pi}{2}))$$
$$= x_{\text{Nutz}}(\beta) - a\sin(2\beta). \qquad [6.21]$$

Durch Addition der Signale

$$x_1(\beta) + x_2(\beta) = 2x_{\text{Nutz}}(\beta) \qquad [6.22]$$

lässt sich die Störung kompensieren. Sind neben der Grundschwingung allerdings Oberschwingungen vorhanden, ergibt sich

$$x_1(\beta) = x_{\text{Nutz}}(\beta) + a_0\sin(2\beta) + a_1\sin(4\beta) + \dots \quad \text{und} \qquad [6.23]$$
$$x_2(\beta) = x_{\text{Nutz}}(\beta) + a_0\sin(2(\beta + \frac{\pi}{2})) + a_1\sin(4(\beta + \frac{\pi}{2})) + \dots$$
$$= x_{\text{Nutz}}(\beta) - a_0\sin(2\beta) + a_1\sin(4\beta) + \dots \quad . \qquad [6.24]$$

Abb. 6.9: Integration des Drehmoment-Sensors in KAIRO-II: Flanschplatte mit FLEXIBLE SPLINE und drei integrierten Dehnungsmessstreifen.

Hier führt die Addition der Signale

$$x_1(\beta) + x_2(\beta) = x_{\text{Nutz}}(\beta) + 2a_1 \sin(4\beta) + \ldots \qquad [6.25]$$

zu keinem Ergebnis. Um die Frequenzkomponenten höherer Ordnung zu kompensieren, sind weitere DMS notwendig. Durch zwei weitere, um $\frac{\pi}{4}$ verschobene, DMS lässt sich auch die erste Oberschwingung eliminieren.

Dieses Verfahren ist in der Praxis allerdings nicht durchführbar, da bei der Platzierung der Dehnungsmessstreifen zwangsläufig Positionierungsfehler auftreten. Das Zeigerdiagramm erhält dann die Form gemäß Abbildung 6.8(b). Eine radiale Verschiebung und Verdrehung bewirkt unterschiedliche Amplituden x_v für die Messsignale a_v. Ein Positionierungsfehler in Umfangsrichtung bewirkt eine Phasenverschiebung, so dass sich das Störsignal bei der Summation der Messsignale nicht eliminiert.

In der vorliegenden Arbeit wurden auf dem FLEXIBLE SPLINE eines α_{KE}-Getriebes von KAIRO-II drei DMS-Paare gemäß Abbildung 6.9 angebracht. Jedes DMS-Paar besteht aus zwei im $\pm 45°$-Winkel angebrachten DMS. Die Positionierung der Dehnungsmessstreifen erfolgte bei konstantem Radius äquidistant über eine Hälfte des FLEXIBLE SPLINE, also bei den Winkeln $\frac{i\pi}{3}$ für $i \in \{1,2,3\}$.

Im folgenden Kapitel werden nun für diese Anwendung Nutz- und Störsignal modelliert. Anschließend wird das Störsignal mit den Methoden der Gewichtung, der Phasenkalibrierung und einem kombinierten Verfahren eliminiert.

6.3.2 Modellierung von Nutz- und Störsignal

Ziel der Modellierung von Nutz- und Störsignal ist es, bei Kenntnis dieser Signale eine Elimination des Störsignals durchführen zu können. Als Basis der Berechnungen dient das Sensorsignal $x(t)$ (bzw. $x(n)$ im diskreten Fall), welches sich aus Nutz- und Störsignal zusammensetzt.

Das Nutzsignal x_{Nutz} ist proportional zur Dehnung ε im FLEXIBLE SPLINE. In den folgenden Abschnitten wird von einem anliegenden Drehmoment von etwa 1 Nm ausgegangen. Im Vergleich zu dem maximal zulässigen Drehmoment des Getriebes von 40 Nm ist dies ein geringes Drehmoment. Mit diesem Vorgehen kann so die gute Auflösung des Sensors bei geringen anliegenden Drehmomenten gezeigt werden. Für größere anliegende Drehmomente verbessert sich die Auflösung sogar, weil das Störsignal weniger Einfluss auf das Ausgangssignal des Sensors hat. Der exakte Zusammenhang zwischen Nutzsignal, Dehnung und anliegendem Drehmoment ist nicht bekannt, kann aber durch Kalibrierung festgestellt werden.

Das dem Nutzsignal überlagerte Störsignal $x_{\text{Stör}}$ ist nur von der Phasenlage β des WAVE GENERATORs abhängig. Die Amplitude der Störung ist nicht der Amplitude des Nutzsignals abhängig.

Es gilt also für das Sensormodell

$$x(t) = x_{\text{Nutz}}(t) + x_{\text{Stör}}(\beta(t)) \quad \text{bzw.} \qquad [6.26]$$

$$x(n) = x_{\text{Nutz}}(n) + x_{\text{Stör}}(\beta(n)). \qquad [6.26\ b]$$

In den folgenden Kapiteln findet die Modellierung und Elimination des Störsignals mit den Methoden von Godler, der Phasenkalibrierung und einem kombinierten Verfahren statt. Das resultierende Sensormodell hängt von der jeweils verwendeten Methode ab.

6.3.3 Elimination des Störsignals nach Godler

Bei der Elimination des Störsignals nach dem Verfahren von Godler et al. [2001] spielt die exakte Positionierung der Dehnungsmessstreifen keine Rolle. Man nimmt dazu an, dass das Störsignal aus N Frequenzkomponenten besteht. Der WAVE GENERATOR rotiert mit der Frequenz f_{wg}. Die Frequenz der Grundschwingung beträgt also $2 \cdot f_{\text{wg}}$.

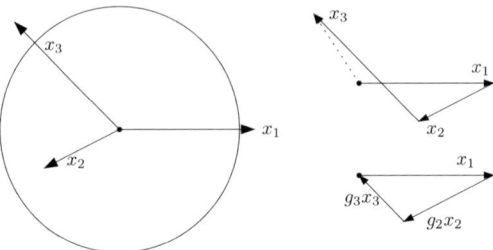

Abb. 6.10: Zeigerdiagramm zum Gewichtungsverfahren.

Es werden nun M Dehnungsmessstreifen äquidistant auf dem FLEXIBLE SPLINE verteilt. Die vom Dehnungsmessstreifen mit der Ordnungszahl j gemessene Störung kann als Summe der Frequenzkomponenten in folgender Form dargestellt werden

$$x_{\text{Stör},j}(\beta) = \sum_{i=0}^{N-1} a_{ij} \sin\left(2i\left(\beta - \frac{j\pi}{M}\right) - \psi_{ij}\right)$$
$$= \sum_{i=0}^{N-1} a_{ij} \sin\left(2i\beta - \left(\underbrace{\frac{2ij\pi}{M} + \psi_{ij}}_{\varphi_{ij}}\right)\right)$$
$$= \sum_{i=0}^{N-1} a_{ij} \sin(2i\beta - \varphi_{ij}) \quad . \qquad [6.27]$$

Hierbei bezeichnet a_{ij} die Amplitude der Frequenzkomponenten i im Signal des j-ten Dehnungsmessstreifens. ψ_{ij} sind die durch ungenaue Positionierung entstandenen Phasenfehler.

Zur Elimination der Störung werden die einzelnen Signale mit geeigneten Gewichtungsfaktoren g_j (siehe Abbildung 6.10) addiert. Die Bedingung zur Bestimmung der Gewichtungsfaktoren lautet damit

$$x(\beta) = \sum_{j=0}^{M-1} g_j x_j(\beta)$$
$$= \sum_{j=0}^{M-1} g_j \sum_{i=0}^{N-1} a_{ij} \sin(2i\beta - \varphi_{ij}) \overset{!}{=} 0 \; \forall \beta. \qquad [6.28]$$

Um die Gewichtungsfaktoren zu bestimmen, wird dabei die phasenverschobene harmonische Schwingung in einen Sinus- und einen Cosinusanteil aufgeteilt. Die Gleichung wird damit umgeformt:

$$
\begin{aligned}
x(\beta) &= \sum_{i=0}^{N-1} \sum_{j=0}^{M-1} g_j a_{ij} \sin(2i\beta - \varphi_{ij}) \\
&= \sum_{i=0}^{N-1} \sum_{j=0}^{M-1} g_j a_{ij} (\sin(2i\beta)\cos(\varphi_{ij}) - \cos(2i\beta)\sin(\varphi_{ij})) \\
&= \sum_{i=0}^{N-1} \sum_{j=0}^{M-1} g_j a_{ij} \sin(2i\beta)\cos(\varphi_{ij}) + \sum_{i=0}^{N-1} \sum_{j=0}^{M-1} g_j a_{ij} \cos(2i\beta)\sin(\varphi_{ij}) \\
&= \sum_{i=0}^{N-1} \sin(2i\beta) \sum_{j=0}^{M-1} g_j a_{ij} \cos(\varphi_{ij}) + \sum_{i=0}^{N-1} \cos(2i\beta) \sum_{j=0}^{M-1} g_j a_{ij} \sin(\varphi_{ij}) \\
&\overset{!}{=} 0 \ \forall \beta \quad .
\end{aligned}
\tag{6.29}
$$

Die notwendige Bedingung wird erfüllt, wenn für alle $i \in [0 \dots N-1]$ die Gleichungen

$$
\sum_{j=0}^{M-1} g_j a_{ij} \cos(\varphi_{ij}) = 0 \quad \text{und} \quad \sum_{j=0}^{M-1} g_j a_{ij} \sin(\varphi_{ij}) = 0
\tag{6.30}
$$

erfüllt sind. Dieses homogene Gleichungssystem mit $2N$ Gleichungen für M Variable besitzt nichttriviale Lösungen für $M \geq 2N + 1$.

Die minimal notwendige Anzahl an Dehnungsmessstreifen, um N Frequenzkomponenten zu eliminieren, ist also

$$
M_{\min}(N) = 2N + 1.
\tag{6.31}
$$

Mit $M \geq 2N + 1$ ist das Gleichungssystem überbestimmt. Für $2N - M$ Variable wird dann ein beliebiger Wert $g_j \neq 0$ vorgegeben. Bei $M = 2N + 1$ gibt man beispielsweise $g_0 = 1$ vor und erhält in Matrixschreibweise das inhomogene Gleichungssystem

$$
\begin{pmatrix} a_{ij}\cos\varphi_{ij} \\ a_{ij}\cos\varphi_{ij} \end{pmatrix}_{j\neq 0} (g_j)_{j\neq 0} = - \begin{pmatrix} a_{i0}\cos\varphi_{i0} \\ a_{i0}\sin\varphi_{i0} \end{pmatrix}.
\tag{6.32}
$$

Hieraus lassen sich die Gewichtungsfaktoren $\tilde{g}_j$, $j \in [0 \dots M-1]$ bestimmen. Die normierten Gewichtungsfaktoren $\underline{g}$ lauten

$$
\underline{g} = \frac{\tilde{g}}{\sum\limits_{j=0}^{M-1} \tilde{g}_j}.
\tag{6.33}
$$

Die Amplituden a_{ij} und Phasenlagen φ_{ij} bestimmt man aus der Fouriertransformierten eines Kalibriersignals. Dabei bezeichnet das Kalibriersignal ein bei laufendem Motor aber ohne anliegendem Drehmoment aufgenommenen Signalverlauf eines Dehnungsmessstreifens. Im folgenden Abschnitt werden nun die beschriebenen Schritte für KAIRO-II durchgeführt.

Umsetzung auf KAIRO-II

Da die Messsignale bei der Vorverarbeitung auf eine einheitliche Amplitude normiert werden, besitzen alle Amplituden a_{ij}, die zur gleichen Frequenzkomponente i gehören, den identischen Wert

$$a_{ij} = a_i. \tag{6.34}$$

Für den KAIRO-II-Roboter werden $M = 3$ Dehnungsmessstreifen im α_{KE}-Getriebe des Roboters angebracht. Damit kann die Grundschwingung ($N = 1$) des Störsignals eliminiert werden. Das Gleichungssystem 6.32 wird mit $g_0 = 1$ zu

$$\begin{pmatrix} \cos\varphi_{01} & \cos\varphi_{02} \\ \sin\varphi_{01} & \sin\varphi_{02} \end{pmatrix} \begin{pmatrix} g_1 \\ g_2 \end{pmatrix} = - \begin{pmatrix} \cos\varphi_{00} \\ \sin\varphi_{00} \end{pmatrix}. \tag{6.35}$$

Die φ_{ij} sind dabei die dominanten Phasen des Kalibriersignals.

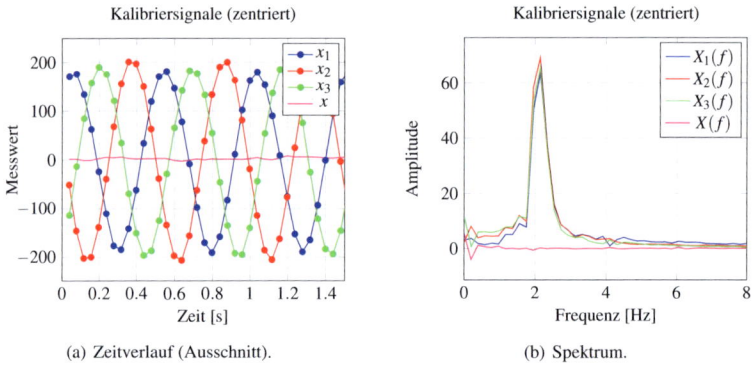

(a) Zeitverlauf (Ausschnitt).　　　(b) Spektrum.

Abb. 6.11: Die drei Messkanäle $x_{1...3}$ des Kalibriersignals mit gewichteter Summe x.

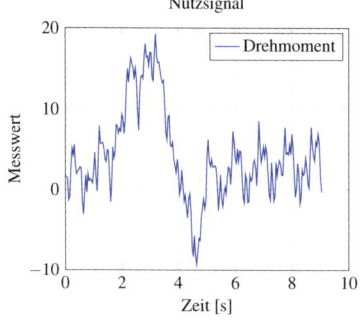

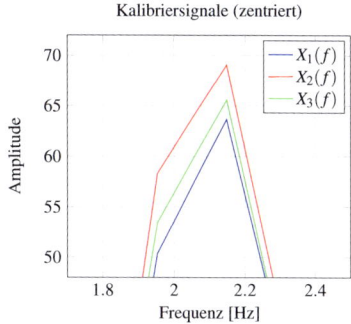

(a) Zeitverlauf des kompensierten Ausgangssignals.

(b) Detailansicht des Spektrums zeigt schlechte Frequenzauflösung.

Abb. 6.12: Verlauf Drehmoment und Detailansicht des Spektrums.

Dieses Verfahren wird nun anhand des in Abbildung 6.11 dargestellten Kalibriersignals bewertet. Die dominanten Amplituden und Phasen der Kanäle des Kalibriersignals betragen

$$\underline{a}_{\text{Dom}} = \begin{pmatrix} 153,0 \\ 172,6 \\ 161,0 \end{pmatrix} \quad \text{und} \quad \underline{\varphi}_{\text{Dom}} = \begin{pmatrix} 2,99 \\ -1,08 \\ 1,15 \end{pmatrix}. \quad [6.36]$$

Nach Normierung der Signale und Lösung von Gleichung 6.35 ergeben sich die Gewichtungsfaktoren

$$\underline{g} = \begin{pmatrix} 1,00 \\ 1,08 \\ 0,96 \end{pmatrix}. \quad [6.37]$$

Die Gewichtungsfaktoren g_2 und g_3 liegen nahe bei 1, was darauf zurückzuführen ist, dass die Dehnungsmessstreifen in guter Näherung äquidistant über den FLEXIBLE SPLINE verteilt sind.

Die Normierung liefert für das bestückte Knickelement als Ergebnis die neuen Gewichtungsfaktoren

$$\underline{g} = \begin{pmatrix} 0,3283 \\ 0,3556 \\ 0,3161 \end{pmatrix}. \quad [6.38]$$

Die überlagerte Summe $x(n)$ und ihr Spektrum sind ebenfalls in der Abbildung 6.11 dargestellt.

Werden nun diese Gewichtungsfaktoren auf den Drehmomentverlauf aus Abbildung 6.7 angewendet, so ergibt sich die in Abbildung 6.12(a) dargestellte Ausgangsgröße. Es ist zu erkennen, dass die Grundschwingung der Störamplitude erheblich gedämpft wurde. Trotzdem stellt das Messsignal des Drehmomentsignals keine zufriedenstellende Lösung dar. Eine Restwelligkeit im Signalverlauf ist zu erkennen. Die Störung wurde nicht ausreichend kompensiert.

Betrachtet man die diskrete Fouriertransformierte des Messsignals in dem in Teilbild (b) dargestellten vergrößerten Ausschnitt, so fällt auf, dass die Frequenzauflösung nicht ausreicht, um die dominante Frequenz des Signals, also die Frequenz der Grundschwingung, exakt zu erfassen. Dadurch wird auch die Phase der Grundschwingung nicht korrekt bestimmt, ein Fehler, der in Gleichung 6.35 eingeht.

Zusammenfassung

Der Vorteil dieses Verfahrens liegt im geringen Rechenaufwand sowie der geringen Menge an zu speichernden Kalibrierdaten. Nachteilig ist, dass eine hohe Anzahl an Dehnungsmessstreifen benötigt wird, um eine zufriedenstellende Kompensation des Signals zu erreichen. Grund hierfür ist die Tatsache, dass mit diesem Verfahren lediglich eine endliche Anzahl an Frequenzkomponenten eliminiert werden kann. Um $M = 3$ Frequenzkomponenten zu eliminieren benötigt man mindestens sieben Dehnungsmessstreifen im Messaufbau. Dies ist aus Platzgründen nicht durchführbar, aufgrund der im letzten Abschnitt erzielten Ergebnisse allerdings sinnvoll.

Daher wird im folgenden Abschnitt ein weiteres Verfahren zur Elimination des Störsignals vorgestellt.

6.3.4 Elimination des Störsignals mit Phasenkalibrierung

Das Verfahren der Phasenkalibrierung macht sich die Periodizität der systematischen Störung zunutze. Mit Hilfe einer Kalibrierfunktion, die den Zusammenhang zwischen der Phasenlage β des Wave Generators und der momentanen Störungsamplitude $x_{\text{Stör}}(\beta)$ beschreibt, kann die Störung rechnerisch eliminiert werden.

Folgende Schritte werden dabei durchgeführt:

- Die aktuelle Phasenlage β des Wave Generators wird bestimmt.

- Bei laufendem Motor ohne anliegendem Drehmoment wird ein Kalibriersignal aufgenommen. Daraus kann die Amplitude der Störung $x_{\text{Stör}}$ in Abhängigkeit von β bestimmt werden (Kalibrierfunktion).

- Aus dem Messsignal wird die aktuelle Phasenlage $\beta(n)$ des Wave Generators ermittelt. Die Kalibrierfunktion liefert für diese Phasenlage die momentane Amplitude der Störung $x_{\text{Stör}}(\beta(n))$.

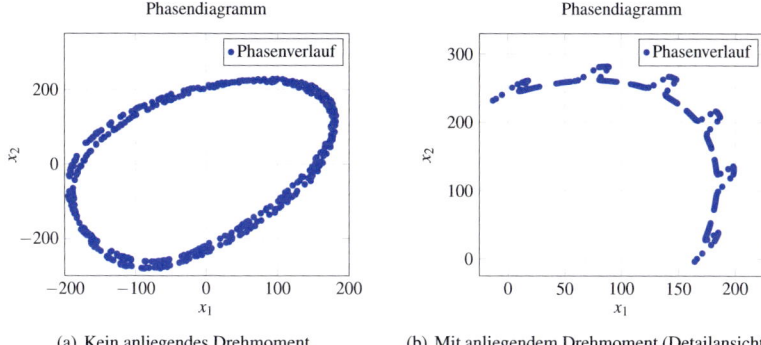

(a) Kein anliegendes Drehmoment.　　　　(b) Mit anliegendem Drehmoment (Detailansicht).

Abb. 6.13: Phasendiagramm ohne und mit anliegendem Drehmoment.

• Mit dem Störmodell aus Gleichung 6.26 b ergibt sich dann das Nutzsignal

$$x_{\text{Nutz}}(n) = x(n) - x_{\text{Stör}}(\beta(n)).\qquad\qquad [6.39]$$

Im Vergleich zu in der Literatur bekannten Verfahren besitzt diese Methode den Vorteil, dass theoretisch beliebige Störsignalverläufe $x_{\text{Stör}}(\beta)$ mit einer beliebigen Anzahl an Frequenzkomponenten vollständig kompensiert werden können. Nachteilig ist der relativ hohe Speicheraufwand für die Kalibrierdaten. Der Echtzeitrechenaufwand ist geringfügig höher als für das bereits beschriebene Verfahren nach Godler et al. [2001]. Er wird im Kapitel Experimente und Ergebnisse untersucht.

Bestimmung der aktuellen Phasenlage

Das Phasendiagramm stellt die funktionale Beziehung zwischen den Messsignalen x_1 und x_2 zweier Dehnungsmessstreifen in Abhängigkeit von der aktuellen Phasenlage β des WAVE GE-NERATORs dar. Konstruktionsbedingt stellt dieses Diagramm keine exakte Ellipse dar. Aufgrund der Asymmetrie des WAVE GENERATORs besitzt es außerdem zwei Spuren. Für die vorliegende Arbeit wurde dabei die in Abbildung 6.13(a) dargestellte Asymmetrie ermittelt.

Die verallgemeinerte Phase $\tilde{\beta}$ des WAVE GENERATORs lässt sich nun mit dem im Anhang E.3 dargestellten Verfahren ermitteln. Die dominante Frequenzkomponente beträgt $2 \cdot f_{\text{wg}}$. Für die verallgemeinerte normierte Phase $\tilde{\beta}'$, die den Bereich $[0 \dots 2\pi]$ zweimal durchläuft, während $\tilde{\beta}$ ihn einmal durchläuft, gilt also $\tilde{\beta}' = (2\tilde{\beta}) \bmod (4\pi)$.

Für die Kalibrierung und für die Messung wird die aktuelle Phasenlage β des WAVE GENERA-
TORS oder eine verallgemeinerte Phase $\tilde{\beta}$ benötigt. Diese Größen können nicht direkt gemessen
werden, sondern müssen aus dem Messsignal rekonstruiert werden. Um auf $\tilde{\beta}$ zu schließen,
wird der Signalverlauf über die Zeit betrachtet. Für die verallgemeinerte, normierte Phase $\tilde{\beta}'$
wird dabei ein Wert gesucht, bei dem eine deutliche Differenz zwischen dem Messsignal für
$\tilde{\beta} \geq \pi$ und für $\tilde{\beta} > \pi$ besteht. Im vorliegenden Fall gilt dies beispielsweise für $\tilde{\beta}' = \frac{5\pi}{6}$.

Die Größe $\tilde{\beta}'$ wird gemäß Gleichung E.16 zu

$$\tilde{\beta}' = \arctan2(kx_2\sin(\Delta\varphi), k(x_1 - x_2\cos(\Delta\varphi))) \quad \text{mit } k = \text{sgn}(\Delta\varphi) \quad [6.40]$$

bestimmt. $\Delta\varphi$ ist der Phasenunterschied zwischen den betrachteten Messsignalen x_1 und x_2.
Dieser Phasenunterschied ist Bestandteil der Kalibrierdaten und wird gemäß den Berechnungen
im Anhang E.2 bestimmt. Die verallgemeinerte Phase $\tilde{\beta}$ wird dabei unter der Annahme eines
verschwindenden Nutzsignals aus dem Störsignal bestimmt.

Liegt ein Drehmoment an, so ist die Phasenbestimmung nicht mehr eindeutig. Das Phasendiagramm für diesen Fall ist in Abbildung 6.13(b) dargestellt. Um nun das Nutzsignal zu eliminieren, bildet man die Differenzsignale x_{Diff} aus jeweils zwei Kanälen

$$x_{\text{Diff},i} = x_i - x_{i+1}, \quad \text{mit } x_M := x_0. \quad [6.41]$$

Mit 6.26 ergibt sich daraus dann

$$\begin{aligned} x_{\text{Diff},i} &= x_i - x_{i+1} \\ &= x_{\text{Nutz}} + x_{\text{Stör,i}} - (x_{\text{Nutz}} + x_{\text{Stör,i+1}}) \\ &= x_{\text{Stör,i}} - x_{\text{Stör,i+1}}. \end{aligned} \quad [6.42]$$

Das Nutzsignal ist also für die Berechnung der Differenzsignale nicht notwendig. Die Dif-
ferenzsignale sind als Differenzen zweier phasenverschobener, näherungsweise harmonischer
Signale wieder nahezu harmonische Signale. In den folgenden Abschnitten können daher die
Differenzsignale anstatt der Messsignale für die Phasenbestimmung verwendet werden.

Bestimmung der Kalibrierfunktion

Die Kalibrierfunktion wird mit Hilfe eines Kalibriersignals ermittelt. Das Kalibriersignal x_{Kal}
wird dabei bei laufendem Motor ohne anliegendes externes Drehmoment aufgenommen. Das
Signal besitzt also kein Nutzsignal, sondern besteht lediglich aus der periodischen Störung.

$$x_{\text{Kal}}(n) = x_{\text{Kal}}(n \cdot t_A) = x_{\text{Stör}}(n \cdot t_A) \quad [6.43]$$

zu den diskreten Abtastzeitpunkten $n \cdot t_A$. In Abbildung 6.14(a) ist das für diese Anwendung aufgenommene Kalibriersignal dargestellt. Alle Abtastzeitpunkte wurden dabei auf den Bereich von $[0 \ldots \pi]$ projiziert.

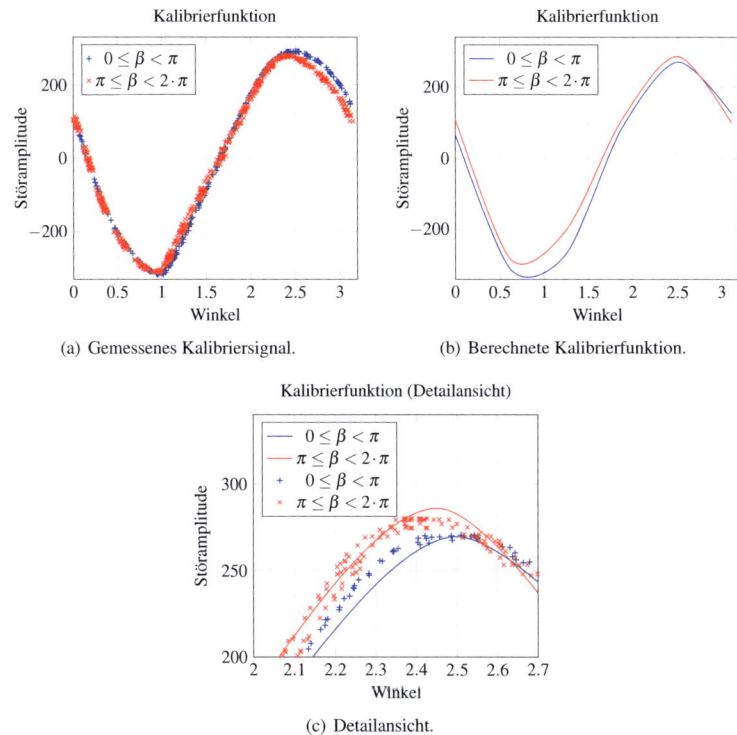

(a) Gemessenes Kalibriersignal.　　　(b) Berechnete Kalibrierfunktion.

(c) Detailansicht.

Abb. 6.14: Kalibrierfunktion.

Aus diesem Kalibriersignal wird durch Approximation die Kalibrierfunktion generiert. Dabei wird ein zweistufiges Approximationsverfahren verwendet: Aus der ermittelten Punktemenge werden zuerst Stützstellen der Kalibrierfunktion erzeugt und anschließend zwischen den Stützstellen interpoliert.

Die Stützstellen der Kalibrierfunktion werden durch stückweise quadratische Approximation erzeugt. Dazu wird das Intervall der verallgemeinerten Phase in P gleich große Intervalle der Breite $\frac{2\pi}{P}$ eingeteilt. Für jede Stützstelle $\hat{\tilde{\beta}}_k = k\frac{2\pi}{P}, k \in \{0 \ldots P-1\}$ wählt man die nächsten Q

Punkte mit $\tilde{\beta} < \hat{\beta}_k$ und mit $\tilde{\beta} > \hat{\beta}_k$. Diese Punkte $(\tilde{\beta}_v, x_v)^T$, $v \in \{0 \ldots Q-1\}$ werden durch ein Polynom zweiten Grades approximiert. Das Signalmodell lautet damit in Matrixform

$$\underbrace{\begin{pmatrix} x_0 \\ x_1 \\ \vdots \\ x_{Q-1} \end{pmatrix}}_{\underline{x}} = \underbrace{\begin{pmatrix} 1 & \tilde{\beta}_0 & \tilde{\beta}_0^2 \\ 1 & \tilde{\beta}_1 & \tilde{\beta}_1^2 \\ \vdots & \vdots & \vdots \\ 1 & \tilde{\beta}_{Q-1} & \tilde{\beta}_{Q-1}^2 \end{pmatrix}}_{\psi} \underbrace{\begin{pmatrix} a_0 \\ a_1 \\ a_2 \end{pmatrix}}_{\underline{a}}. \qquad [6.44]$$

Dieses überbestimmte Gleichungssystem lässt sich nun durch einen LS-Schätzer zu

$$\underline{\hat{a}} = (\psi^T \psi)^{-1} \psi^T x \qquad [6.45]$$

approximieren. Der Vektor $\underline{\hat{a}}$ enthält die Koeffizienten eines Polynoms in $\tilde{\beta}$. Dieses Polynom wertet man an der Stelle $\hat{\beta}$ aus und erhält eine Stützstelle der Kalibrierfunktion

$$x_{\text{Stör}}(\hat{\beta}) = \begin{pmatrix} 1 \\ \hat{\beta} \\ \hat{\beta}^2 \end{pmatrix} \underline{\hat{a}}. \qquad [6.46]$$

Abbildung 6.14(b) zeigt die berechnete Kalibrierfunktion für die Parameter $P = 1000$ und $Q = 20$. Eine Detailansicht von Messpunkten des Kalibriersignals und der berechneten Kalibrierfunktion in Abbildung 6.14(c) verdeutlicht die Güte der berechneten Kalibrierfunktion.

Bestimmung des Drehmoments

Um nun das am Gelenk anliegende Drehmoment zu berechnen, wird zunächst die aktuelle Phasenlage $\tilde{\beta}$ bestimmt. Anschließend wird die Kalibrierfunktion an dieser Stelle ausgewertet. Als Ergebnis erhält man die Amplitude des Störsignals $x_{\text{Stör}}$. Diese Amplitude setzt man in das Störmodell 6.26 b ein und erhält das Nutzsignal

$$x_{\text{Nutz}}(n) = x(n) - x_{\text{Stör}}(\tilde{\beta}(n)). \qquad [6.47]$$

Zusammenfassung

Durch die Methode der Phasenschätzung kann die Güte des Nutzsignals unabhängig von der Methode der Gewichtung deutlich verbessert werden. Da diese Methode auf interpolierten Daten beruht, eliminiert auch sie die Störung nicht vollständig.

Eine Kombination der Verfahren nach Godler und der Phasenschätzung erscheint sinnvoll. Sie wird im folgenden Abschnitt vorgestellt.

6.3.5 Elimination des Störsignals (kombiniertes Verfahren)

Das kombinierte Verfahren zur Elimination des Störsignals wendet die Verfahren nach Godler und das Verfahren der Phasenschätzung nacheinander an. Da beide Verfahren unabhängig voneinander arbeiten, ist dies möglich.

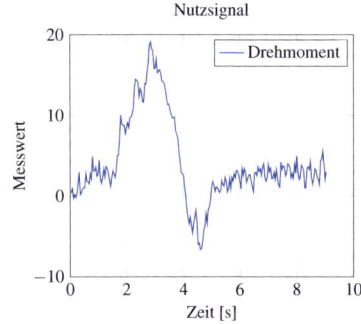

(a) Mit Vorverarbeitung nach Godler: Restwelligkeit gering.

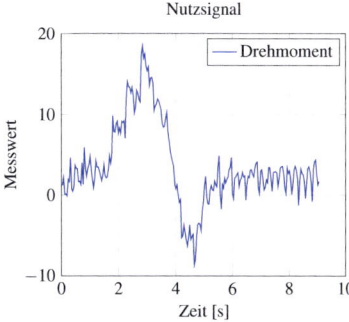

(b) Ohne Vorverarbeitung nach Godler: Restwelligkeit groß.

Abb. 6.15: Ergebnis der Phasenkalibrierung.

Auf das Messsignal wird zuerst das Verfahren nach Godler angewendet und anschließend mit dem Ergebnis eine Phasenkalibrierung durchgeführt [Birkenhofer et al., 2007b]. Die Amplitude der im Messsignal dominierenden Frequenzkomponente wird also zunächst verringert, bevor die Phasenkalibrierung auf das Ergebnis des Überlagerungsverfahrens angewendet wird. Abbildung 6.15 zeigt eine Gegenüberstellung der Methode der Phasenkalibrierung mit und ohne Vorverarbeitung der Messdaten nach der Methode von Godler. Die Störung fällt bei einer Vorverarbeitung der Daten deutlich geringer aus, wird die Restwelligkeit des Signals doch deutlich reduziert[2].

Durch die Kombination der beiden Verfahren kann das Störsignal im Vergleich zur Anwendung von lediglich einer Methode besser eliminiert werden. Daher wird diese kombinierte Methode verwendet.

---

[2]Auch im Vergleich zur reinen Methode nach Godler (siehe Abbildung 6.12(a)) ist eine deutliche Verbesserung des Ergebnisses sichtbar.

6.3.6 Zusammenfassung

In diesem Kapitel wurde das Sensorsystem zur Erfassung von Torsionen vorgestellt. Dabei wurde eine Anordnung von Dehnungsmessstreifen in den Gleitkeilgetrieben des KAIRO-II-Roboters angebracht. Das ideale und das reale Sensormodell wurden vorgestellt. Das Messsignal stellt sich dabei als Überlagerung von Nutz- und Störsignal heraus. Es wurden mehrere Verfahren zur Elimination des Störsignals vorgestellt.

Die Methode nach Godler stellt dabei eine einfache und effiziente Methode dar. Sollen aber neben der Grundschwingung des Störsignals auch Oberschwingungen eliminiert werden, so stößt diese Methode schnell an ihre Grenzen. Die Methode der Phasenschätzung hat diese Einschränkung nicht. Die Güte dieser Methode kann aber verbessert werden, wenn sie nach der Methode von Godler angewendet wird. Als ideale Lösung für die Elimination des Störsignals wurde in diesem Kapitel daher ein kombiniertes Verfahren vorgestellt und implementiert.

Die Evaluierung der Verfahren zur Elimination des Störsignals, sowie die Kalibration des Sensors werden in Kapitel 7 vorgestellt.

6.4 Analyse des Bodenkontakts

Die Analyse des Bodenkontakts von KAIRO-II stellt eine Möglichkeit dar, die Manöver des Roboters mit einfachen Mitteln einzuschätzen und zu klassifizieren. Zustandsübergänge der Manöverkontrolle können durch die Analyse des Bodenkontakts detektiert werden. Eine Einordnung des aktuellen Robotermanövers gemäß der Spezifikation in Kapitel 5.2 kann aufgrund der hohen Traktion der Antriebsräder x_{AE} über eine Analyse der Bodenhaftung erfolgen. Ist kein Bodenkontakt der Antriebsräder vorhanden, so ist der Motorstrom dieser Räder gering. Befindet sich dagegen das Antriebsrad auf dem Boden, so steigt der Motorstrom sprunghaft an. Der Vortrieb des gesamten Roboters verteilt sich in einer ersten Näherung gleichmäßig auf alle Antriebseinheiten die über Bodenkontakt verfügen.

Ziel der Analyse des Bodenkontaktes ist es, das sprunghafte Ansteigen des Motorstroms zu detektieren und durch die Analyse aller Antriebseinheiten auf das aktuelle Robotermanöver zu schließen.

6.4.1 Sensormodell

Das anliegende bzw. erzeugte Drehmoment eines Motors ist proportional zu seinem Stromverbrauch. Bei Motoren mit geringer Übersetzung und geringen Reibungsverlusten ist die Bestimmung des Drehmoments über eine Messung des Motorstroms grundsätzlich möglich. Die

Vortriebswelle x_{AE} der Antriebskästen von KAIRO-II erfüllt diese Voraussetzung. Hier ist es also möglich, aus der Analyse des Motorstroms Rückschlüsse auf das erzeugte Drehmoment zu ziehen.

Allgemein kann aus der gemittelten Stromaufnahme $\bar{I}$ eines Elektromotors das von ihm erzeugte Drehmoment M berechnet werden. Aus $\bar{I} = \frac{M+M_R}{k_M}$ mit den motorabhängigen Größen k_M und M_R ergibt sich das direkte Sensormodell

$$M = \bar{I}k_M - M_R. \qquad [6.48]$$

Um den gemittelten Strom im Rahmen dieser Anwendung zu bestimmen, werden die Funktionalitäten zur Messung von Motorströmen der Basissteuerung verwendet. Der Motorstrom der Antriebsmotoren (Typ: Faulhaber 2657 012CR) wird dabei indirekt über die am Widerstand R_{Shunt} abfallende Spannung U_{Shunt} ermittelt (siehe Abbildung 6.16) und anschließend im DSP der UCoM-Steuerung in ein digitales Signal zur Weiterverarbeitung gewandelt. Insbesondere wird hier der Motorstrom zu diskreten Zeitpunkten relativ zum PWM-Verhältnis des Motorsteuersignals gemessen.

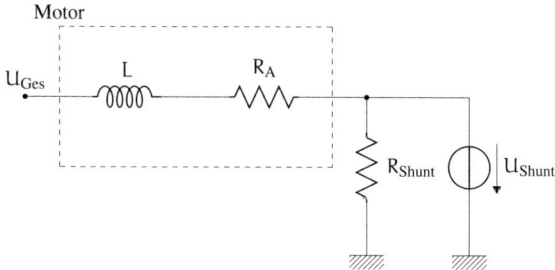

Abb. 6.16: Ersatzschaltbild des Antriebsmotors und Messwiderstand R_{Shunt}.

Im folgenden Abschnitt wird dieser Wert über eine PWM-Periode gemittelt. Das resultierende Signal gibt also einen Wert an, der zum erzeugten Drehmoment des Motors proportional ist. Dieser Wert ist vom PWM-Verhältnis des Motorsteuersignals und der PWM-Periodendauer abhängig. Anschließend wird die Sensorkennlinie ermittelt. Sie ermöglicht eine direkte Umrechnung dieses Wertes in Drehmomente.

Herleitung der mittleren Stromaufnahme bei PWM-Signalen

Für den Gesamtwiderstand R_{Ges} der Motor-Ersatzschaltung und den Strom I_0 gilt

$$R_{Ges} = R_A + R_{Shunt} \quad \text{und} \quad [6.49]$$

$$I_0 = \frac{U_{Shunt}}{R_{Ges}}. \quad [6.50]$$

Mit dem Maschensatz wird nun die Spannungsgleichung aufgestellt. Die resultierende Differentialgleichung (DGL) stellt das Zeitverhalten des Motorstroms dar. Sie lautet

$$\frac{dI(t)}{dt} + I(t)\frac{R_{Ges}}{L} = \frac{R_{Ges}I_0}{L}. \quad [6.51]$$

Zum Lösen dieser Differentialgleichung wird zunächst der homogene Anteil der DGL mit dem Ansatz $I(t) = \hat{I}e^{\lambda t}$ ermittelt. Mit

$$\frac{d(\hat{I}e^{\lambda t})}{dt} + \hat{I}e^{\lambda t}\frac{R_{Ges}}{L} = 0 \quad \text{bzw.}$$

$$\lambda \hat{I}e^{\lambda t} + \hat{I}e^{\lambda t}\frac{R_{Ges}}{L} = 0 \quad [6.52]$$

ergibt sich die Zeitkonstante λ zu

$$\lambda = -\frac{R_{Ges}}{L}. \quad [6.53]$$

Der inhomogene Anteil der Differentialgleichung 6.51 wird nun mit dem Ansatz $I(t) = \hat{I}(1 - e^{\lambda t})$ ermittelt. Das Einsetzen in die inhomogene DGL liefert

$$\frac{d(\hat{I}(1 - e^{\lambda t}))}{dt} + \hat{I}(1 - e^{\lambda t})\frac{R_{Ges}}{L} = \frac{R_{Ges}I_0}{L}$$

$$-\lambda \hat{I}e^{\lambda t} + \hat{I}(1 - e^{\lambda t})\frac{R_{Ges}}{L} = \frac{R_{Ges}I_0}{L}$$

$$\frac{R_{Ges}}{L}\hat{I}e^{\lambda t} + \hat{I}(1 - e^{\lambda t})\frac{R_{Ges}}{L} = \frac{R_{Ges}I_0}{L}$$

$$\hat{I}\frac{R_{Ges}}{L} = \frac{R_{Ges}I_0}{L}. \quad [6.54]$$

Somit gilt $\hat{I} = I_0$ und für den Spulenstrom ergibt sich

$$I(t) = \hat{I}(1 - e^{-\frac{R_{Ges}}{L}t}). \quad [6.55]$$

Um den mittleren Spulenstrom über eine PWM-Periode zu erhalten, wird zunächst das Integral des Spulenstroms in den Grenzen t_{Start} bis t_{Ende} ermittelt. Es lautet

$$\int_{t_{\text{Start}}}^{t_{\text{Ende}}} I(t)\, dt = \int_{t_{\text{Start}}}^{t_{\text{Ende}}} \hat{I}(1 - e^{\lambda t})\, dt$$

$$\int_{t_{\text{Start}}}^{t_{\text{Ende}}} I(t)\, dt = \hat{I}(t_{\text{Ende}} - t_{\text{Start}}) - \frac{\hat{I}}{\lambda}(e^{\lambda t_{\text{Ende}}} - e^{\lambda t_{\text{Start}}}). \qquad [6.56]$$

Damit ergibt sich der über eine PWM-Periodendauer T_{PWM} gemittelte Spulenstrom zu

$$\bar{I} = \frac{\int_{t_{\text{Start}}}^{t_{\text{Ende}}} I(t)\, dt}{T_{\text{PWM}}} = \frac{\hat{I}(t_{\text{Ende}} - t_{\text{Start}}) - \frac{\hat{I}}{\lambda}(e^{\lambda t_{\text{Ende}}} - e^{\lambda t_{\text{Start}}})}{T_{\text{PWM}}}. \qquad [6.57]$$

Für $t_{\text{Start}} = 0$ s ergibt sich in Abhängigkeit der Größen PWM-Impulsdauer $t_{\text{PWM-high}}$ und PWM-Periodendauer T_{PWM} der gemittelte Spulenstrom

$$\bar{I} = \frac{\hat{I}(t_{\text{PWM-high}} - \frac{1}{\lambda}(e^{\lambda t_{\text{PWM-high}}} - 1))}{T_{\text{PWM}}} \qquad [6.58]$$

als Ergebnis.

Sensorkennlinie

Die Kennlinien des Sensors stellen den über dem Widerstand R_{Shunt} abfallenden Strom und das vom Motor erzeugte Drehmoment in Abhängigkeit der Zeit dar.

Für die vorliegende Anwendung wird von einer PWM-Frequenz $f = 40\,\text{kHz}$ und maximalem PWM-Verhältnis $r_{\text{PWM}} = \frac{1}{2}$ ausgegangen. Gemäß Gleichung 6.58 ergibt sich damit eine mittlere Stromaufnahme von $\bar{I} = 0{,}29$ A bzw. ein gemitteltes Drehmoment von $M = 2{,}84$ mNm.

Die Stromkennlinie beruht auf den Ergebnissen des letzten Absatzes. Mit Hilfe der motorabhängigen Konstanten k_{M} und M_{R} kann diese Größe direkt in Drehmomente umgerechnet werden. Die Abbildung 6.17 zeigt die berechneten Kennlinien für $R_{\text{Ges}} = 19\,\Omega$. Eine Evaluierung der dabei berechneten Werte erfolgt in Kapitel 7. Dort wird diese Kennlinie experimentell bestätigt.

6.4.2 Signalverarbeitung

Die einzelnen Routinen zur Verarbeitung des ermittelten Stromwertes sind in mehreren Komponenten im Roboter verteilt. Die Wahl des Messzeitpunktes in Relation zum PWM-Zyklus und eine erste Filterung des Signals erfolgt in der Basissteuerung auf dem DSP. In der übergeordneten Ebene zur Bewegungsplanung und Ausführung findet die Weiterverarbeitung des Signals

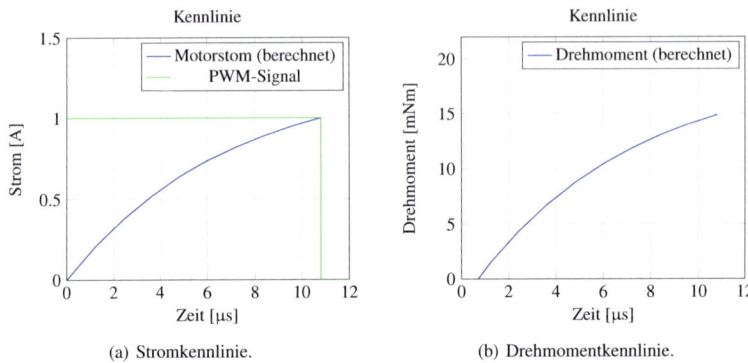

(a) Stromkennlinie.   (b) Drehmomentkennlinie.

Abb. 6.17: Sensor Bodenkontakt: Berechnete Kennlinie (PWM-Frequenz $f = 40\,\text{kHz}$ und maximales PWM-Verhältnis $r_{\text{PWM}} = \frac{1}{2}$).

statt. Dort wird der Stromwert unter Berücksichtigung der anwendungsabhängigen Parameter in Momente transformiert und zeitlich gemittelt.

Da der vom Sensor ermittelte Messwert für diese Anwendung lediglich qualitativ von Interesse ist, wird eine Schaltschwelle eingeführt, die den Messwert in diskrete Ausgangswerte wandelt. Diese Schaltschwelle ist abhängig von der Anwendung. Als Ergebnis liefert das Modul den Wahrheitswert BODENKONTAKT: JA / NEIN. Um in Grenzfällen ein ständiges Umschalten zu vermeiden, wird ein Hysterese-Algorithmus mit oberer und unterer Schaltschwelle implementiert. Beide Schwellwerte werden anhand der aktuellen Geschwindigkeit und Beschleunigung berechnet. Für die Detektion von Bodenkontakt eines unbestückten Antriebsegments bei einer „6-5"–Konfiguration von KAIRO-II wurden in Kurz [2008] die Schaltschwellen gemäß den Gleichungen

$$x_{\text{unten}} = \frac{v}{5} + 10 \quad \text{und} \tag{6.59}$$

$$x_{\text{oben}} = \frac{v}{4} + 20 \tag{6.60}$$

empirisch ermittelt.

6.4.3 Detektion von Zustandsübergängen

Die Analyse des diskreten Sensorsignals über alle Robotersegmente erlaubt es, Unterschiede zwischen den einzelnen Segmenten festzustellen. Durch diese Analyse ist eine Klassifikation der Manöver möglich. Im Manöver „Stufe" dient das Signal beispielsweise zur Detektion des

Aufsetzzeitpunktes des sich absenkenden Segments. Hier detektiert der zugehörige Zustandsautomat den Übergang zwischen den einzelnen Zuständen des Manövers.

6.4.4 Zusammenfassung

Das vorgestellte Sensorsystem zur Detektion von Bodenkontakt verwendet die in der Basissteuerung integrierte Funktionalität der Motorstrommessung. Abhängig von anwendungsspezifischen Einstellungen kann aus dem ermittelten Stromwert das aufgebrachte Drehmoment berechnet werden. Da für diese Anwendung lediglich der Wahrheitswert BODENKONTAKT von Interesse ist, wird im Rahmen der Signalverarbeitung ein Schwellwert eingeführt mit welchem das kontinuierliche Signal verglichen wird. Der übergeordnete Zustandsautomat für die Manöverkontrolle verwendet das erzeugte Ausgangssignal zur Detektion von Zustandsübergängen.

6.5 Fusion der Sensordaten

Die Fusion der Sensordaten erfolgt im Steuerrechner in *MCA2*. Die realen Sensorwerte werden dabei von den internen Sensoren der Basissteuerung erfasst. Die Fusion umfasst dabei die Bereiche Vorverarbeitung, Transformation und Nachbearbeitung.

In einem ersten Schritt werden die erfassten Messwerte vorgefiltert, um Messrauschen zu verringern und Ausreißer zu beseitigen.

Anschließend werden die gefilterten Messwerte abhängig von der Anwendung in kartesische Größen transformiert. Dies ist notwendig, da sich die gemessenen Kräfte auf die einzelnen Sensoren in den Knickelementen beziehen. Alle Sensorwerte werden also zunächst mit dem direkten Sensormodell in lokale Kräfte und Momente transformiert und danach in die kartesischen Kräfte und Momente des Antriebskoordinatensystems (AKS) überführt.

Für die Daten des Sensorsystems zur Detektion von Bodenkontakt findet schließlich eine Nachbearbeitung statt. Sie wandelt den kontinuierlichen Sensorwert in eine diskrete Ausgangsgröße um.

6.6 Zusammenfassung

In diesem Kapitel wurden die im KAIRO-II-Roboter integrierten Sensorsysteme zur Zustandserfassung vorgestellt. Ausgehend von der Analyse inspektions-spezifischer Manöver wurden kartesische Roboterachsen identifiziert, an welchen Kräfte und Momente bevorzugt auftreten.

Um diese Kräfte und Momente zu bestimmen, wurden drei Sensorsysteme zur Detektion von Verspannungen, Torsionen und des Bodenkontakts vorgestellt.

Das Sensorsystem zur Detektion von Verspannungen basiert auf einer Anordnung von Dehnungsmessstreifen in der *Flanschplatte* der Knickelemente des Roboters. Auftretende Momente quer zur Fahrtrichtung des Roboters können mit diesem Sensor gemessen werden. Zur Detektion von Verwindungen entlang der Fahrtrichtung des Roboters wurden Dehnungsmessstreifen auf den Gleitkeilgetrieben der Knickelemente (Gelenke α_{KE}, γ_{KE}) angebracht. Der Bodenkontakt wird über die Messung des Motorstroms der Antriebseinheiten ermittelt.

Die Erfassung und elementare Vorverarbeitung der Sensordaten erfolgt in der Basissteuerung. Weitere Filterungen, die Schwellwertbildung, die Koordinatentransformation und die Fusion der Sensordaten erfolgt in den Ebenen „*Bewegungsplanung*" und „*Ausführung*".

7 Experimente und Ergebnisse

In den vorangegangenen Kapiteln wurden die Komponenten dieser Arbeit vorgestellt. Sie sollen nun untersucht und validiert werden. Dabei werden zunächst die wesentlichen Komponenten einzeln evaluiert. Anschließend wird in integrierten Versuchen das Zusammenspiel der Komponenten im Rahmen der Bewegungsplanung und Ausführung untersucht.

7.1 Evaluierung der Komponenten

In der vorliegenden Arbeit wurde ein Sensorsystem zur Zustandserfassung für den Roboter KAIRO-II entwickelt. Dieses Sensorsystem besteht aus drei Sensorapplikationen zur Detektion von Verspannungen, von Torsionen und des Bodenkontakts.

Diese Sensorapplikationen werden nun in den folgenden Abschnitten einzeln untersucht und bewertet.

7.1.1 Sensor zur Detektion von Verspannungen

Die Evaluation dieses Sensorsystems zur Detektion der Momente M_y und M_z unterteilt sich in zwei Bereiche. Dabei wird in einem ersten Schritt das synthetische Sensormodell anhand von verrauschten Simulationswerten evaluiert. Anschließend wird die Kalibrierung des Sensormodells anhand realer Messdaten für verschiedene Modelle durchgeführt und bewertet.

Bewertung des synthetischen Sensormodells

Um die erstellten Sensormodelle zu verifizieren, werden die Kalibriermomente $M_{y,\texttt{cali}}, M_{z,\texttt{cali}}$ mit einer kreisförmigen Trajektorie gemäß Abbildung 7.1(a) synthetisch erzeugt und anschließend verrauscht. Das inverse Sensormodell berechnet aus diesen Momenten die synthetischen Messsignale w_1 bis w_3:

$$[M_{y,\texttt{cali}}, M_{z,\texttt{cali}}] \mapsto [w_1, w_2, w_3]. \qquad [7.1]$$

Das direkte Sensormodell wird anschließend mit diesen Quelldaten durch Lösen des linearen Ausgleichsproblems kalibriert.

Quelldaten für synthetische Sensorsimulation

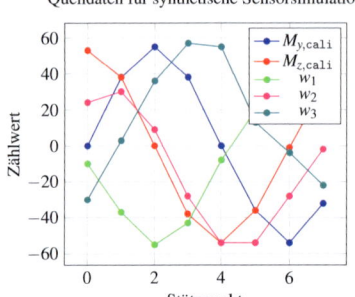

Evaluierung synthetische Sensorsimulation

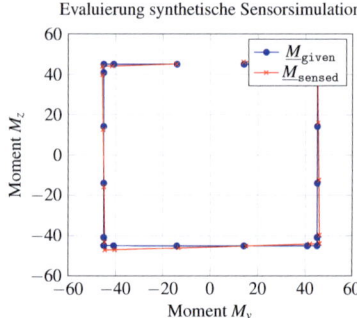

(a) Quelldaten für die synthetische Simulation: Kreisförmige Kalibriermomente $M_{y,\text{cali}}$, $M_{z,\text{cali}}$ und berechnete Messsignale w_1, w_2, w_3.

(b) Gegenüberstellung vorgegebener und berechneter Momente.

Abb. 7.1: Bewertung des synthetischen Sensormodells für den $M_y M_z$-Sensor.

Um nun die Güte des Sensormodells zu bestimmen, werden durch einen Laufparameter die in Teilbild (b) dargestellten Momente $M_{y,\text{given}}$, $M_{z,\text{given}}$ mit rechteckförmiger Trajektorie erzeugt. Aus diesen Momenten werden synthetische Messwerte $w_1 \ldots w_3$ berechnet. Das direkte Sensormodell bildet diese Messwerte dann auf die an der Flanschplatte wirkenden Momente $M_{y,\text{sensed}}$ und $M_{z,\text{sensed}}$ ab. Damit gilt

$$[M_{y,\text{given}}, M_{z,\text{given}}] \mapsto [w_1, w_2, w_3] \mapsto [M_{y,\text{sensed}}, M_{z,\text{sensed}}] . \qquad [7.2]$$

Abhängig von den Kalibrier- (CAL) und Simulations-Größen (SIM), der Anzahl der Messtupel (pts), dem Messrauschen (Err) und der verwendeten Koeffizientenmatrix (Meth) besitzt das Sensormodell unterschiedliche statistische Kennzahlen. Eine Zusammenfassung der erreichten Güte der synthetischen Sensorsimulation ist Tabelle 7.1 zu entnehmen. Die Momente M_y und M_z werden dabei in Polarkoordinaten (θ, len) überführt und anschließend statistisch ausgewertet.

Für die Kalibrierung des Sensors im folgenden Kapitel sind dabei nicht alle Modelle geeignet. So besitzen zum Beispiel die Modelle 1 und 7 große Ausreißer (rg). Sie werden nicht weiter verwendet. Dagegen werden die Modelle 2 und 4 für die Kalibrierung des Sensors im folgenden Abschnitt verwendet. Sie basieren auf relativ wenigen Datensätzen (pts), erreichen aber trotzdem gute statistische Werte.

No.	CAL	SIM	pts	Err	Meth	Δθ (mean)	(std)	(rg)	Δlen (mean)	(std)	(rg)
1	rnd	sqr	002	05%	lin	-72,00	52,66	155,13	10,94	38,45	112,16
2	rnd	sqr	004	05%	lin	2,24	3,02	12,09	2,94	4,48	13,46
3	rnd	sqr	006	05%	lin	3,05	3,55	9,09	-0,45	1,94	7,34
4	rnd	sqr	008	05%	lin	1,40	0,47	1,85	0,59	0,71	2,06
5	rnd	sqr	016	05%	lin	0,91	0,55	1,72	-0,11	0,51	1,50
6	rnd	sqr	016	15%	lin	2,40	2,16	5,62	-3,04	1,18	4,02
7	rnd	sqr	016	15%	lin,crs	-2,70	10,51	33,71	0,31	3,78	12,23
8	sqr	rnd	016	15%	lin	-0,91	0,69	1,96	-1,18	0,53	1,48
9	sqr	rnd	016	15%	lin,crs	-0,58	4,54	15,17	1,84	2,86	10,85
10	sqr	rnd	016	15%	lin,sqr	-0,88	3,89	13,54	-1,26	2,18	7,84
11	sqr	rnd	016	15%	l+s+x	-1,67	5,41	17,95	-1,48	3,83	14,59
12	sqr	sqr	016	15%	lin,sqr	0,74	3,03	8,98	0,28	2,14	7,36
13	rnd	sqr	032	15%	lin	-0,94	2,11	6,68	-0,23	1,83	5,16
14	rnd	sqr	064	15%	lin	0,51	0,80	1,99	-1,16	0,56	1,71

Tab. 7.1: Übersicht über die Güte der synthetischen Sensorsimulation: Winkelfehler $\Delta\theta$ und Längenfehler Δlen (Mittelwert mean [°], Standardabweichung std und Spannweite rg).

	Messreihe	Beschreibung
M_{01}	Standard	$m_{cal} = 4{,}75$ kg, Bewegungsrichtung: links, drei Umdrehungen.
M_{02}	Standard	$m_{cal} = 4{,}75$ kg, Bewegungsrichtung: rechts, drei Umdrehungen.
M_{03}	Kleine Belastung	$m_{cal} = 3$ kg, Bewegungsrichtung: links, drei Umdrehungen.
M_{04}	Kleine Belastung	$m_{cal} = 3$ kg, Bewegungsrichtung: rechts, drei Umdrehungen.
M_{05}	Sehr kleine Belastung	$m_{cal} = 1$ kg, Bewegungsrichtung: links, drei Umdrehungen.
M_{06}	Sehr kleine Belastung	$m_{cal} = 1$ kg, Bewegungsrichtung: rechts, drei Umdrehungen.
M_{07}	Hysterese	Kräfte aus unterschiedlichen Richtungen $(0°, 90°, 180°, 270°)$, drei Wiederholungen.

Tab. 7.2: Kalibration des $M_y M_z$-Sensors: Durchgeführte Messreihen.

Kalibration des $M_y M_z$-Sensors

Für die Kalibration des Sensors auf Basis realer Messdaten wurden mehrere Messreihen aufgenommen. Die Charakteristiken der einzelnen Messreihen sind in Tabelle 7.2 dargestellt. Im Folgenden findet eine statistische Auswertung der Güte des Sensormodells in Abhängigkeit von den jeweiligen Kalibrationsdaten statt.

Einfluss von Kalibrationsdaten und Erzeugenden-Vektor Der Einfluss von Kalibrationsdaten und Erzeugenden-Vektor auf die Güte des resultierenden Sensormodells ist in Abbildung 7.2 dargestellt. Für unterschiedliche Kombinationen von Kalibrationsdaten und Erzeugenden-Vektor wird das aufgestellte Sensormodell mit der Messreihe M_{01} evaluiert. Dabei zeigt sich, dass sich bei einer geringen Anzahl an verwendeten Datensätzen bei der Kalibration und

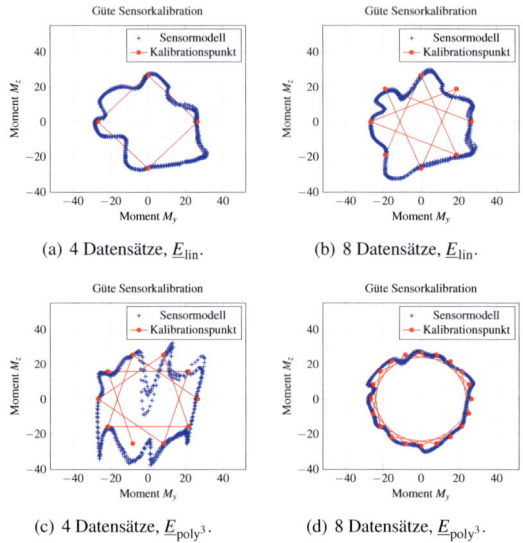

(a) 4 Datensätze, $\underline{E}_{\text{lin}}$.   (b) 8 Datensätze, $\underline{E}_{\text{lin}}$.

(c) 4 Datensätze, $\underline{E}_{\text{poly}^3}$.   (d) 8 Datensätze, $\underline{E}_{\text{poly}^3}$.

Abb. 7.2: Kalibration des $M_y M_z$-Sensors: Güte in Abhängigkeit von Kalibrationsdaten und Erzeugenden-Vektor.

einem linearen Sensormodell ein qualitativ stimmiges Sensormodell mit geringen Ausreißern gemäß Teilbild (a) ergibt. Wird, wie in den Bildern (b) und (c) dargestellt, lediglich ein Faktor verändert, so leidet darunter die Qualität des Sensormodells. Zahlreiche Überschwinger verdeutlichen dies. Die Qualität erhöht sich erst dann, wenn mehr Datensätze verwendet werden und zugleich das Sensormodell erweitert wird (Teilbild (d)). Das Sensormodell bildet dann die Kalibrationsdaten nahezu identisch ab.

Die statistische Auswertung dieser Sensormodelle ist in Tabelle 7.3 dargestellt.

		$\Delta\theta$			Δlen			
	Bild	(mean)	(std)	(rg)	(mean)	(std)	(rg)	Schwerpunkt
4 Datensätze, $\underline{E}_{\text{lin}}$	7.2(a)	-0,77	5,62	25,65	-0,86	4,26	20,92	$[1,34; -1,93]$
8 Datensätze, $\underline{E}_{\text{lin}}$	7.2(b)	0,04	6,94	35,57	-0,19	3,92	19,72	$[0,30; -2,87]$
4 Datensätze, $\underline{E}_{\text{poly}^3}$	7.2(c)	1,99	22,02	353,13	0,70	6,55	39,61	$[-0,89; -4,04]$
8 Datensätze, $\underline{E}_{\text{poly}^3}$	7.2(d)	1,51	4,75	27,91	0,09	1,38	7,69	$[-0,73; -0,40]$

Tab. 7.3: Kalibration des $M_y M_z$-Sensors: Güte in Abhängigkeit von Kalibrationsdaten und Erzeugenden-Vektor.

Einfluss von Anzahl und Güte der Messreihen Wird eine einzige Messreihe zur Kalibration herangezogen, so wird das Sensormodell auf Messwerte einer schmalen Bandbreite trainiert. Abbildung 7.3 untersucht die Güte des Sensors in Abhängigkeit von Anzahl und Güte der verwendeten Messreihen. Das Sensormodell ist in den Teilbildern (a) bis (c) mit der Messreihe M_{01} kalibriert, die Teilbilder (d) bis (f) verwenden die Messreihen M_{01} bis M_{06}. Einheitlicher Erzeugenden-Vektor aller Schaubilder ist $\underline{E}_{\text{lin,sqr,crs}}$.

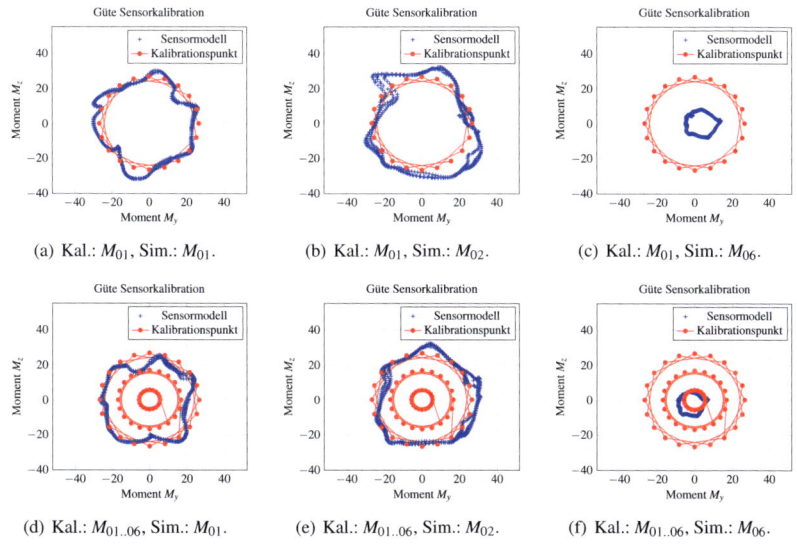

(a) Kal.: M_{01}, Sim.: M_{01}.   (b) Kal.: M_{01}, Sim.: M_{02}.   (c) Kal.: M_{01}, Sim.: M_{06}.

(d) Kal.: $M_{01..06}$, Sim.: M_{01}.   (e) Kal.: $M_{01..06}$, Sim.: M_{02}.   (f) Kal.: $M_{01..06}$, Sim.: M_{06}.

Abb. 7.3: Kalibration des M_yM_z-Sensors: Güte in Abhängigkeit der Messreihen für die Kalibration (Kal.) und Simulation (Sim.). Einheitlicher Erzeugenden-Vektor für alle Messreihen: $\underline{E}_{\text{lin,sqr,crs}}$.

Wird mit nur einer Messreihe kalibriert, treten beachtliche Fehler auf. Lediglich in Teilbild (a) sind die Ergebnisse gut. Der Grund hierfür ist die Tatsache, dass der verwendete Datensatz bei Kalibration und Simulation identisch ist. Wird, wie in Teilbild (b), die Aufnahmerichtung geändert, reagiert das Sensormodell hierauf mit einer deutlichen Deformation: Die Standardabweichung des Winkelfehlers $\Delta\theta$ verdoppelt sich, die des Längenfehlers Δlen vergrößert sich. Auch bei der Verwendung von Messdaten, die bei geringer Belastung aufgenommen wurden (Teilbild (c)), sinkt die Güte des Modells: Der sich ergebende kreisförmige Verlauf ist 2,4 Nm größer als erwartet, sein Zentrum ist 3,5 Nm verschoben, die Spannweite der Winkelfehler beträgt 60,1°.

Kal.	Sim.	Bild	$\Delta\theta$ (mean)	(std)	(rg)	Δlen (mean)	(std)	(rg)	Schwerpunkt
M_{01}	M_{01}	7.3(a)	0,73	4,49	20,82	-0,19	3,01	14,11	$[-2,12;-0,74]$
M_{01}	M_{02}	7.3(b)	-7,80	10,09	41,38	2,60	3,92	18,37	$[1,28;-1,49]$
M_{01}	M_{06}	7.3(c)	-33,41	20,20	69,42	2,63	2,53	9.33	$[3,34;-0,11]$
$M_{01..06}$	M_{01}	7.3(d)	7,36	6,76	32,82	-2,34	2,73	12,12	$[-1,18;-1,57]$
$M_{01..06}$	M_{02}	7.3(e)	-0,08	8,57	33,54	0,64	2,73	13,40	$[2,53;0,31]$
$M_{01..06}$	M_{06}	7.3(f)	-20,18	16,68	57,49	1,37	1,98	7,03	$[-1,74;-2,19]$

Tab. 7.4: Kalibration des M_yM_z-Sensors: Güte in Abhängigkeit der Messreihen.

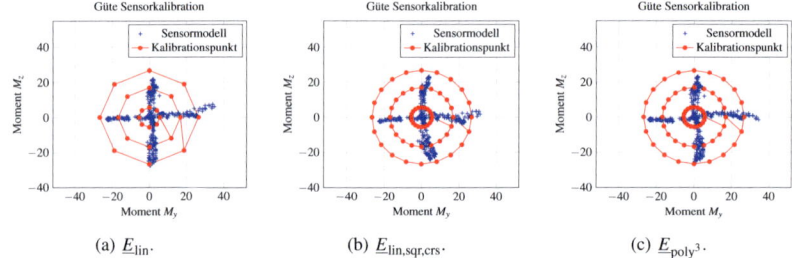

(a) $\underline{E}_{\text{lin}}$.   (b) $\underline{E}_{\text{lin,sqr,crs}}$.   (c) $\underline{E}_{\text{poly}^3}$.

Abb. 7.4: Kalibration des M_yM_z-Sensors: Winkeltreue in Abhängigkeit des Erzeugenden-Vektors, Hysterese-Messreihe M_{07}.

Werden nun mehrere Messreihen zur Kalibration herangezogen, so kann das direkte Sensormodell für wechselnde Umlaufsinne und Belastungen einen besseren Ausgleich finden. Lediglich Teilbild (d) zeigt schlechtere Werte, da das direkte Sensormodell nun nicht ausschließlich auf diese Messreihe geeicht wurde. Die Teilbilder (e) und (f) zeigen dagegen bessere Ergebnisse.

Ein Überblick über die Güte der erreichten Kalibration in Abhängigkeit der verwendeten Messreihen ist in Tabelle 7.4 dargestellt.

Winkeltreue Zur Evaluierung der Winkeltreue des Sensors wird die Güte des Sensors für verschiedene Erzeugenden-Vektoren im Rahmen der Messreihe M_{07} ermittelt. Abbildung 7.4 zeigt die Ergebnisse.

Erzeugenden-Vektor	Bild	$\Delta\theta$ (mean)	$\Delta\theta$ (std)	$\Delta\theta$ (rg)
$\underline{E}_{\text{lin}}$	7.4(a)	0,39	3,31	39,79
$\underline{E}_{\text{lin,sqr,crs}}$	7.4(b)	0,60	4,25	32,24
$\underline{E}_{\text{poly}^3}$	7.4(c)	0,80	3,66	45,89

Tab. 7.5: Kalibration des M_yM_z-Sensors: Winkeltreue in Abhängigkeit des Erzeugenden-Vektors.

Greift eine Belastung unter konstantem Winkel an die Flanschplatte an, ist mit einer Darstellung der $M_y M_z$-Momente entlang der Radien zu rechnen. Die durchgeführte Messreihe zeigt, dass die reale Winkelauflösung des Sensors allerdings vom verwendeten Erzeugenden-Vektor abhängt. In allen Fällen sind die erhaltenen Ergebnisse von solcher Güte, dass der Sensor zur Detektion von Winkeln eingesetzt werden kann. Die Ergebnisse von Mittelwert, Standardabweichung und Spannweite können Tabelle 7.5 entnommen werden.

Zusammenfassung

Die in diesem Kapitel durchgeführten Versuche und Messreihen zeigen, dass das vorgestellte Sensormodell funktioniert. Die Dehnungsmessstreifen werden so auf der Flanschplatte installiert, dass anliegende Momente berechnet werden können.

Die Kalibration des Sensors erfolgt zur Laufzeit. Abhängig von den verwendeten Kalibrationsdaten und dem Erzeugenden-Vektor variiert das parametrisierte Sensormodell. Hier zeigt sich, dass umfangreichere Datenmengen und höhergradige Koeffizientenmatrizen einen beachtlichen Einfluss auf die Güte des Sensors haben. Abhängig von der gewählten Anwendung ist es unter Umständen sinnvoll, bei der Wahl dieser Daten mit großer Sorgfalt vorzugehen.

Gemäß den Anforderungen für diesen Sensor ist vor allem die Winkelauflösung des Sensors im realen Einsatz von Interesse, da die Bewegungsplanung und Ausführung direkt auf diesen Wert zurückgreift. In diesem Bereich liefert der Sensor mit den hier vorgestellten Kalibrationsdaten Ergebnisse in ausreichender Güte.

7.1.2 Sensor zur Detektion von Torsionen

Im folgenden Kapitel wird das Sensorsystem zur Detektion von Torsionen in mehreren Schritten evaluiert. Im ersten Schritt wird die Güte des Sensormodells unter dem Einfluss von Störgrößen untersucht. Danach findet eine Drehmomentberechnung auf simulierten und, nach der Kalibration des Messsignals, auf realen Messdaten statt. Schließlich schätzt eine Aufwandsbetrachtung den Rechenaufwand der einzelnen Routinen ab.

Güte des Sensormodells

Bei der Evaluierung der Güte des Sensormodells kommt der korrekten Bestimmung der momentanen Phasenlage eine zentrale Bedeutung zu. Ein kleiner Fehler hat hier große Auswirkungen: In Abbildung 6.14 weist die Kalibrierfunktion im Bereich von $\beta \approx 1,5$ eine Steigung von $\frac{dx_{stör}}{d\beta} \approx 100$ auf. Ein Fehler in der Phasenbestimmung von $0,035$ ($2°$) führt hier zu einer Fehlbestimmung des Störsignals von ca. $100 \cdot 0,035 = 3,5$. Betrachtet man die Amplitude der verbleibenden Störung in Abbildung 6.15(a), deren Amplitude ca. 5 beträgt, wird deutlich, dass einer präzisen Phasenbestimmung eine große Bedeutung zukommt.

Eine mögliche Ursache für diesen Fehler ist, dass die Messung der DMS nicht in infinitesimaler Zeit stattfindet und so die Dehnung ε nicht zu einem Zeitpunkt sondern im zeitlichen Mittel über die Dauer der Messung bestimmt wird. Die Messdauer beträgt bei dem verwendeten Aufbau 5 ms. Bei $f_{wg} \approx 2$ Hz entspricht dies 1% eines Umlaufs des WAVE GENERATORS.

Um abzuschätzen, wie stark sich dieser Umstand auf das Ergebnis auswirkt, wird ein harmonisches Signal betrachtet:

$$x_{real}(t) = \sin(\omega t). \qquad [7.3]$$

Das gemessene Signal entspricht dann dem Mittelwert des harmonischen Signals über die Zeit Δt:

$$
\begin{aligned}
x_{gemessen}(t) &= \frac{1}{\Delta t} \int_t^{t+\Delta t} x_{real}(\tau)d\tau \\
&= \frac{1}{\Delta t} \int_t^{t+\Delta t} \sin(\omega\tau)d\tau \\
&= -\frac{1}{\omega\Delta t}[\cos(\omega t)]_t^{t+\Delta t} \\
&= -\frac{1}{\omega\Delta t}(\cos(\omega t + \omega\Delta t) - \cos(\omega t)) \\
&= -\frac{1}{\omega\Delta t}(\cos(\omega t)\cos(\omega\Delta t) - \sin(\omega t)\sin(\omega\Delta t) - \cos(\omega t)) \\
&= \frac{1}{\omega\Delta t}\sin(\omega\Delta t)\cdot\sin(\omega t) + \frac{1}{\omega\Delta t}(1 - \cos(\omega\Delta t))\cdot\cos(\omega t). \qquad [7.4]
\end{aligned}
$$

Dies kann durch ein amplitudenskaliertes, phasenverschobenes harmonisches Signal dargestellt werden:

$$x_{gemessen}(t) \overset{!}{=} C\sin(\omega t - \varphi). \qquad [7.5]$$

Um die Parameter C und φ zu bestimmen, wird die Gleichung umgeformt:

$$
\begin{aligned}
x_{gemessen}(t) &\overset{!}{=} C(\sin(\omega t)\cos(\varphi) - \cos(\omega t)\sin(\varphi)) \\
&= C\cos(\varphi)\sin(\omega t) - C\sin(\varphi)\cos(\omega t). \qquad [7.6]
\end{aligned}
$$

Ein Vergleich mit Gleichung 7.4 liefert das Gleichungssystem:

$$C\cos(\varphi) = \frac{1}{\omega\Delta t}\sin(\omega\Delta t) \qquad [7.7]$$

$$-C\sin(\varphi) = \frac{1}{\omega\Delta t}(1 - \cos(\omega\Delta t)). \qquad [7.8]$$

	Auswirkung	
	absolut	prozentual
Fehler in der Phasenbestimmung $2°$	$3,5\,\mathrm{Nm}$	$\frac{3,5\,\mathrm{Nm}}{5\,\mathrm{Nm}} = 70\%$
Fehler in der Amplitudenbestimmung C		$\approx 0,01\%C$

Tab. 7.6: Sensor zur Detektion von Torsionen: Sensorgüte.

Die gesuchten Parameter sind damit

$$\varphi = \arctan2(1 - \cos(\omega\Delta t), -\sin(\omega\Delta t)) \quad \text{und} \qquad [7.9]$$

$$C = \frac{1}{\omega\Delta t}\sqrt{2 - 2\cos(\omega\Delta t)}. \qquad [7.10]$$

Setzt man die obigen Werte ein, so erhält man $\varphi = 0,031 (\overset{\wedge}{=} 1,78°)$ und $C = 0,9998$. Während die Fehlbestimmung der Amplitude von $1 - C \approx 0,01\%$ vernachlässigbar ist, ist der Phasenfehler φ erheblich. Tabelle 7.6 verdeutlicht dies. Einer exakten Phasenkalibrierung kommt demnach eine große Bedeutung zu.

Bestimmung des anliegenden Drehmoments

Im Folgenden soll das Verfahren an einem konkreten Beispiel demonstriert werden. Dazu wurden Messreihen aufgenommen, mit denen die Kalibrierung sowie eine Messung durchgeführt werden.

Kalibrierung Das gemessene Kalibriersignal ist in Abbildung 7.5(a) dargestellt. Aus der Fouriertransformierten werden die Mittelwerte $\overline{x_{\mathrm{kal}}}^T = (11135; 11099; 6417, ?)$ und Skalierungen $\overline{x_{\mathrm{kal}}}^T = (153,01; 172,56; 161,01)$ bestimmt. Damit lassen sich die in Abbildung 7.5(b) dargestellten normierten Signale berechnen. Das Maximum der Spektren (dominante Frequenz) liegt bei $f_{\mathrm{Dom}} = 2,34\,\mathrm{Hz}$. Die dominanten Phasen betragen $\varphi_{\mathrm{Dom}}^T = (2,9903; -1,0786; 1,1526)$.

Für das Überlagerungsverfahren ergeben sich gemäß Gleichung 6.32 die Gewichtungsfaktoren $\tilde{g}^T = (1,00; 1,08; 0,96)$ und nach Normierung $\underline{g}^T = \frac{\tilde{g}^T}{1,00+1,08+0,96} = (0,3283; 0,3556; 0,3161)$. Das überlagerte Signal ist als gewichtete Summe ebenfalls in Teilabbildung (a) dargestellt.

Zur Bestimmung der verallgemeinerten Phase werden die Differenzsignale gemäß Gleichung 6.41 gebildet. Im vorliegenden Fall werden die Differenzsignale $x_{d,1}$ und $x_{d,2}$ verwendet. Die resultierenden normierten Differenzsignale sind in Abbildung 7.6(a) dargestellt. Die Phasen der Differenzsignale betragen $\varphi_1 = 2,5319$ und $\varphi_2 = 0,4982$. Die Phasendifferenz ist damit $\Delta\varphi = 2,0337$ (siehe Herrmann [2007]). Damit ergibt sich mit Gleichung 6.40 der Verlauf der Phase über die Zeit gemäß Abbildung 7.6(b).

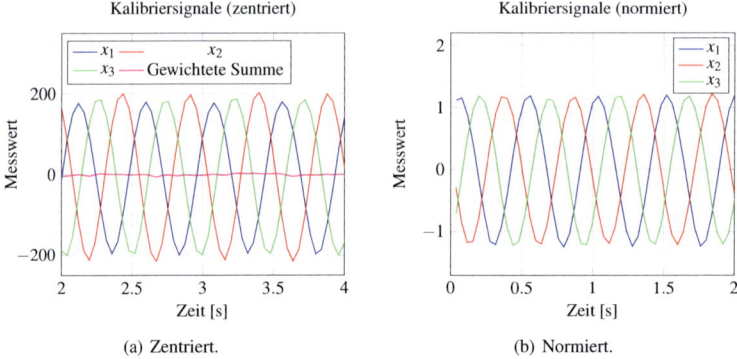

(a) Zentriert.   (b) Normiert.

Abb. 7.5: Sensor Torsion: Gemessenes Kalibriersignal (Ausschnitt).

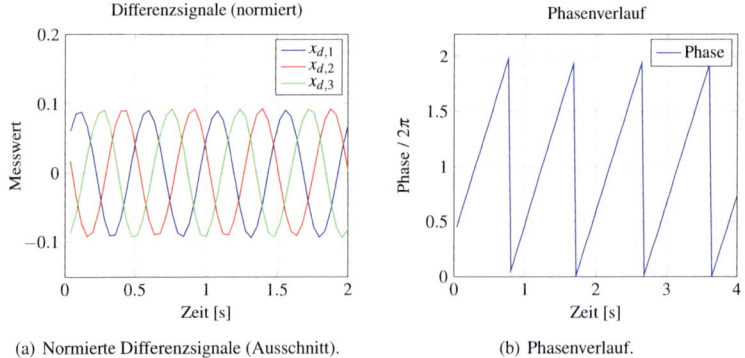

(a) Normierte Differenzsignale (Ausschnitt).   (b) Phasenverlauf.

Abb. 7.6: Sensor Torsion: Differenzsignale und Phasenverlauf.

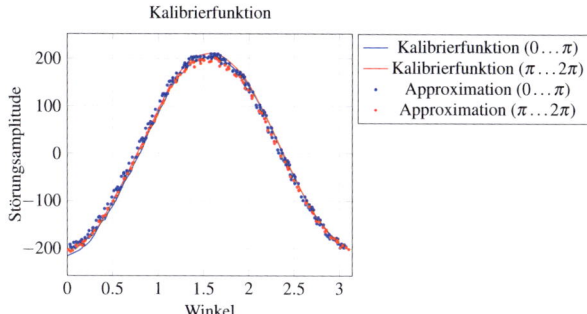

Abb. 7.7: Sensor Torsion: Kalibrierfunktion und Approximation der Kalibrierfunktion aus Kapitel 6.3.4.

Trägt man schließlich den Wert des Überlagerungssignals gegen die verallgemeinerte Phase auf, so erhält man die Kalibrierfunktion gemäß der Darstellung in Abbildung 7.7. Zur Verdeutlichung der Güte ist in dieser Abbildung auch die Approximation der Kalibrierfunktion aus Kapitel 6.3.4 eingetragen.

Messung Das erfasste Messsignal ist in Abbildung 7.8(a) dargestellt. Exemplarisch wird der Messwert zum Zeitpunkt $t_0 = 90 \cdot t_A = 3,5975$ s (Abtastzeitpunkt t_A) betrachtet. Die Messwerte der einzelnen Kanäle betragen hier $\underline{x}^T_{\text{Mess}}(t_0) = (11199; 10911; 6581,7)$. Die zentrierten und normierten Werte sind $\underline{x}^T(t_0) = (0,4183; -1,0895; 1,0217)$. Mit den bestimmten Gewichtungsfaktoren beträgt die Überlagerung $x_{\text{Nutz}}(t_0) = 6,10$.

Für die Differenzsignale wird $x^T_d(t_0) = (1,5078; -2,1112; 0,6034)$ berechnet. Die anschließende Normierung der Differenzsignale ergibt $x^T_{d,\text{norm}}(t_0) = (0,0648; -0,0907; 0,0287)$. Mit der in der Kalibrierung bestimmten Phasendifferenz ergibt sich mit Gleichung 6.40 für die verallgemeinerte Phase $\tilde{\beta}'(t_0) = 0,3193$.

Die dieser verallgemeinerten Phase benachbarten Stützstellen der Kalibrierfunktion sind

$$x_{\text{Stör}}\left(\frac{25 \cdot 4\pi}{1000}\right) = x_{\text{Stör}}(0,3142) = -3,62 \quad \text{und} \tag{7.11}$$

$$x_{\text{Stör}}\left(\frac{26 \cdot 4\pi}{1000}\right) = x_{\text{Stör}}(0,3267) = -3,57. \tag{7.12}$$

Wird zwischen diesen Stützstellen linear interpoliert, ergibt sich als Wert für das Störsignal $x_{\text{Stör}}(t_0) = -3,60$. Daraus kann gemäß Gleichung 6.47 das anliegende Drehmoment zu $x(t_0) = 9,63$ berechnet werden.

Mit der analogen Berechnung für alle weiteren Messzeitpunkte, ergibt sich der in Abbildung 7.8(b) dargestellte Drehmomentverlauf.

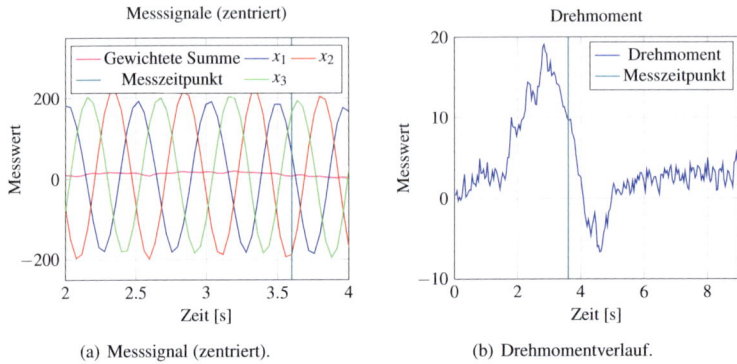

(a) Messsignal (zentriert).

(b) Drehmomentverlauf.

Abb. 7.8: Beispielrechnung: Erfasstes Messsignal und berechneter Drehmomentverlauf.

Abb. 7.9: Messaufbau: Knickelement mit Hebelarm.

Kalibrierung der Drehmomentmessung

Im Folgenden soll der Zusammenhang zwischen dem tatsächlichen Drehmoment und dem gemessenen Wert bestimmt werden. Dies ist notwendig, da der Zusammenhang zwischen dem Drehmoment und der Dehnung des FLEXIBLE SPLINE nicht bekannt ist. Auch der Faktor k aus Gleichung 4.11 ist nicht bekannt.

Durchführung Zur Kalibrierung wurde ein Hebel am Knickelement angebracht. In definiertem Abstand vom Mittelpunkt kann hiermit eine Kraft aufgebracht werden. Diese kann mit einem Kraftmesser gemessen und daraus mit Kenntnis der Länge des Hebelarms das Drehmoment berechnet werden. Der Aufbau ist in Abbildung 7.9 dargestellt.

Es wurden nacheinander verschiedene Drehmomente aufgebracht und mit dem beschriebenen Verfahren ausgewertet. Als Ergebnis erhält man eine Kalibrierkurve, die den Zusammenhang zwischen anliegendem Drehmoment und Ausgangswert des Sensormodells wiedergibt.

Ergebnisse Die Länge des verwendeten Hebelarms beträgt 0,25 m. Die Kräfte, die Drehmomente und die sich ergebenden Messwerte sind in Tabelle 7.7 dargestellt. Die Drehmomente M ergeben sich durch Multiplikation der eingeprägten Kraft mit der Länge des Hebelarms. Der Ausgangswert des Sensormodells, das Messergebnis x, ist ein dimensionsloser Zahlenwert.

Kraft F	[N]	3,5	4,5	5	5,5	6	6,5	7	7	9	10
Drehmoment M	[Nm]	0,88	1,13	1,25	1,38	1,5	1,63	1,75	1,75	2,25	2,5
Messergebnis x		25,5	26,5	18,5	22,5	19,0	29,5	25,0	26,0	27,5	34,0

Kraft F	[N]	11,5	12,5	12,5	14,5	15	16,5	17	19,5	20,5	21
Drehmoment M	[Nm]	2,88	3,13	3,13	3,63	3,75	4,13	4,25	4,88	5,13	5,25
Messergebnis x		38,5	39,0	40,5	44,0	42,5	47,5	48,0	50,5	52,5	49,5

Kraft F	[N]	22	26	29,5	30	31	31	31	32,5	36
Drehmoment M	[Nm]	5,5	6,5	7,38	7,5	7,75	7,75	7,75	8,13	9
Messergebnis x		58,0	60,0	69,5	71,0	65,0	70,0	75,5	72,5	77,0

Tab. 7.7: Sensor Torsion: Ergebnisse der Kalibrierung.

Der Zusammenhang lässt sich durch ein Polynom annähern. Hierbei gilt bei N Messwerten M das Signalmodell

$$x_v = a_3 M_v^3 + a_2 M_v^2 + a_1 M_v + a_0 \ \forall v \qquad [7.13]$$

$$\underbrace{\begin{pmatrix} x_0 \\ x_1 \\ \vdots \\ x_{N-1} \end{pmatrix}}_{\underline{x}} = \underbrace{\begin{pmatrix} 1 & M_0 & M_0^2 & M_0^3 \\ 1 & M_1 & M_1^2 & M_1^3 \\ \vdots & \vdots & \vdots & \vdots \\ 1 & M_{N-1} & M_{N-1}^2 & M_{N-1}^3 \end{pmatrix}}_{\psi} \underbrace{\begin{pmatrix} a_0 \\ a_1 \\ a_2 \\ a_3 \end{pmatrix}}_{\underline{a}} . \qquad [7.14]$$

Mit dem LS-Schätzer

$$\underline{\hat{a}} = (\psi^T \psi)^{-1} \psi^T \underline{x} \qquad [7.15]$$

143

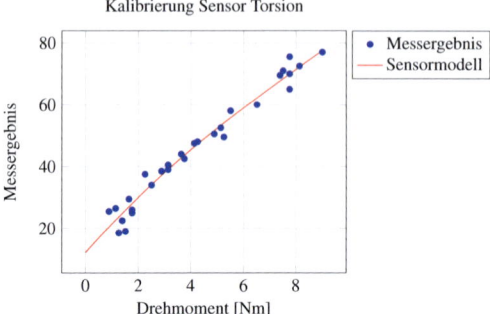

Abb. 7.10: Zusammenhang zwischen Drehmoment und Messwert (Messpunkte und angenähertes Polynom).

erhält man nach E.1 das Ergebnis

$$\hat{\underline{a}} = \begin{pmatrix} 12,0825 \\ 9,7440 \\ -0,4181 \\ 0,0158 \end{pmatrix}. \qquad [7.16]$$

Das entsprechende Polynom

$$f(x) = 0,0158x^3 - 0,4181x^2 + 9,7440x + 12,0825 \qquad [7.17]$$

berechnet aus dem Ausgangssignal des Sensors das am Getriebe anliegende Drehmoment.

In Abbildung 7.10 sind die Messwerte für die Kalibrierung sowie das berechnete Sensormodell dargestellt. Die maximale Abweichung tritt dabei bei geringen Drehmomenten auf. So beträgt die Differenz zwischen gemessenem und berechnetem Messwert bei einem Drehmoment von 1,5 Nm in diesem Fall $25,81 - 19 = 6,81$ Zählwerte. Für Drehmomente ≥ 2 Nm reduziert sich diese Differenz.

Betrachtung des Rechenaufwands

Zur Betrachtung des notwendigen Rechenaufwands wird zwischen Kalibrierung und Messung unterschieden. Die Kalibrierung wird für jedes Getriebe einmalig durchgeführt. Die Berechnungen zur Messung finden in Echtzeit statt.

Lineare Gewichtung nach Godler Zur Kalibrierung wird jedes der Messsignale fourier-transformiert. Aus den so bestimmten relativen Phasenlagen werden anschließend die Gewich-tungsfaktoren bestimmt. Dies erfordert das Lösen eines linearen Gleichungssystems. Da diese Kalibrierung einmalig durchgeführt wird, ist der notwendige Aufwand gering.

Der Echtzeitrechenaufwand und der Speicherbedarf für die Messung ist ebenfalls gering: Für die Auswertung von M Dehnungsmessstreifen sind lediglich M Multiplikationen und $M-1$ Additionen notwendig. Der Speicherbedarf beschränkt sich auf M Gewichtungsfaktoren.

Phasenkalibrierung Bei der Methode der Phasenkalibrierung ist der Rechenaufwand hö-her. Neben der Fouriertransformation zur Bestimmung der relativen Phasenlage ist für jede Stützstelle der Kalibrierfunktion eine Polynominterpolation durchzuführen und ein Polynom auszuwerten. Der Zeitaufwand für die Rechnung liegt, je nach Implementation und Datenmen-ge, bei einigen Sekunden.

Der Echtzeitrechenaufwand für die Messung ist geringfügig höher als bei der linearen Gewich-tung nach Godler. Für jeden Messzeitpunkt wird die aktuelle Phasenlage bestimmt und die Kalibrierfunktion interpoliert. Diese Rechnung ist auf den Recheneinheiten der Basissteuerung (DSP) ohne weiteres durchführbar. Falls eine Kompensation des Abtastzeitpunktfehlers not-wendig ist, steigt der Aufwand allerdings erheblich.

Der Speicheraufwand dieser Methode ist wesentlich größer als bei der linearen Gewichtung, weil die Stützstellen der Kalibrierfunktion gespeichert werden. Je nach gewählter Stützstellen-anzahl und nummerischer Genauigkeit sind hier einige Kilobyte Speicher notwendig.

Zusammenfassung

In diesem Kapitel wurde die exakte Bestimmung der Phasenlage als zentrale Problematik bei der Verwendung des Sensors identifiziert. Durch den Einsatz eines kombinierten Verfahrens, welches auch eine Schätzung der Position realisiert, kann die Güte des Sensors verbessert wer-den. Der Rechenaufwand steigt dadurch allerdings.

Die Bestimmung eines anliegenden Drehmoments wurde für einen Messzeitpunkt exempla-risch durchgeführt. Zunächst wurde der Sensor anhand von Kalibrationsdaten kalibriert. An-schließend wurde das anliegende Drehmoment für den gewünschten Messzeitpunkt aus auf-genommenen Messdaten berechnet. Schließlich wurde eine Kalibration des berechneten Dreh-moments mit Hilfe eines Messaufbaus durchgeführt und der Rechenaufwand für die durchge-führten Berechnungen abgeschätzt. Die Gegenüberstellung von gemessenen und berechneten Sensorausgangswerten verdeutlicht schließlich die Güte des Sensors. An allen Knickelementen

| Zeit [μs] | Strom [A] | | Drehm. [Nm] | | Fehler Strom | | Fehler Drehm. | |
	gem.	ber.	gem.	ber.	abs.	proz.	abs.	proz.
1,2	0,20	0,20	1,38	1,43	0,00 A	1,50%	0,05 Nm	3,62%
2,4	0,40	0,37	4,76	4,31	−0,03 A	−6,75%	−0,45 Nm	−9,45%
3,6	0,52	0,52	6,79	6,72	0,00 A	−0,77%	−0,07 Nm	−1,03%
4,8	0,64	0,64	8,82	8,75	0,00 A	−0,63%	−0,07 Nm	−0,79%
6,0	0,72	0,74	10,17	10,44	0,02 A	2,22%	0,27 Nm	2,65%
7,2	0,80	0,82	11,52	11,86	0,02 A	2,50%	0,34 Nm	2,95%
8,4	0,84	0,89	12,20	13,05	0,05 A	6,07%	0,85 Nm	6,97%
9,6	0,88	0,95	12,87	14,05	0,07 A	7,95%	1,18 Nm	9,17%
10,8	0,92	1,00	13,55	14,89	0,08 A	8,59%	1,34 Nm	9,89%

Tab. 7.8: Güte des Sensorsystems für Bodenkontakt: Gemessene (*gem.*) und berechnete (*ber.*) Werte werden absolut (*abs.*) und prozentual (*proz.*) ausgewertet.

des KAIRO-II- Roboters, die mit diesem Sensor ausgestattet sind, können die an den α_{KE}- und γ_{KE}- Gelenken wirkenden Torsionen detektiert werden.

7.1.3 Sensor zur Analyse des Bodenkontakts

Die Evaluierung dieses Sensors findet in zwei Stufen statt. Zunächst wird die Güte der Sensorkennlinie ermittelt. Sie liefert in Abhängigkeit des Messzeitpunktes relativ zum PWM-Zyklus den aktuellen Stromverbrauch und das erzeugte Drehmoment des Motors. Anschließend wird die Güte des Sensors an einem realen Messaufbau untersucht.

Güte der Sensorkennlinie

Um die Güte der für diesen Sensor berechneten Sensorkennlinien zu ermitteln, werden reale Messwerte aufgenommen. Hierzu werden zu festgelegten Zeitpunkten relativ zum Beginn eines PWM-Zykluses der Stromverbrauch des angeschlossenen Antriebsmotors und das von ihm erzeugte Drehmoment gemessen. Für eine PWM-Frequenz von $f = 40\,\text{kHz}$ und maximalem PWM-Verhältnis $r_{PWM} = \frac{1}{2}$ wurde die in Tabelle 7.8 dargestellte Messreihe durchgeführt. Abhängig vom gewählten Messzeitpunkt relativ zum PWM-Zyklus ergibt sich bei der Messung des Motorstroms modellbedingt eine maximale Abweichung von 8,59% bzw. für das Drehmoment eine maximale Abweichung von 9,89%. Eine graphische Gegenüberstellung von berechneten und gemessenen Kennlinien ist in Abbildung 7.11 dargestellt. Da der gemessene Motorstrom in dieser Anwendung lediglich als Wahrheitswert verwendet wird, stellen die modellbedingten Abweichungen keine Einschränkung dar. Die Detektion des Bodenkontakts kann, wie im folgenden Kapitel dargestellt, durchgeführt werden.

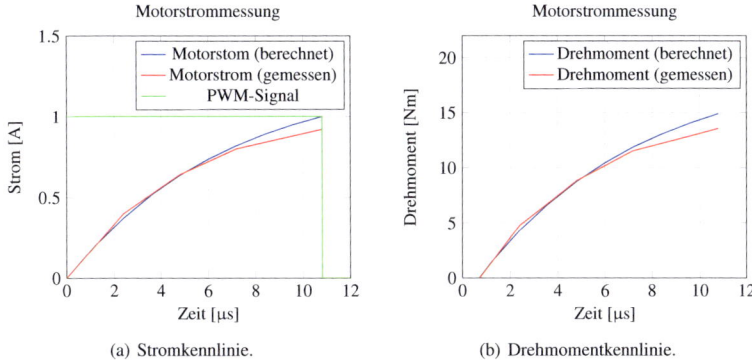

(a) Stromkennlinie. (b) Drehmomentkennlinie.

Abb. 7.11: Sensor Bodenkontakt: Berechnete Kennlinie aus Abbildung 6.17 und gemessene Kennlinie (PWM-Frequenz $f = 40$ kHz und maximales PWM-Verhältnis $r_{PWM} = \frac{1}{2}$).

Detektion von Bodenkontakt

Die Detektion des Bodenkontakts wird im Messaufbau gemäß Abbildung 7.12(a) evaluiert. In der vorliegenden Messreihe rotiert der Antrieb eines Kopfsegments frei mit der konstanten Geschwindigkeit $v = 50$ mm/s. PWM-Signal und Messzeitpunkt bezüglich des PWM-Zykluses werden konstant gehalten. Der Versuchsverlauf ist in Teilbild (b) dargestellt.

Nach etwa 5 s wird der Antrieb *festgehalten*, also Bodenkontakt simuliert. Der Motorstrom steigt dabei stark an. Die Schaltschwellen x_{unten} und x_{oben} zur Detektion des Bodenkontakts werden gemäß den Gleichungen 6.59 und 6.60 berechnet. Für die gegebene Geschwindigkeit ergeben sich die folgenden Schaltschwellen

$$x_{unten} = \frac{v}{5} + 10 = 20 \quad \text{und} \qquad [7.18]$$

$$x_{oben} = \frac{v}{4} + 20 = 35. \qquad [7.19]$$

Die resultierenden Schaltschwellen sind im Versuchsverlauf dargestellt, der Bodenkontakt wird mit diesen Schaltschwellen korrekt erkannt.

Zusammenfassung

Das Sensorsystem zur Detektion von Bodenkontakt bestimmt bei bekanntem PWM-Signal und Messzeitpunkt den Motorstrom und das erzeugte Drehmoment der Antriebsmotoren in den Antriebselementen. Durch Vergleich von Sensorkennlinie und erfasstem Messwert kann so auf Bodenkontakt des Antriebssegments geschlossen werden. Durch Festlegung einer Schaltschwelle

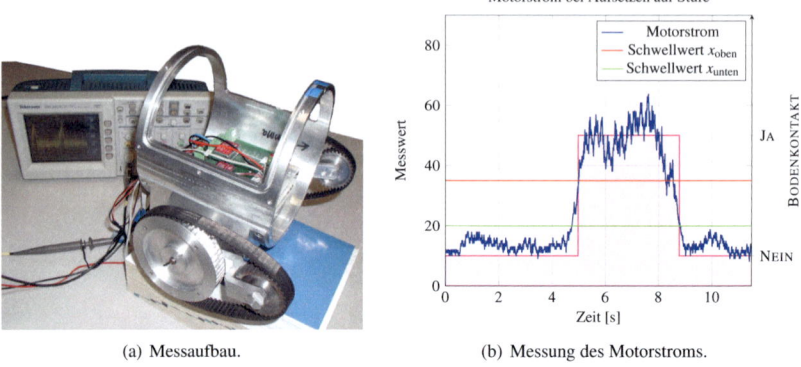

(a) Messaufbau. (b) Messung des Motorstroms.

Abb. 7.12: Analyse des Bodenkontakts: Fahrt mit konstanter Geschwindigkeit, *Festhalten* der Antriebe simuliert Bodenkontakt.

und zeitlicher Mittelung der Messwerte wird für alle Antriebssegmente der Wahrheitswert BO-DENKONTAKT erzeugt. Dieser Wahrheitswert dient dem Zustandsautomat zur Manöverkontrolle für die Detektion von Zustandsübergängen.

7.2 Bewegungsplanung und Ausführung

Die vorgestellte Architektur zur Bewegungsplanung und Ausführung wird in diesem Kapitel evaluiert. Im Rahmen integrierter Testreihen werden die implementierten elementaren und komplexen Manöver untersucht, sowie die Stabilität einzelner Posen evaluiert und bewertet. Die Durchführung der komplexen Manöver stellt dabei die Evaluierung des Gesamtsystems dar.

7.2.1 Manöver

Elementares Manöver „Freie Fahrt"

Zur Evaluierung des Manövers „Freie Fahrt" werden Untersuchungen hinsichtlich der Genauigkeit und der Geschwindigkeit beim Folgen der virtuellen Schiene durchgeführt. Die maximale Verfahrgeschwindigkeit ist dabei auf 100 mm/s beschränkt.

Befährt der Roboter eine Kurve, bewegen sich die einzelnen Segmente mit unterschiedlicher Geschwindigkeit. Entsprechend der Modi *avg*, *max*, S_i aus Kapitel 5.4.1 werden diese Geschwindigkeiten nach unterschiedlichen Kriterien eingestellt.

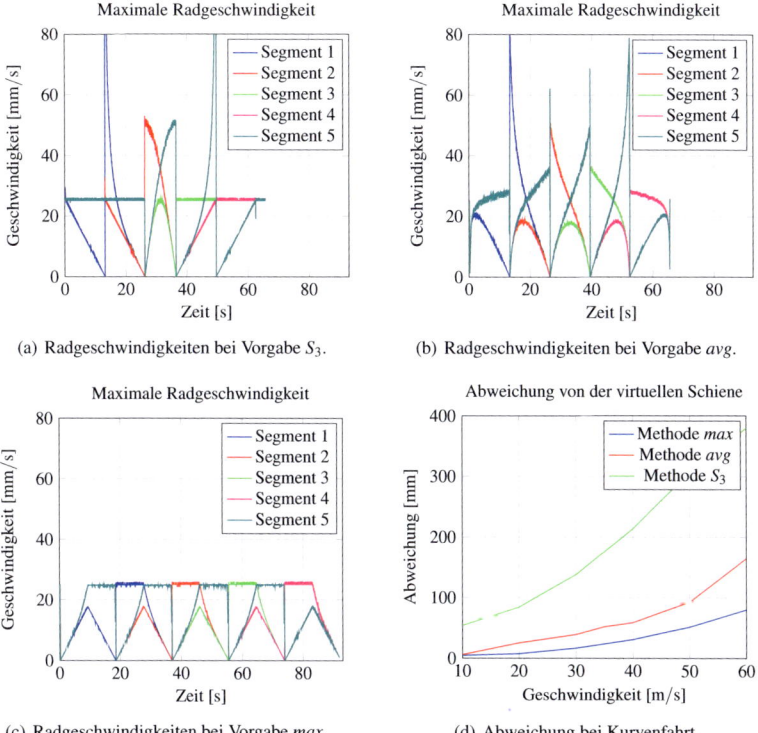

(a) Radgeschwindigkeiten bei Vorgabe S_3.

(b) Radgeschwindigkeiten bei Vorgabe avg.

(c) Radgeschwindigkeiten bei Vorgabe max.

(d) Abweichung bei Kurvenfahrt.

Abb. 7.13: Radgeschwindigkeiten und Abweichungen von der virtuellen Schiene bei einer Kurvenfahrt.

Modus	Geschwindigkeit	Fahrtzeit
max	50 mm/s	89 s
avg	35 mm/s	92 s
S_3	10 mm/s	216 s

Tab. 7.9: Maximale Nominalgeschwindigkeiten beim Befahren einer 90°-Kurve in verschiedenen Modi. Tolerierte Abweichung von der virtuellen Schiene: 5 cm.

Abbildungen 7.13(a) bis (c) zeigen, wie sich beim Befahren einer 90°-Abbiegung die Geschwindigkeiten der einzelnen Segmente über die Zeit verhalten („5-4"–Konfiguration). Je nach Methode sind dabei Polstellen der Radgeschwindigkeiten (Modus S_3), starke Sprünge in der Beschleunigungsfunktion (Modus *avg*) bzw. eine starke Beschränkung der Maximalgeschwindigkeit (Modus *max*) zu beobachten.

Da die Bewegung der Antriebe synchron mit der Bewegung der Knickelemente erfolgt, wird die Geschwindigkeit und Genauigkeit der Bewegung weiter eingeschränkt. Abbildung 7.13(d) zeigt die maximale Abweichung einzelner Knickelemente von der virtuellen Schiene während des Befahrens der Kurve. In Abhängigkeit von der maximalen Geschwindigkeit und dem gewählten Modus zeigen sich deutliche Unterschiede in der Genauigkeit einer Kurvenfahrt.

Als Maß für die Güte einer Kurvenfahrt wird daher die Zeit zum Durchfahren der Kurve für den gesamten Roboter bei vorgegebener tolerierter Abweichung (hier: 5 cm) verwendet. Abhängig vom gewählten Modus ergeben sich für das Befahren einer 90°-Abbiegung die Werte in Tabelle 7.9.

Im Modus *avg* ergeben sich beim Fahren einer 85°-Rechtskurve mit dem KAIRO-II-Roboter bei einer Maximalgeschwindigkeit von $v_{max} = 25$ mm/s die in Abbildung 7.14 dargestellten Gelenkstellungen zu den jeweiligen Zeitpunkten. Abbildung 7.15 zeigt den kontinuierlichen Verlauf aller Gelenke der Knickelemente während dieser Kurvenfahrt. Die Detailansicht eines Knickelements in Abbildung 7.16 zeigt schließlich das Zusammenwirken der drei Gelenkmotoren α_{KE}, β_{KE}, γ_{KE} zum Einnehmen der Winkelstellungen 0°, 40° und 80° eines Knickelements.

Manöver „*Inspektion*"

Die Güte des Manövers „*Inspektion*" hängt von mehreren Faktoren ab: Die maximal mögliche Winkelauflösung einer Pose spielt ebenso eine Rolle wie die benötigte Zeit zum Einnehmen einer solchen Pose oder die Resistenz gegenüber Störungen (z. B. durch das Überlagern einer Kurvenfahrt). Einzelne Parameter können durch das Ändern der Roboterkonfiguration angepasst werden. Die einzelnen Aspekte werden im Folgenden analysiert.

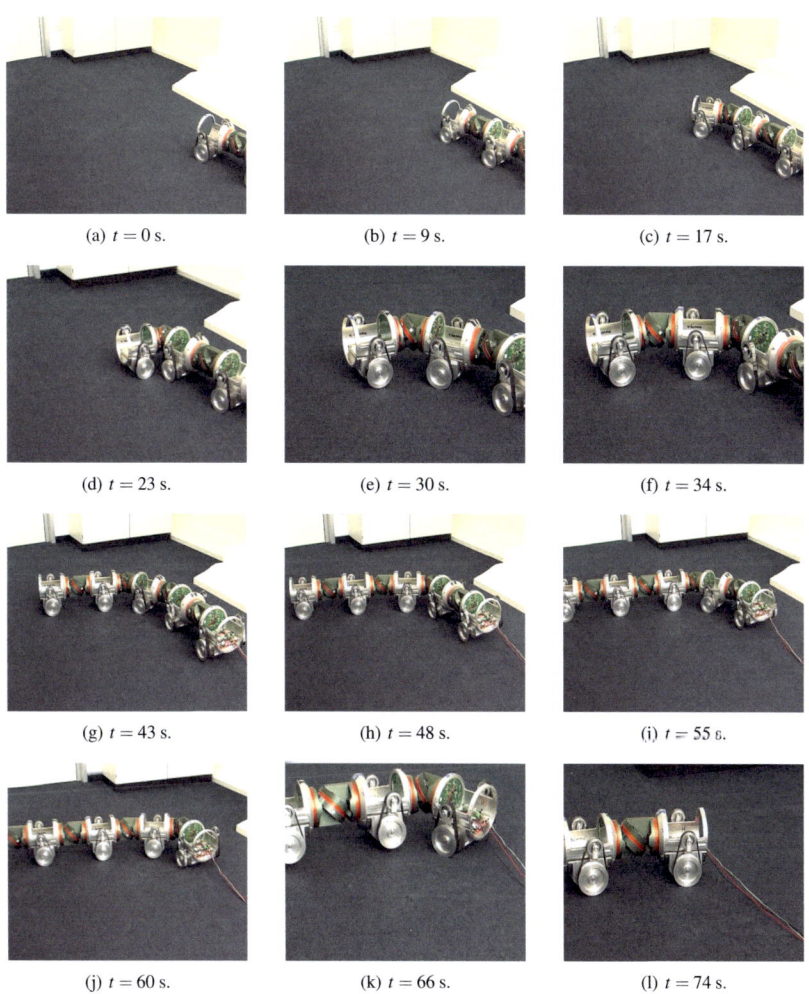

(a) $t = 0$ s.   (b) $t = 9$ s.   (c) $t = 17$ s.

(d) $t = 23$ s.   (e) $t = 30$ s.   (f) $t = 34$ s.

(g) $t = 43$ s.   (h) $t = 48$ s.   (i) $t = 55$ s.

(j) $t = 60$ s.   (k) $t = 66$ s.   (l) $t = 74$ s.

Abb. 7.14: KAIRO-II: Kurvenfahrt im Manöver „*Freie Fahrt*".

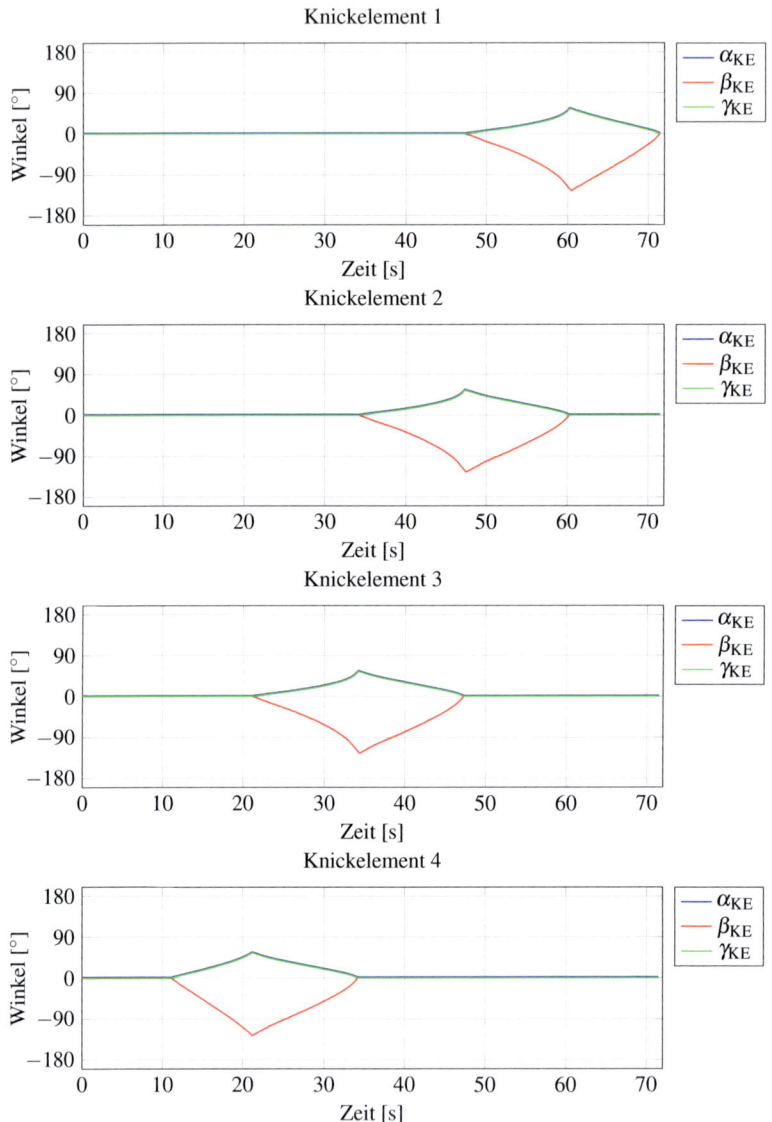

Abb. 7.15: KAIRO-II: Kurvenfahrt im Manöver „*Freie Fahrt*" (Gelenkwinkel).

(a) Winkel 0°.   (b) Winkel 40°.   (c) Winkel 80°.

Abb. 7.16: KAIRO-II: Detailansicht Kurvenfahrt.

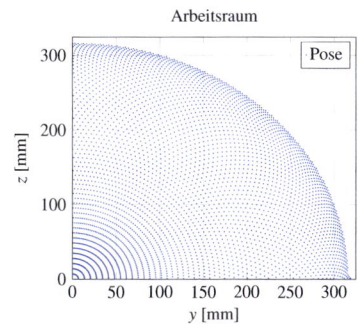 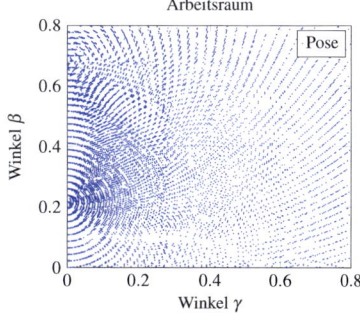

(a) Die tatsächlich einnehmbaren Werte für die beiden translatorischen Inspektionsparameter Δy und Δz bei Gelenken mit 205 diskreten Stellungen.

(b) Die durch Diskretisierung tatsächlich einnehmbaren Werte für die Inspektionsparameter β und γ (in rad) bei Gelenken mit 205 diskreten Stellungen (hier: $\Delta y = 0$, $\Delta z = 100$ mm).

Abb. 7.17: Diskretisierte Positionen der Inspektionspose.

Auflösung   Da die einzelnen Gelenke der Knickelemente nur diskrete Winkel ansteuern können, diskretisiert sich auch der Raum der möglichen Inspektionsvektoren.

Die Gelenkwinkel des Roboters erlauben für eine Umdrehung insgesamt 820 diskrete Positionen. Abbildung 7.17(a) zeigt für einen Quadranten alle Positionen, die tatsächlich angenommen werden können. Während für jeden dieser Kreise die Anzahl der Winkelstufen gleich bleibt, liegen die Radien für die äußeren Kreise näher beieinander als für die inneren. Insgesamt ergeben sich in einem Quadranten 62941 paarweise verschiedene Posen, die durch die Translationsparameter eingenommen werden können. Der Quantisierungsfehler kann im inneren Bereich (also für kleine Werte von Δy und Δz) bis zu 1,5 mm betragen, während er im Randbereich stets unter 0,2 mm liegt.

Ebenso wie die Parameter Δy und Δz werden auch die Rotationswinkel diskretisiert. α beeinflusst dabei nur zwei benachbarte Gelenke. Dieser Winkel wird also auf 820 Stufen quantisiert.

	Segment	Δy	Δz	β	γ	T_1	T_2	T_3
Pose 1	1	0 mm	320 mm	0	0	10,0 s	4,0 s	5,9 s
Pose 2	3	100 mm	200 mm	0	0	5,7 s	2,8 s	2,8 s
Pose 3	1	−100 mm	200 mm	-0,4	0,15	6,3 s	2,0 s	4,0 s
Pose 4	3	50 mm	100 mm	0,25	-0,4	9,8 s	3,5 s	5,7 s

Tab. 7.10: Vier charakteristische Inspektionsposen (Abbildung 7.18) und die Zeiten T_1 zum Einnehmen aus der Grundstellung, T_2 zum Einnehmen der Lookahead-Stellung und T_3 zum Einnehmen aus der Lookahead-Stellung.

Die Winkel β und γ beeinflussen sich dagegen gegenseitig. Ihr Zusammenhang wird analog zu den Betrachtungen für die Parameter Δy und Δz ermittelt. Die möglichen Winkelkombinationen zeigt Abbildung 7.17(b). Insgesamt ergeben sich 193207 verschiedene Konfigurationen. Der Quantisierungsfehler der Winkel liegt im Bereich von 0,001 bis 0,01 rad.

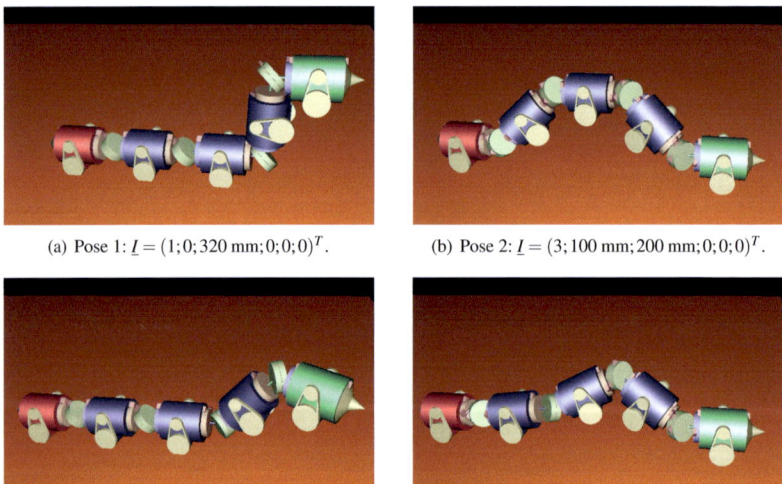

(a) Pose 1: $\underline{I} = (1;0;320\,\text{mm};0;0;0)^T$.

(b) Pose 2: $\underline{I} = (3;100\,\text{mm};200\,\text{mm};0;0;0)^T$.

(c) Pose 3: $\underline{I} = (1;-100\,\text{mm};200\,\text{mm};\ -0,4;\ 0,15;0)^T$.

(d) Pose 4: $\underline{I} = (3;50\,\text{mm};100\,\text{mm};0,25;-0,4;0)^T$.

Abb. 7.18: Vier charakteristische Inspektionsposen.

Zeitverhalten Um aus der „*Freien Fahrt*" in eine Inspektionspose zu wechseln, müssen viele Gelenke zusammenwirken. Durch die Interpolation der Verzerrungen der virtuellen Schiene kann dieser Vorgang robust gegenüber Störungen durchgeführt werden. Anstatt diese bei einer Änderung kartesisch linear zu interpolieren, geschieht dies polar für den Winkel $\phi = \text{atan2}(z,y)$ und Radius $r = \sqrt{y^2 + z^2}$.

(a) Grundstellung.

(b) Lookahead-Stellung.

(c) Inspektionspose.

Abb. 7.19: Inspektionspose mit $i = 1$, $\Delta z = 200$ mm, $\Delta y = 0$ mm: Vor dem Anfahren der Inspektionspose nehmen die Knickelemente 1 und 2 die Lookahead-Stellung ein. Sie sind im Gegensatz zu den Knickelementen 3 und 4 bereits in Richtung der Inspektionspose ausgerichtet.

Die benötigte Zeit zum Einnehmen einer Pose aus der Grundstellung und der Einfluss der Interpolation auf diese Zeit wird für vier charakteristische Inspektionsvektoren (siehe Abbildung 7.18) analysiert. Die Posen 1 und 2 besitzen dabei lediglich translatorische Parameter, die Posen 3 und 4 zusätzlich rotatorische. Tabelle 7.10 stellt in Spalte T_1 die benötigten Zeiten gegenüber.

Lookahead Durch die Lookahead-Funktion für Inspektionsmanöver kann die gewünschte Pose unter Ausnutzung der Redundanz des Roboters vorbereitet werden. Die Spalten T_2 und T_3 in Tabelle 7.10 stellen die relevanten Zeiten für die vier charakteristischen Inspektionsvektoren gegenüber. Es zeigt sich, dass der Lookahead den anschließenden Wechsel in die Inspektionspose um $40 - 60\%$ verkürzt. Sind die Inspektionsparameter vorab bekannt, kann die Inspektionspose deutlich schneller angefahren werden.

155

Abbildung 7.19 zeigt KAIRO-II beim Einnehmen der Lookahead-Stellung und anschließendem Anfahren der Inspektionspose $\underline{I} = (1; 0 \text{ mm}; 200 \text{ mm}; 0; 0; 0)^T$.

Die Abbildungen 7.20 und 7.21 zeigen die Videosequenz und den dabei angesteuerten Verlauf der Gelenkwinkel aller Knickelemente beim sequentiellen Anfahren mehrerer Inspektionsposen mit KAIRO-II. In dieser Abfolge wird zunächst die Inspektionspose $\underline{I} = (3; 0 \text{ mm}; 140 \text{ mm}; 0; 0; 0)^T$ angefahren. Anschließend wird das Inspektionssegment in verschiedenen Winkelstellungen ausgerichtet ($\underline{I} = (3; 0 \text{ mm}; 140 \text{ mm}; \pm\frac{\pi}{2}; 0; 0)^T$).

Manöver „*Nachgiebiges Fahren*"

Mit Hilfe der Kraft- bzw. Impedanzregelung kann sich der Roboter selbständig der Umgebung anpassen und sich nachgiebig verhalten. Dadurch kann er einerseits auf unebenen Oberflächen möglichst viele Segmente auf dem Boden halten und somit eine hohe Stabilität erreichen. Andererseits können so selbständig Verkantungen an Engstellen aufgelöst werden. Um unstrukturierte und dynamische Umgebungen zu befahren, ist Nachgiebigkeit unerlässlich, da nicht alle Eigenschaften im Vorfeld erfasst werden und durch eine entsprechende Bahnplanung rein positionsgeregelt befahren werden können.

Algorithmus 7.1 Kraftregler: Schwellwerte $S_F = 4$ sowie Parameter $P_F = 1$ wurden heuristisch gewählt.

KRAFTREGELUNG(X_d, F_d, X, F)
  if $|F_d - F| > S_F$
    then $X_\text{ret} \leftarrow X_\text{ret} + P_F * \text{sgn}(F_d - F)$
  return (X_ret)

Im Folgenden wird untersucht, inwieweit sich mehrsegmentige Roboter im nachgiebigen Modus in solchen Umgebungen anpassen können und welche Grenzen sich für das System ergeben. Diese Grenzen ergeben sich durch die Randbedingungen der Kinematik und der Steuerungsarchitektur.

Da im Rahmen dieser Arbeit lediglich ein Segment des Roboters KAIRO-II vollständig mit Sensorik bestückt wurde, werden die folgenden Versuchsfahrten mit einer Kraftregelung (siehe Algorithmus 7.1) in der Simulation durchgeführt.

Fahrt „*Unebene Oberfläche*"   Der Roboter fährt in einer simulierten Umgebung (siehe Abbildung 7.22), die aus Blöcken der Größe 200 mm x 200 mm und zufälliger Höhe (gleichverteilt zwischen 0 mm und 50 mm) besteht. Durch ausregeln der Kräfte in z-Richtung wird versucht,

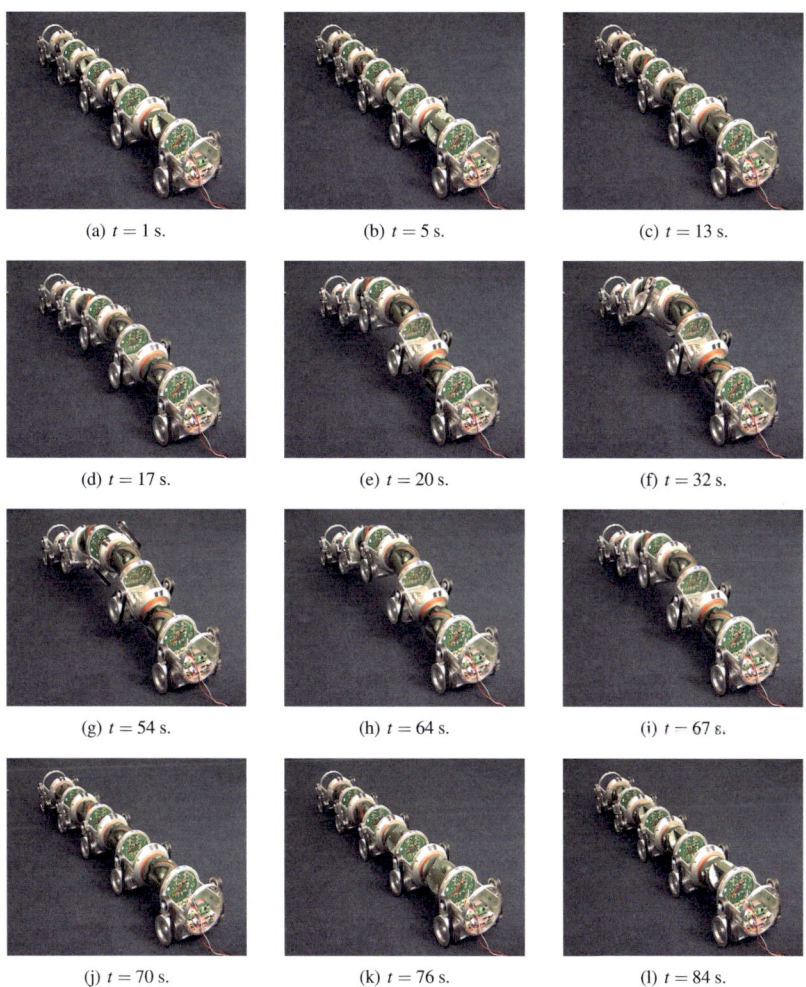

(a) $t = 1$ s.   (b) $t = 5$ s.   (c) $t = 13$ s.

(d) $t = 17$ s.   (e) $t = 20$ s.   (f) $t = 32$ s.

(g) $t = 54$ s.   (h) $t = 64$ s.   (i) $t = 67$ s.

(j) $t = 70$ s.   (k) $t = 76$ s.   (l) $t = 84$ s.

Abb. 7.20: KAIRO-II: Manöver „*Inspektion*".

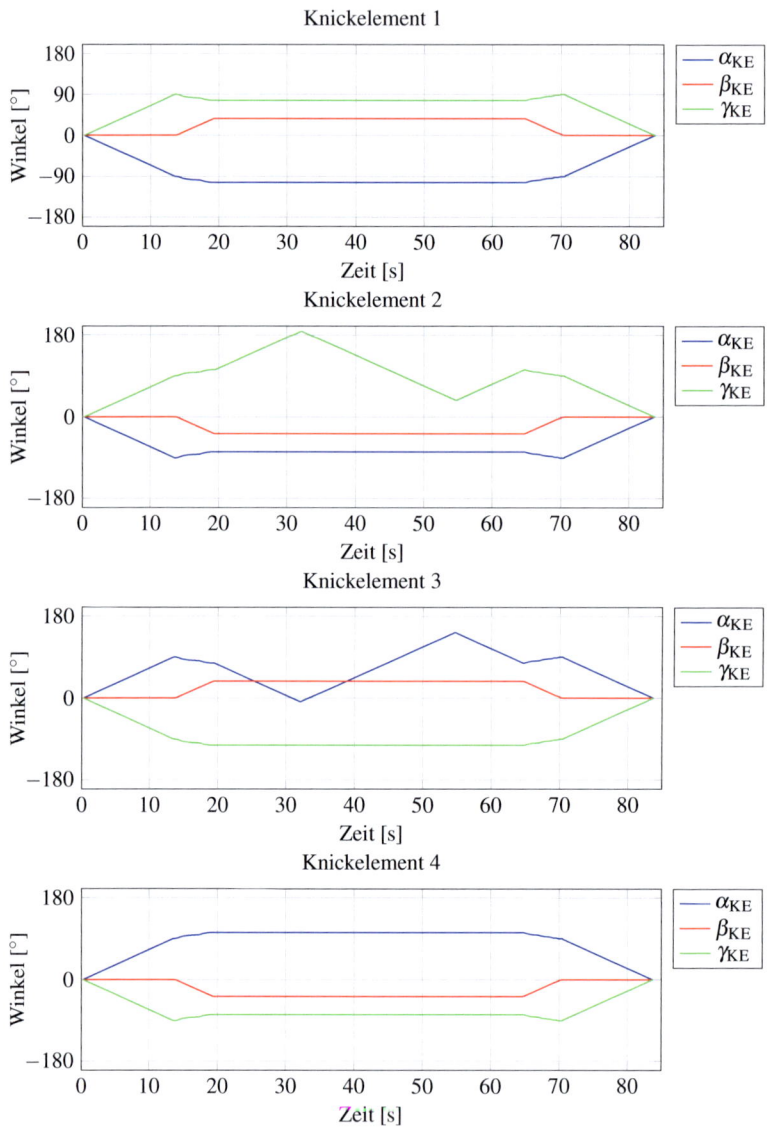

Abb. 7.21: KAIRO-II: Manöver „*Inspektion*" (Gelenkwinkel).

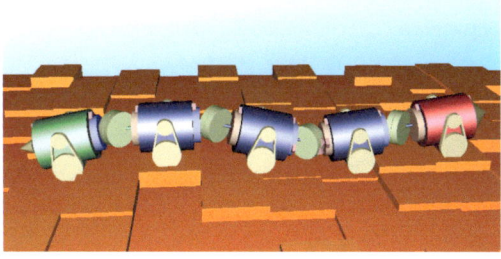

Abb. 7.22: Der Roboter befährt mittels Kraftregelung eine unebene Oberfläche.

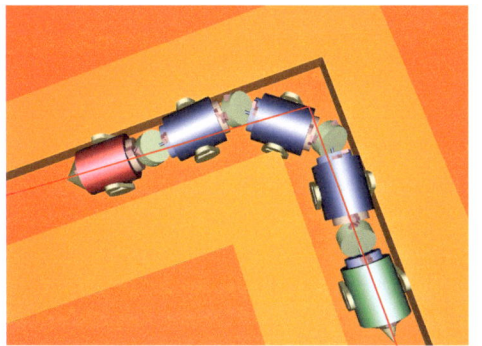 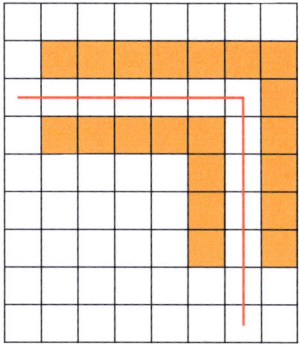

(a) 3D-Ansicht mit virtueller Schiene: Segment 3 verlässt zur Vermeidung von Verklemmungen deutlich die virtuelle Schiene.

(b) Die verwendete Karte mit virtueller Schiene (Rastergröße 300 mm).

Abb. 7.23: Adaptives Fahren mit dem Modul *HIC*.

Bodenkontakt für alle Segmente zu erreichen bzw. zu behalten. Es zeigt sich qualitativ, dass sich der Roboter gut an die Umgebung anpasst und die meiste Zeit mit allen Segmenten Bodenkontakt behält. Die mögliche Fahrtgeschwindigkeit, insbesondere in Kurven, reduziert sich dadurch allerdings.

Wie bereits bei den Inspektionsmanövern betrachtet, ist auch auf unebenen Oberflächen die Stabilität des Roboters nicht immer gewährleistet. Damit der Roboter dennoch nicht umkippt, können die bereits vorgestellten Verfahren verwendet werden. Sie stellen die Güte der Stabilität einer Pose fest und führen Posen mit größerer Stabilität herbei.

Fahrt „*Verklemmungen*" In sehr engen Abbiegungen ist eine spezielle Bahnplanung notwendig, damit es nicht zu Verklemmungssituationen kommt [Scholl, 2003]. Dieses Vorgehen ist aufwendig und lässt sich effektiver durch eine Kraftregelung lösen. Die Segmente des Roboters weichen den Wänden dann automatisch aus. Auf diese Weise genügt es, wenn der Weg durch eine solche Abbiegung zunächst nur grob durch die virtuelle Schiene vorgegeben ist. Der Roboter ist mit Hilfe der Kraftsensoren in der Lage, eine verklemmungsfreie Trajektorie selbständig zu finden.

In der in Abbildung 7.23 dargestellten Fahrt konnte der Roboter eine $90°$-Kurve mit einer Breite von 300 mm selbständig befahren. Die Bewegungstrajektorie wurde in Form der eingezeichneten virtuellen Schiene vorgegeben. Das erfolgreiche Befahren der Kurve zeigt die Güte des Regelkreises qualitativ.

Manöver „*Befahren einer Stufe*"

Dieses Manöver wird im Rahmen mehrerer Versuche untersucht. Ist die Stufenhöhe a priori bekannt, so kann eine Stufe entsprechend dem Ablauf in der Sequenz 7.24 bestiegen werden. Dazu werden die Gelenkwinkel gemäß Abbildung 7.25 angefahren.

Ist die Höhe einer Stufe nicht genau bekannt, so muss zunächst ein größerer Wert vorgegeben werden, der sicher über der Stufe liegt, aber keinesfalls die Segmentlänge überschreiten darf. Durch Detektion des Bodenkontakts der Segmente kann dann die exakte Stufenhöhe ermittelt werden. Diese Variante des Manövers wird zunächst in der Simulation mit einer entsprechenden Umgebungskarte ausgeführt. Als Sensoreingänge dienen dabei die aus der Umgebungskarte berechneten Wahrheitswerte für den Bodenkontakt der einzelnen Segmente. Anschließend wird das Manöver auf dem Roboter KAIRO-II durchgeführt. Der Ablauf dieser Variante wird in den folgenden Abschnitten evaluiert.

Zustandsübergang Das Manöver „*Befahren einer Stufe*" besteht aus mehreren Zuständen. Die Zustandsübergänge werden Skript-, Benutzer- oder Sensor-gesteuert ausgelöst:

- Der Zustand *Vorfahren* wird nach der Fahrt der Länge KINKDISTANCE verlassen.
- Beim Aufsetzen des Antriebsegments auf der Stufe steigt der Motorstrom an, der Zustand wird verlassen.

Zeitlicher Ablauf Es soll nun untersucht werden, in welcher Zeit die einzelnen Phasen des Manövers durchgeführt werden können und wie lange somit das Besteigen der Stufe insgesamt dauert. Die erste Phase, das Anheben, entspricht dem Einnehmen eines Inspektionsmanövers. Da die Richtung der einzelnen Bewegungen vorab genau bekannt ist, kann hier die Lookahead Funktion eingesetzt werden.

Wird die Stufe ohne Abbiegung befahren, so besteht die zweite Phase lediglich aus einer Vorwärtsbewegung, die alleine von den Antriebsegmenten durchgeführt wird. Wird gleichzeitig

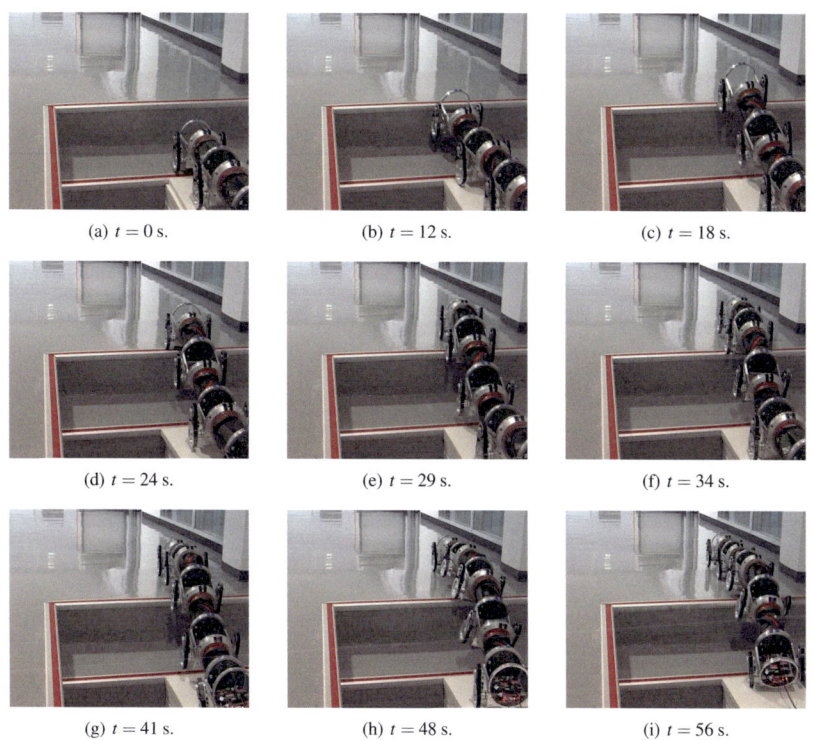

(a) $t = 0$ s. (b) $t = 12$ s. (c) $t = 18$ s.

(d) $t = 24$ s. (e) $t = 29$ s. (f) $t = 34$ s.

(g) $t = 41$ s. (h) $t = 48$ s. (i) $t = 56$ s.

Abb. 7.24: KAIRO-II: Manöver „*Befahren einer Stufe*".

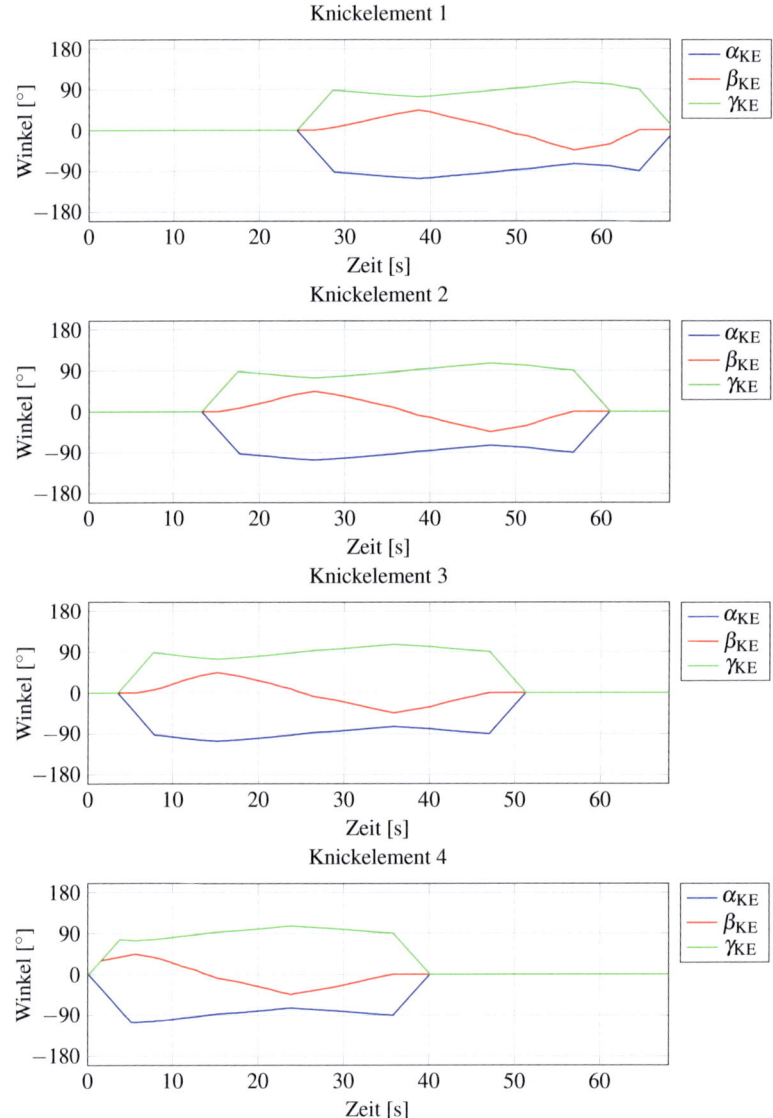

Abb. 7.25: KAIRO-II: Manöver „*Befahren einer Stufe*" (Gelenkwinkel).

Segment	1	2	3	4	5
Anheben	4,6 s	8,9 s	8,8 s	8,9 s	9,0 s
Vorfahren	6,4 s	6,4 s	6,4 s	6,4 s	6,4 s
Absenken	3,0 s	3,6 s	3,8 s	2,8 s	3,1 s

Tab. 7.11: Zeit für die einzelnen Phasen beim Besteigen einer Stufe der Höhe 200 mm („5-4"–Konfiguration).

eine Kurve befahren, ergeben sich die Maximalgeschwindigkeiten aus den Betrachtungen [Kurz, 2008].

Tabelle 7.11 zeigt nun die Zeiten für die einzelnen Phasen. Die tatsächliche Höhe der Stufe beträgt dabei 200 mm, wird aber nach oben mit 300 mm abgeschätzt, so dass die Segmente zunächst diese Höhe einnehmen und dann abgesenkt werden. Die Fahrgeschwindigkeit wurde zu 50 mm/s gewählt. Es zeigt sich, dass das Anheben des ersten Segmentes wesentlich kürzer dauert als für die weiteren Segmente. Dies ist darauf zurückzuführen, dass das erste Segment stets waagerecht bleibt ($\beta = \gamma = 0$), während die anderen Segmente gekippt wurden. Insgesamt dauert das Manöver 88 s.

Funktionaler Ablauf Der funktionale Ablauf im Zustandsautomaten ist in den Abbildungen 7.26 und 7.27 dargestellt. Dabei beginnt das Manöver zunächst mit dem Anheben des ersten Segments (siehe Abbildung 7.26(a) und (b)). Der Zustandsautomat befindet sich bis zum Erreichen der vorgegebenen Stufenhöhe im Zustand *Anheben*. In Abbildung 7.27(a) wird dieser Zustand durch die Zustandsnummer 3 dargestellt.

Ist die Stufenhöhe erreicht, so schaltet der Zustandsautomat gemäß Abbildung 7.27(b) in den Zustand *Vorfahren* (Zustandsnummer 4). Der Roboter fährt nun eine Segmentlänge nach vorne. Das erste Segment befindet sich dann über der Stufe (siehe Abbildung 7.26(c) und 7.27(c)).

Der Zustand 5 (*Absenken*) (siehe Abbildung 7.27(d)) beendet schließlich den Ablauf für das erste Segment, sobald dieses Segment Bodenkontakt erreicht hat (siehe Abbildung 7.26(d)). Das zweite Segment beginnt nun wiederum, sich für das Anheben vorzubereiten (Abbildung 7.26(e)) und anschließend auf die erwünschte Stufenhöhe anzuheben (Abbildung 7.26(f)).

Alle nachfolgenden Segmente durchlaufen die identischen Zustände.

(a) Phase *Anheben* (1).

(b) Phase *Anheben* (2).

(c) Phase *Vorfahren*.

(d) Phase *Absenken*.

(e) Phase *Anheben* (3).

(f) Phase *Anheben* (4).

Abb. 7.26: Befahren einer Stufe.

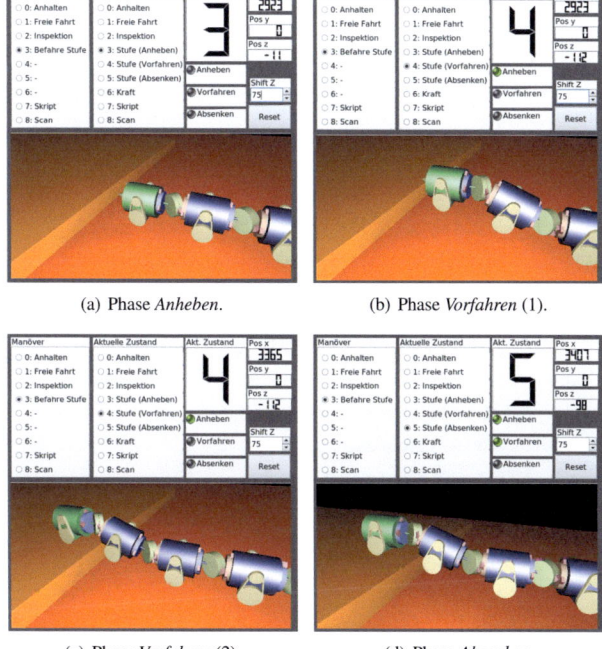

(a) Phase *Anheben*. (b) Phase *Vorfahren* (1).

(c) Phase *Vorfahren* (2). (d) Phase *Absenken*.

Abb. 7.27: Befahren einer Stufe (Graphische Benutzerschnittstelle).

Inspektion	Maximale Auslenkung $|\Delta y|$	Strategie zur Stabilisierung
Segment 1	$\frac{10}{3}s_W = 233\,\text{mm}$	Methode *Gegengewicht*
Segment 3	$\frac{5}{3}s_W = 175\,\text{mm}$	Methode *Abstützen*
Segment 5	$\frac{10}{3}s_W = 233\,\text{mm}$	Methode *Gegengewicht*

Tab. 7.12: Stabilität des Inspektionsmanövers bei KAIRO-II ($s_W = 70$ mm).

7.2.2 Kinematik mehrsegmentiger Roboter

Statische Stabilität bei Inspektionsmanövern

Die Methode der Überprüfung von statischer Stabilität von Inspektionsmanövern wurde in Kapitel 5.4.3 exemplarisch für zwei Manöver durchgeführt. Im Folgenden wird die Stabilität des Roboters in einer „5-4"–Konfiguration bei Inspektionsmanövern ($\Delta z \neq 0$) in Abhängigkeit des gewählten Inspektionssegments und möglicher *Strategien zur Stabilisierung* untersucht.

Die Stabilität der Pose hängt nur von der Auslenkung des Inspektionssegments in y-Richtung ab. Die übrigen Größen $(x, \alpha, \beta, \gamma)$ haben hierauf keinen Einfluss. Mit steigendem Δy verschiebt sich auch die y-Koordinate des Schwerpunktes relativ zur virtuellen Schiene. Solange dieser Schwerpunkt innerhalb der konvexen Hülle liegt, ist die Pose stabil.

Bei der Durchführung eines Inspektionsmanövers mit Segment 3 lautet die Bedingung hierfür $|\frac{2}{5}\Delta y| < s_W$. s_W bezeichnet dabei den äußeren Abstand des Rades vom Segmentmittelpunkt (hier: $s_W = 70$ mm). Bei der Durchführung einer Inspektion mit den Kopfsegmenten ergibt sich entsprechend die Bedingung $|\frac{3}{10}\Delta y| < s_W$. Eine Übersicht über maximale Auslenkungen bei Inspektionsmanövern für KAIRO-II findet sich in Tabelle 7.12.

Erhöhen der Stabilität

Die Redundanz des mehrsegmentigen Roboters kann dazu verwendet werden, die Stabilität einer Inspektionspose zu erhöhen, bzw. die maximal zulässige Auslenkung Δy zu vergrößern. Durch die aktive Bewegung der beim Inspektionsmanöver redundanten Segmente kann der Schwerpunkt des Roboters gezielt ins Innere der konvexen Hülle verschoben werden. Sofern es die Bewegungsfreiheit des Roboters zulässt, können die folgenden Methoden angewendet werden:

Methode *Abstützen* Redundante Segmente werden so umgeklappt, dass sie zum Abstützen des Roboters beitragen. Hierdurch ändern sich die Koordinaten des Roboterschwerpunktes und die Ausdehnung der konvexen Hülle.

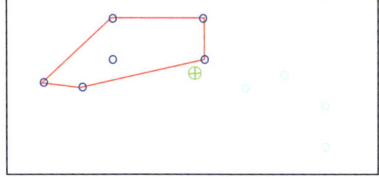 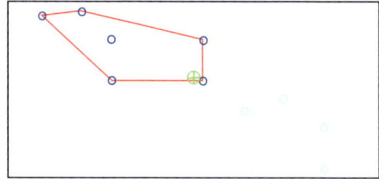

(a) Das letzte Segment wird zum Abstützen benutzt.

(b) Das letzte Segment wird als Gegengewicht benutzt.

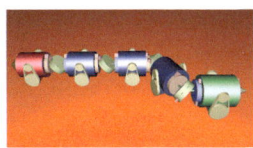 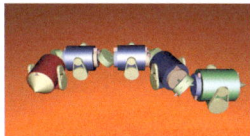 

(c) 3D-Ansicht der Ausgangslage, *Abstützen* und *Gegengewicht*.

Abb. 7.28: Inspektionmanöver ($\Delta y = 300$ mm, $\Delta z = 30$ mm) mit dem 1. Segment: Maßnahmen zur Erhöhung der Stabilität.

Methode *Gegengewicht* Redundante Segmente werden vom Inspektionssegment wegbewegt. Der Schwerpunkt des Roboters kann dadurch unter Umständen ins Innere der konvexen Hülle verschoben werden.

Die Wahl einer geeigneten Stabilisierungsstrategie hängt vom gewählten Inspektionsmanöver ab. Im Folgenden ist dasselbe Inspektionsmanöver ($\Delta y = 300$ mm, $\Delta z = 30$ mm) für unterschiedliche Segmente dargestellt:

Inspektion mit Segment 1 Die dargestellte Pose (siehe Abbildung 7.28) ist instabil. Der Schwerpunkt befindet sich 20 mm außerhalb der konvexen Hülle. Methode *Abstützen* bringt hier keinen Erfolg. Der Schwerpunkt verschiebt sich durch diese Methode nach außen und ist nun 43 mm entfernt. Die Methode *Gegengewicht* ändert die Form der konvexen Hülle nicht, verschiebt aber den Schwerpunkt des Roboters auf einen Punkt der 12 mm innerhalb der konvexen Hülle liegt. Die Pose ist stabil.

Inspektion mit Segment 3 Die dargestellte Pose (siehe Abbildung 7.29) ist instabil. Der Schwerpunkt befindet sich 30 mm außerhalb der konvexen Hülle. Das *Abstützen* mit dem ersten und letzten Segment führt bereits bei einem Umklappen der virtuellen Knickstellen am Anfang und Ende des Roboters um jeweils 120 mm zu einer stabilen Pose. Eine Schwerpunktverlagerung mit der Methode *Gegengewicht* führt nicht zum Ziel. Abbildung 7.29(b) zeigt, dass sich der Schwerpunkt des Roboters bei einer Auslenkung von 100 mm bereits auf 63 mm von der konvexen Hülle entfernt.

(a) Die ersten und letzten Segmente werden zum Abstützen benutzt.

(b) Die ersten und letzten Segmente werden als Gegengewicht benutzt.

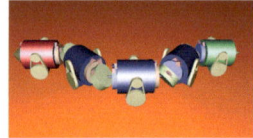

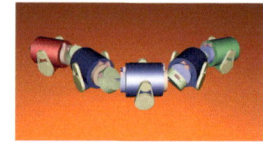

(c) 3D-Ansicht der Ausgangslage, *Abstützen* und *Gegengewicht*.

Abb. 7.29: Inspektionsmanöver ($\Delta y = 300$ mm, $\Delta z = 30$ mm) mit dem dritten Segment: Maßnahmen zur Erhöhung der Stabilität.

7.3 Bewertung der Experimente und Ergebnisse

Die Experimente zur Evaluierung der Arbeit gliedern sich in zwei Schichten. Zunächst wurden Einzelkomponenten getestet, anschließend das Zusammenspiel mehrerer Komponenten.

Die Evaluierung der Einzelkomponenten zeigt, dass alle vorgestellten Sensorsysteme ihren Anforderungen im Rahmen dieser Arbeit genügen. Diese Anforderungen resultieren aus der Analyse möglicher Einsatzszenarien aus Kapitel 2. Bei der Durchführung integrierter Testreihen werden anschließend das Gesamtsystem, die Bewegungsplanung und die Sensorsysteme zusammen untersucht.

Die vorgestellten Robotersysteme MAKROPLUS und KAIRO-II können als Sensorträger für Inspektionsaufgaben eingesetzt werden. Die elektromechanischen Komponenten zeigen die erforderliche Beweglichkeit. Mit Hilfe der Bewegungsplanung und Ausführung kann ein Operator komplexe Bewegungen vorgeben. Die realisierten Sensorsysteme liefern Zustandsinformationen zur Durchführung adaptiver Bewegungen.

Aufgrund der großen Modularität der vorgestellten Systeme liegen ihre Möglichkeiten aber weit über dem gezeigten. So können weitere Manöver definiert werden. Zusätzliche angepasste Sensorsysteme können andere Zustandsinformationen liefern. Planungskomponenten können weitere teilautonome Funktionen übernehmen. Die durchgeführten Versuchsfahrten zeigen, dass Arbeiten in diesen Bereichen die Möglichkeiten der Systeme verbessern würden.

Die vorliegende Arbeit sieht sich demnach als Referenzplattform für Inspektionsaufgaben mit mehrsegmentigen Robotern. Es wurde eine durchgängige Realisierung eines solchen Systems vorgestellt. Zusätzliche Komponenten können aber die Funktionsweise des gesamten Systems erweitern und damit den Fundus vordefinierter Inspektionsaufgaben optimieren.

7.4 Zusammenfassung

In diesem Kapitel wurden zunächst die einzelnen Komponenten des Gesamtsystems untersucht. Anschließend wurde in verschiedenen Messreihen und realen Messfahrten mit dem Roboter das Zusammenspiel der Komponenten im Rahmen der Bewegungsplanung und Ausführung evaluiert und erörtert, sowie bewertet.

Dabei wurden alle Komponenten des Sensorsystems zur Zustandserfassung untersucht. Dies sind die Sensoranwendungen zur Detektion von Verspannungen, von Torsionen und von Bodenkontakt. Für jede dieser Anwendungen wurde zunächst das vorgeschlagene Sensormodell evaluiert. Anschließend wurde die jeweilige Anwendung auf Basis realer Messdaten hinsichtlich ihrer Güte für die Steuerungsarchitektur und das Gesamtsystem untersucht.

Um die Steuerungsarchitektur zur Bewegungsplanung und Ausführung zu evaluieren, wurden zunächst die vorgeschlagenen Manöver durchgeführt und bewertet. Anschließend wurden spezielle Aspekte der Kinematik mehrsegmentiger Roboter (und die Umsetzung der Lösungen in die Steuerungsarchitektur) untersucht. Dabei wurden die Messreihen auf Basis von Simulationsdaten oder von realen Roboterdaten des KAIRO-II-Roboters durchgeführt.

Die erzielten Ergebnisse wurden schließlich bewertet.

8 Zusammenfassung

In dieser Arbeit wurde ein mehrsegmentiger Roboter entwickelt, der für den Einsatz in schwierigem Gelände und für Inspektionsfahrten geeignet ist. Im folgenden Kapitel werden nun der Beitrag der Arbeit sowie die bei der Umsetzung gewonnenen Erkenntnisse zusammenfassend diskutiert. Anschließend wird im Rahmen eines Ausblickes auf anstehende Erweiterungen und Ergänzungen eingegangen.

8.1 Ergebnisse und Beitrag

Die erzielten Ergebnisse lassen sich vier Themen zuordnen. Sie werden im Folgenden dargestellt und ihr Beitrag beschrieben.

Definition von Steuervektoren für Inspektionsaufgaben mit mehrsegmentigen Robotern

Mehrsegmentige Roboter sind aufgrund ihres Aufbaus für die Inspektion schwer zugänglicher Bereiche geeignet. In diesem Szenario sind sie vor allem für den Transport von Sensorik oder Aktorik *zum* Inspektionsort, der Platzierung *am* Inspektionsort und dem Rücktransport *vom* Inspektionsort sinnvoll einzusetzen.

Für dieses Einsatzszenario wurden Aufgabenklassen identifiziert und analysiert. Werden in diesem Szenario mehrsegmentige Roboter als Sensorträger verwendet, so können die identifizierten Aufgabenklassen mit Hilfe elementarer Manöver umgesetzt werden. Der benötigte Satz an elementaren Manövern wurde definiert.

Um eine solches Manöver auszuführen, parametriert ein Operator einen kartesischen Steuervektor. Dieser Steuervektor wurde im Vergleich zu den Vorgängersystemen erweitert. Die Redundanz des Roboters kann mit diesem erweiterten Steuervektor aktiv verwendet werden, um Unteraufgaben auszuführen. Bisherige Ansätze haben dies durch Verwendung eines Master-Slave-Ansatzes unterdrückt.

Entwicklung eines mehrsegmentigen Roboters für die Inspektion schwer zugänglicher Bereiche

Im Rahmen dieser Arbeit wurden die mehrsegmentigen Roboter MAKROPLUS und KAIRO-II entwickelt. Ihr mechanischer Aufbau eignet sich für die Inspektion schwer zugänglicher Bereiche und ist für beide Systeme ähnlich. MAKROPLUS besitzt in einer „6-5"–Konfiguration 21 Bewegungsfreiheitsgrade (Antriebskonzept: Räder), KAIRO-II besitzt in derselben Konfiguration 27 Bewegungsfreiheitsgrade (Antriebskonzept: Flipper).

Die Roboter bestehen aus den drei Segmenttypen: Antriebselement, Antriebskasten und Knickelement. Im Antriebselement befindet sich neben der Basissteuerung ausreichend Platz um Sensormodule, die Energieversorgung oder den Steuerrechner unterzubringen. Der Antriebskasten wird direkt am Antriebselement befestigt. Er enthält Motoren und Getriebe für den Vortrieb des Roboters. Die Knickelemente verbinden zwei benachbarte Antriebselemente. Sie besitzen drei Bewegungsfreiheitsgrade, können also die angeschlossenen Antriebselemente frei im Raum gegeneinander rotieren.

Die Basissteuerung der Roboter beruht auf dem Prinzip der UCoM-Steuerung. Neben den Basisreglern für alle Bewegungsfreiheitsgrade sind hier Komponenten zur Auswertung verschiedener Sensoren integriert: Absolutencoder im Knickelement, Messung des Motorstroms der Antriebseinheiten und Auswertung mehrerer Dehnungsmessstreifen in den Knickelementen.

Erweiterung der Bewegungsplanung hin zu einer aktiven Verwendung redundanter Achsen

Die Steuerungsarchitektur zur Bewegungsplanung und Ausführung ist in Form eines hierarchischen Aufbaus realisiert. Die Ebene „*Basissteuerung*" stellt dabei die unterste Ebene dar. Sie wird durch die Roboter MAKROPLUS, KAIRO-II oder durch eine Simulationsumgebung realisiert. In der Ebene „*Ausführung*" finden kinematische Berechnungen und die Verarbeitung erfasster Sensordaten statt. Die Ebene „*Bewegungsplanung*" schließt den vorgeschlagenen kartesischen Regelkreis. Durch die Definition von Manövern werden redundante Achsen aktiv verwendet.

Der realisierte Zustandsautomat für die Manöverkontrolle implementiert die elementaren Manöver „*Freie Fahrt*", „*Anhalten*" und „*Positioniere Modul*". Sie decken das Szenario der Inspektion schwer zugänglicher Bereiche mit einem mehrsegmentigen Roboter ab. Mehrere dieser elementaren Manöver werden in unterschiedlichen Konfigurationen miteinander verknüpft, um die komplexen Manöver „*Inspektion*", „*Befahren von Stufen*" und „*Nachgiebiges Fahren*" zu realisieren.

Das Konzept der virtuellen Schiene wurde um die Funktionalität der *dynamischen Verzerrung* erweitert. Die Trajektoriengenerierung erfolgt also weiterhin über die Definition einer virtuellen Schiene. Den Anforderungen und Möglichkeiten eines erweiterten Steuervektors wurde aber durch die Möglichkeit einer dynamischen Verzerrung Rechnung getragen.

Der kartesische Regler zur Bewegungsplanung setzt diese dynamische Verzerrung ein, um die Redundanz des Roboters dazu zu verwenden, *gewollte* Kontaktszenarien (bei der Inspektion) herbeizuführen und *ungewollte* Kontaktszenarien (Kollisionen) zu vermeiden.

Identifikation von im Roboter auftretenden Stör- und Sollkräften für die Zustandserfassung

Um auftretende Stör- und Sollkräfte im Roboter zu detektieren, wurden Zustandsmerkmale inspektions-spezifischer Manöver untersucht. Diese Zustandsmerkmale sind die Detektion von Verspannungen, von Torsionen und von Bodenkontakt.

Um diese Zustandsmerkmale zu messen, wurden drei Sensorsysteme entwickelt. Das Sensorsystem zur Detektion von Verspannungen besteht aus einer Anordnung von Dehnungsmessstreifen, welche in der Flanschplatte der Knickelemente des Roboters KAIRO-II integriert wurden. Das Sensormodell berechnet aus den Signalen der Dehnungsmessstreifen die kartesischen Momente M_y und M_z. Die Torsion des Roboters kann über die Verformungen der verwendeten Gleitkeilgetriebe erfasst werden. Auch hier wurden Dehnungsmessstreifen integriert. Das systembedingte Störsignal der Messwerte wird eliminiert, so dass eine anliegende Verwindung gemessen werden kann. Hierzu wurde ein kombiniertes Eliminationsverfahren entwickelt. Es integriert die Elimination nach Godler mit der Methode der Phasenschätzung. Der Bodenkontakt des Roboters wird über die Messung des Motorstroms ermittelt. Das erfasste kontinuierliche Signal wird dabei in den Wahrheitswert BODENKONTAKT umgewandelt.

8.2 Diskussion

Im Rahmen dieser Arbeit wurde eine Steuerungsarchitektur für mehrsegmentige Roboter vorgestellt, die es erlaubt, die kinematischen Eigenschaften der Roboter vollständig auszunutzen. Durch das Rückführen von Sensorinformationen über interne Roboterzustände kann der Regelkreis geschlossen werden. Der Roboter ist nun in der Lage, adaptiv zu reagieren. Die vorgestellten Arbeiten wurden in die Robotersysteme MAKROPLUS und KAIRO-II integriert.

Beim Roboter MAKROPLUS handelt es sich um einen Sensorträger für die Inspektion von Abwasserkanälen. Diese Einsatzumgebung erlaubt aufgrund der hohen Struktur der Umgebung einen *rein gesteuerten* Ansatz für die Bewegungsplanung. Aus diesem Grund wurden in diesem

System keine Sensorsysteme zur Zustandserfassung integriert. Die Basissteuerung des Roboters erfüllt aber bereits die Anforderungen, um komplexe Bewegungen durchführen zu können.

KAIRO-II dient als Forschungsplattform für die Inspektion schwer zugänglicher Bereiche. Im Rahmen dieser Arbeit wurden Sensoren zur Zustandserfassung in einem Knickelement integriert, der kartesische Regler zur Bewegungsplanung und Ausführung wurde geschlossen. Hierdurch wurde gezeigt, dass ein mehrsegmentiger Roboter unter Verwendung seiner Redundanz adaptiv gesteuert werden kann.

Die vorgestellte Arbeit ist, plattformunabhängig, allgemein gehalten und kann dadurch mit geringem Aufwand auf weitere Zielsysteme übertragen werden:

• Durch die Analyse der Inspektionsumgebung und der allgemeinen Eigenschaften mehrsegmentiger Roboter wurden Aufgabenklassen und die technische Umsetzung in Form von (elementaren und komplexen) Manövern definiert.

• Es wurden elektromechanische Teilkomponenten und Systeme entwickelt, welche für die Inspektion schwer zugänglicher Bereiche von Nutzen sind.

• Die hierarchische Steuerungsarchitektur zur Bewegungsplanung und Ausführung stellt die benötigten Funktionalitäten zur Verfügung. Durch die Definition allgemeiner Schnittstellen wurde die Schnittstelle nach *oben* (Missionsplanung) offen gehalten. Die Schnittstelle nach *unten* verknüpft die Steuerungsarchitektur zur Zeit mit den Robotern MAKRO-PLUS, KAIRO-II, sowie einer Simulationsumgebung.

• Das Sensorsystem zur Zustandserfassung stellt Komponenten zur Erfassung kartesischer Kräfte und Momente zur Verfügung. Die Fusion der Daten ist in der Lage, der Bewegungsplanung reale oder simulierte Sensorwerte zur Verfügung zu stellen.

8.3 Ausblick

Aus den in den letzten Kapiteln dargestellten Aspekten lassen sich verschiedene Aufgabenstellungen ableiten, welche die in der vorliegenden Arbeit vorgestellten Komponenten und Systeme sinnvoll erweitern und ergänzen können.

Nach der Integration der vorgestellten Sensorsysteme zur Zustandserfassung in die bisher nicht bestückten Knickelemente der verwendeten Roboter kann das Repertoire komplexer Manöver wesentlich erweitert werden. Werden komplexere Zustandsübergänge erkannt, so ist es möglich, den Zustandsautomat zur Manöverkontrolle zu erweitern.

Diese Verfeinerung der inspektions-spezifischen Manöver kann auch durch die Integration von Sensorsystemen, die andere Sensorwerte erfassen, erreicht werden. Die Integration einer Künstlichen Haut (wie zum Beispiel von Kerpa et al. [2003] vorgestellt) erlaubt es aufgrund ihrer großen Sensorfläche, der Bewegungssteuerung zusätzliche Kraft- und Momentangaben zu liefern. Sie beziehen sich auf weitere Kontaktpunkte. Dies ist mit einer Zusatzinformation gleichbedeutend.

Die vorgestellte hierarchische Steuerungsarchitektur zur Bewegungsplanung und Ausführung kann mit weiteren übergeordneten oder untergeordneten Schichten verbunden werden. Vorgaben der Missionsplanung werden zum jetzigen Zeitpunkt von einem Operator über eine graphische Schnittstelle vorgegeben. Die im Rahmen dieser Arbeit durchgeführte Abstraktion von Bewegungen in einen Satz parametrierbarer, elementarer Manöver erlaubt es einer *automatisierten* Ebene zur Missionsplanung abhängig von Ziel und Zustand die aktuelle Situation zu klassifizieren und gewünschte Manöver zu parametrieren und durchzuführen.

Neben den zum jetzigen Zeitpunkt realisierten Zielplattformen MAKROPLUS, KAIRO-II und der Simulationsumgebung für mehrsegmentige Roboter können weitere Plattformen in die Steuerung integriert werden. Insbesondere für schlangenähnliche Roboter stellt die im Rahmen dieser Arbeit entwickelte Bewegungsplanung eine interessante Architektur dar. Auch für die Steuerung redundanter Manipulatoren sind die erzielten Ergebnisse von Interesse.

Anhang A Symbolverzeichnis

Formatierungskonventionen mathematischer Symbole

a, b, c	Variablen
$\underline{a}$, $\underline{b}$, $\underline{c}$	Vektoren
$\mathbf{A}$, $\mathbf{B}$, $\mathbf{C}$	Matrizen
$\langle \underline{a}, \underline{b} \rangle$	Skalarprodukt der Vektoren $\underline{a}$ und $\underline{b}$
$\|\dots\|$	Euklidische Norm
$\|\dots\|$	Betrag

Symbole zur Lagebeschreibung

$\mathbf{R}_k(g)$	Rotation entlang der Achse k um den Winkel g
$\mathbf{A}_{KS_1, KS_2}$	Transformation von Koordinatensystem KS_1 nach KS_2

Kinematische und dynamische Modelle von KAIRO-II

l_1, r_1	Länge, Radius des Antriebssegments
l_2, r_2	Länge, Radius des Knickelements
$m_1, \dots, m_4$	Masse von Antriebs-, Knick-, Kopf- und Mittelsegment

Berechnung zyklischer Absolutcodes

n, $n_{\text{KAIRO-II}}$	Codelänge des primitiven, zyklischen Codes, hier: $n_{\text{KAIRO-II}} = 820$
$g(x)$	Generatorpolynom, erzeugt mit Quellpolynom den primitiven, zyklischen Code
c^*	Quellpolynom zur Codegenerierung
d_E	Entwurfsabstand des erzeugten Codes
μ	Startwert für die Codegenerierung, frei wählbar
$m_i(x)$	Irreduzibles Minimalpolynom i, Produkt aller $m_i(x)$ ergibt $g(x)$

$M(x)$	Irreduzibles Modularpolynom, einschlägigen Tabellen entnommen [Peterson und Weldon, 1988]
k	Grad des primitiven Modularpolynoms
a_j	Nullstelle j von $M(x)$
r	Zyklus, pro Zyklus wird ein $m_i(x)$ bestimmt
p	Ordnung des Elements a

Auslesen von Dehnungsmessstreifen (PICOSTRAIN-Messprinzip)

x_{Mess}, $\underline{x}_{Mess}$	Ausgangssignal des Sensors: einzelner Kanal, Vektor aller Kanäle eines Sensors
σ_{Mess}	Standardabweichung des Messsignals
n_{DMS}	Anzahl der installierten Dehnungsmessstreifen
ε	Mechanische Dehnung am Dehnungsmessstreifen
k	Verstärkungsfaktor für erfasste mechanische Dehnung (konstant)
x_0	Nullpunktverschiebung für erfasste mechanische Dehnung (konstant)
V_{sg}	Spannung am Referenz-Ladekondensator
V_0	Schaltschwelle zum Stoppen der Messung
t_c	Gesamtdauer des Lade- und Entladezyklusses
t_e	Dauer des Entladezyklusses
t_{Mess}	Dauer einer Messung
t_{Setup}	Rüstzeit: Zeit zum Auslesen des Messwertes, zum Konfigurieren und Starten der nächsten Messung
f_s	Abtastrate der Gesamtmessung einer PICOSTRAIN-Baugruppe, abhängig von der Anzahl der Dehnungsmessstreifen, der Dauer einer Messung und der Rüstzeit zwischen einzelnen Messungen
`AvRate`	Mittelungsrate: Mehrere Einzelmessungen (Anzahl `AvRate`) werden gemittelt

Bewegungsplanung

S	Virtuelle Schiene
m, $\underline{p}$	Nummer des aktuellen Manövers und zugehöriger Parametervektor
$\underline{Z}$	Vektor der Zustandserfassung (vorverarbeitet)
$\underline{Z}_{Roh}$	Vektor der Zustandserfassung (Rohwerte)
$\underline{v}$	Geschwindigkeitsvektor
$\underline{\phi}$	Winkelvektor

| K_i | Knickstelle i, Knickpunkt i eines mehrsegmentigen Roboters wird auf K_i abgebildet |
| P_i | Projektion von K_i auf die virtuelle Schiene |

Sensorsystem zur Detektion von Verspannungen

w_i	Messsignal des DMS-Paares i
M_y, M_z	Momente in y- und z-Richtung (Sensorausgangswerte)
α	Winkel um x-Achse im SKS
$\underline{p}$	Vektor der Messwerte
n	Anzahl der Einzelkomponenten
m	Anzahl der verwendeten Messwerte
$\underline{\dot{p}}$	Verwendete Messwerte $\in \mathbb{R}^m$
$\underline{c}$	Modellparameter zur Bestimmung des Sensormodells $\in \mathbb{R}^n$
C	Matrix der Modellparameter für alle verwendeten Messwerte $\in \mathbb{R}^{m,n}$
$\underline{q}$	Vektor Ausgangswerte des Sensormodells
r	Anzahl der zur Bestimmung des Sensormodells verwendeten Datenpaare
λ	Laufvariable für Datenpaare ($\lambda \leq r$)
A	Koeffizientenmatrix des Sensormodells: Besteht aus linearen und quadratischen Kombinationen der Messwerte, sowie aus Mischtermen.
$\underline{E}$	Erzeugenden Vektor
$M_{\mathrm{cal,max}}$	Maximales Kalibriermoment
$m_{\mathrm{cal,max}}$	Maximales Kalibrationsgewicht

Sensorsystem zur Detektion von Torsionen

$x(t), x(n)$	Sensorsignal: kontinuierlich, zeitdiskret
x_i	Messsignal des DMS i
x_{Nutz}	Nutzsignal
$x_{\mathrm{Stör}}, x_{\mathrm{Stör,i}}$	Systembedingtes Störsignal: allgemein, am DMS i
$x_{\mathrm{Kal}}, X_{\mathrm{Kal}}$	Kalibrierfunktion: Zeitfunktion, Fouriertransformierte
ε	Dehnung im FLEXIBLE SPLINE
k	Verstärkungsfaktor
x_0	Nullpunktsverschiebung des Messsignals
x_z	Zentriertes Signal nach Nullpunktverschiebung
M	Anzahl der installierten Dehnungsmessstreifen
N	Anzahl der zu eliminierenden Frequenzkomponenten

E_{Ges}, f_{wg}	Gesamtenergie, Frequenz der Grundschwingung eines Signals
E_{Dom}, f_{Dom}	Energie und Frequenz der dominierenden Frequenzkomponente eines Signals
$\underline{g}$, g_i	Gewichtungsfaktor: Allgemein, DMS i
$\underline{\tilde{g}}$, $\tilde{g}_i$	Berechneter Gewichtungsfaktor: Allgemein, DMS i
a_{ij}	Amplitude der Frequenzkomponenten i im Signal des j-ten Dehnungsmessstreifens
ψ_{ij}	Durch ungenaue Positionierung der Dehnungsmessstreifen entstandener Phasenfehler der Frequenzkomponenten i im Signal des j-ten Dehnungsmessstreifens
φ_{ij}	Dominante Phasen des Kalibriersignals
β	Phase des WAVE GENERATORS
$\tilde{\beta}$, $\tilde{\beta}'$	Verallgemeinerte Phase des WAVE GENERATORS ($\tilde{\beta}' = (2\tilde{\beta})$ mod (4π))
a_{Dom}, φ_{Dom}	Dominante Amplitude und Phase des Kalibriersignals
$\Delta\varphi$	Phasenunterschied zwischen den betrachteten Messsignalen
x_{Diff}, $x_{\text{Diff},i}$	Differenzsignal: allgemein, von DMS i
P, Q	Interpolation: Für P Intervalle werden jeweils Q Werte verwendet.
$\underline{x}$	LS-Schätzer: Ausgangsgröße
$\underline{\underline{\psi}}$	LS-Schätzer: Transformationsmatrix
$\underline{a}$	LS-Schätzer: Signalmodell: Eingangsgröße

Sensorsystem zur Detektion von Bodenkontakt

R_A	Ankerwiderstand, hier (Faulhaber 2657 012CR): $R_A = 9\ldots 13\ \Omega$ (gemessen)
L	Induktivität, hier (Faulhaber 2657 012CR): $L = 130\ \mu\text{H}$
k_M	Drehmomentkonstante, hier (Faulhaber 2657 012CR): $k_M = 16{,}9\ \text{mNm/A}$
M_R	Reibungsdrehmoment, hier (Faulhaber 2657 012CR): $M_R = 2\ \text{mNm}$
R_{Shunt}, U_{Shunt}	Messwiderstand R_{Shunt}, anliegende Spannung
R_{Ges}	Gesamtwiderstand der Motorersatzschaltung
$\bar{I}$	Mittlere Stromaufnahme
$I(t)$	Stromaufnahme zum Zeitpunkt t
t_{Start}, t_{Ende}	Integrationsgrenzen (Start-, Endzeitpunkt)
T_{PWM}	Periodendauer eines PWM-Signals
$t_{\text{PWM-high}}$	Dauer des High-Pegels des PWM-Signals
r_{PWM}	PWM-Verhältnis $\frac{t_{\text{PWM-high}}}{T_{\text{PWM}}}$
x_{unten}, x_{oben}	Schaltschwellen zur Detektion von Bodenkontakt

Anhang B Koordinatensysteme von KAIRO-II

Koordinatensystem		Definition
Basis	BKS	$\{O, \underline{x}, \underline{y}, \underline{z}\}$
		Ursprung $O(0,0,0)$ in Weltkoordinaten
Roboter (front)	$\text{RKS}_{\text{front}}$	$\{O_{Rf}, \underline{x}_{Rf}, \underline{y}_{Rf}, \underline{z}_{Rf}\}$
		Ursprung $O_{Rf}(x_{Rf}, y_{Rf}, z_{Rf})$ - radial zentriert, an der Spitze des ersten Antriebselements
		$\underline{x}_{Rf}$ in positiver Fahrtrichtung $\underline{y}_{Rf}$ in Fahrtrichtung links $\underline{z}_{Rf}$ in Fahrtrichtung senkrecht nach oben
Roboter (back)	RKS_{back}	$\{O_{Rf}, \underline{x}_{Rf}, \underline{y}_{Rf}, \underline{z}_{Rf}\}$
		Ursprung $O_{Rf}(x_{Rf}, y_{Rf}, z_{Rf})$ - radial zentriert, am Ende des letzten Antriebselements
		$\underline{x}_{Rf}$ in positiver Fahrtrichtung $\underline{y}_{Rf}$ in Fahrtrichtung links $\underline{z}_{Rf}$ in Fahrtrichtung senkrecht nach oben

Anmerkung: Alle Koordinatensysteme besitzen kartesische Basisvektoren $\in \mathbb{R}^3$ und sind rechtsdrehend definiert.

Tab. B.1: Basis- und Roboterkoordinatensysteme.

In dieser Arbeit werden Steuergrößen und Sensorwerte auf lokale Koordinatensysteme bezogen. Eine Darstellung aller Koordinatensysteme ist den Tabellen B.1 bis B.3 zu entnehmen.

Koordinatensystem		Definition
Antriebselement i	AKS_i	$\{O_{Ai}, \underline{x}_{Ai}, \underline{y}_{Ai}, \underline{z}_{Ai}\}$
		Ursprung $O_{Ai}(x_{Ai}, y_{Ai}, z_{Ai})$ - radial zentriert, mittig im Antriebselement i
		$\underline{x}_{Ai}$ in positiver Fahrtrichtung $\underline{y}_{Ai}$ in Fahrtrichtung rechts $\underline{z}_{Ai}$ in Fahrtrichtung senkrecht nach unten
Antriebsachse i	$AKS_{drive,i}$	$\{O_{Di}, \underline{x}_{Di}, \underline{y}_{Di}, \underline{z}_{Di}\}$
		Ursprung $O_{Di}(x_{Di}, y_{Di}, z_{Di})$ auf der Antriebsachse mittig zentriert
		$\underline{x}_{Di}$ in positiver Fahrtrichtung $\underline{y}_{Di}$ in Fahrtrichtung rechts $\underline{z}_{Di}$ in Fahrtrichtung senkrecht nach unten
Knickelement i	KKS_i	$\{O_{Ki}, \underline{x}_{Ki}, \underline{y}_{Ki}, \underline{z}_{Ki}\}$
		Ursprung $O_{Ki}(x_{Ki}, y_{Ki}, z_{Ki})$ im Knickpunkt des Knickelements
		$\underline{x}_{Ki}$ in positiver Fahrtrichtung $\underline{y}_{Ki}$ in Fahrtrichtung rechts $\underline{z}_{Ki}$ in Fahrtrichtung senkrecht nach unten

Anmerkung: Alle Koordinatensysteme besitzen kartesische Basisvektoren $\in \mathbb{R}^3$ und sind rechtsdrehend definiert.

Tab. B.2: Segment-Koordinatensysteme.

Koordinatensystem		Definition
Sensorik (Knickelement i, front)	$SKS_{front,i}$	$\{O_{Sfi}, \underline{x}_{Sfi}, \underline{y}_{Sfi}, \underline{z}_{Sfi}\}$
		Ursprung $O_{Sfi}(x_{Sfi}, y_{Sfi}, z_{Sfi})$ - radial zentriert, an der Spitze des Knickelements i
		$\underline{x}_{Sfi}$ in positiver Fahrtrichtung $\underline{y}_{Sfi}$ in Fahrtrichtung rechts $\underline{z}_{Sfi}$ in Fahrtrichtung senkrecht nach unten
Sensorik (Knickelement i, back)	$SKS_{back,i}$	$\{O_{Sbi}, \underline{x}_{Sbi}, \underline{y}_{Sbi}, \underline{z}_{Sbi}\}$
		Ursprung $O_{Sbi}(x_{Sbi}, y_{Sbi}, z_{Sbi})$ - radial zentriert, am Ende des Knickelements i
		$\underline{x}_{Sbi}$ in positiver Fahrtrichtung $\underline{y}_{Sbi}$ in Fahrtrichtung rechts $\underline{z}_{Sbi}$ in Fahrtrichtung senkrecht nach unten

Anmerkung: Alle Koordinatensysteme besitzen kartesische Basisvektoren $\in \mathbb{R}^3$ und sind rechtsdrehend definiert.

Tab. B.3: Sensor-Koordinatensysteme.

Anhang C Parameter von KAIRO-II

C.1 Datenblatt

Parameter	Wert
Antriebselement	
Stauraum	ca. 118 mm × 135 mm × 90 mm
Antriebskasten	
Motor Vortrieb (x_{AE})	Faulhaber 2657 012CR
Getriebe Vortrieb (x_{AE})	43:1
Winkelgeschwindigkeit Vortrieb	$\frac{360°}{2\,s}$
Motor Flipper (α_{AE})	Faulhaber 2657 012CR
Getriebe Vortrieb (x_{AE})	14:1
Winkelgeschwindigkeit Flipper	$\frac{360°}{20\,s}$
Knickelement	
Motor (α_{KE}, β_{KE}, γ_{KE})	Faulhaber 2642 012CR
Winkelgeschwindigkeit	$\frac{360°}{38\,s}$
Übersetzung HARMONIC DRIVE	1 : 160
Arbeitsraum Knickelement (KKS)	α: ±180°, β, γ: ±90°

Tab. C.1: Datenblatt KAIRO-II.

C.2 Kinematische Parameter

Segment	Länge, Radius
l_1	$l_1 = 14{,}6$ cm (Länge Antriebssegment) $r_1 = 8{,}2$ cm (Radius Antriebssegment, Radstand)
l_2	$l_2 = 18{,}6$ cm (Länge Knickelement) $r_2 = 7{,}6$ cm (Radius Knickelement)

Tab. C.2: Kinematische Parameter der KAIRO-II-Elemente nach Studer [2006].

C.3 Denavit-Hartenberg-Parameter

Transformation	a_i	α_i	θ_i	d_i
1 Translation ($\mathtt{RKS_{front}} \curvearrowright \mathtt{KKS_1}$)	0	0	0	$l_1 + \frac{l_2}{2} = 23{,}9$ cm
2 Rotation 1 ($\mathtt{KKS_1}$)	0	$-\frac{\pi}{2}$	α_1	0
3 Rotation 2 ($\mathtt{KKS_1}$)	0	$\frac{\pi}{2}$	β_1	0
4 Rotation 3 ($\mathtt{KKS_1}$)	0	0	γ_1	$l_1 + l_2 = 33{,}2$ cm

Tab. C.3: KAIRO-II DH-Parameter: Die Schritte 2 bis 4 werden für alle folgenden Knickelemente wiederholt.

Für MAKROPLUS und KAIRO-II wurden die in Tabelle C.3 dargestellten Denavit-Hartenberg-Parameter ermittelt. Ausgehend von der Spitze des Roboters ($\mathbf{O_{rf}}$) findet eine Transformation in den Knickpunkt des ersten Knickelementes ($\mathbf{O_{k1}}$) statt. Hier werden drei Rotationen um die Winkel α, β und γ durchgeführt. Anschließend erfolgt eine Transformation in den Ursprung des zweiten Knickelements ($\mathbf{O_{k1}}$). Für einen mehrsegmentigen Roboter werden die Schritte 2 bis 4 für jedes folgende Segment entsprechend wiederholt.

C.4 Dynamische Parameter

Segment	Masse
Antriebselement	$m_1 = 4{,}2\,\text{kg}$
Knickelement	$m_2 = 5{,}3\,\text{kg}$
Kopf/Endsegment	$m_3 = 6{,}85\,\text{kg}$
Mittelsegment	$m_4 = 9{,}5\,\text{kg}$

Tab. C.4: Dynamische Parameter der KAIRO-II-Elemente nach Studer [2006].

Segment	Trägheitstensor

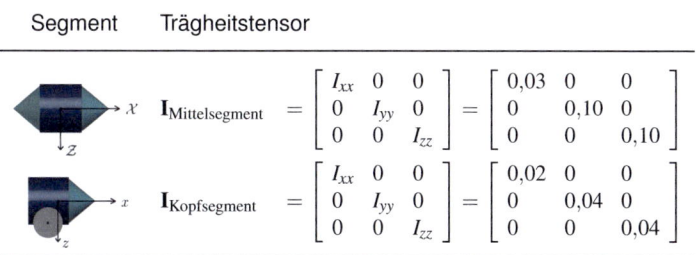

$$\mathbf{I}_{\text{Mittelsegment}} = \begin{bmatrix} I_{xx} & 0 & 0 \\ 0 & I_{yy} & 0 \\ 0 & 0 & I_{zz} \end{bmatrix} = \begin{bmatrix} 0{,}03 & 0 & 0 \\ 0 & 0{,}10 & 0 \\ 0 & 0 & 0{,}10 \end{bmatrix}$$

$$\mathbf{I}_{\text{Kopfsegment}} = \begin{bmatrix} I_{xx} & 0 & 0 \\ 0 & I_{yy} & 0 \\ 0 & 0 & I_{zz} \end{bmatrix} = \begin{bmatrix} 0{,}02 & 0 & 0 \\ 0 & 0{,}04 & 0 \\ 0 & 0 & 0{,}04 \end{bmatrix}$$

Tab. C.5: Trägheitstensor KAIRO-II (in kgm^2) nach Studer [2006].

Anhang D Funktionsweise des HARMONIC DRIVE

Das **HARMONIC DRIVE** [Harmonic Drive AG, 2009] Gleitkeilgetriebe ist ein kompaktes, nahezu spielfreies Koaxialgetriebe mit außerordentlich hohem Untersetzungsverhältnis. Das Funktionsprinzip ist in Abbildung D.1 dargestellt: In einem Kreiszylinder mit Innenzahnkranz (CIRCULAR SPLINE) befindet sich ein dünner, verformbarer Zylinder mit Außenzahnkranz (FLEXIBLE SPLINE). Der FLEXIBLE SPLINE ist etwas kleiner und hat zwei Zähne weniger als der CIRCULAR SPLINE.

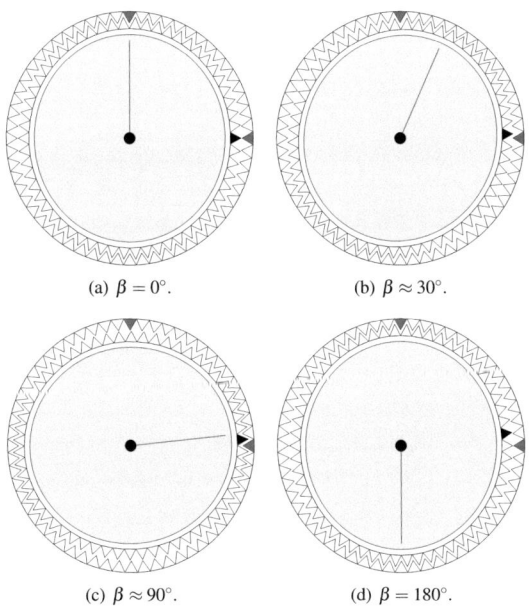

(a) $\beta = 0°$.   (b) $\beta \approx 30°$.

(c) $\beta \approx 90°$.   (d) $\beta = 180°$.

Abb. D.1: Funktionsweise des HARMONIC DRIVE (Position WAVE GENERATOR $\beta = 0°, 30°, 90°, 180°$).

Der FLEXIBLE SPLINE wird durch einen elliptischen Zylinder (WAVE GENERATOR) zu einer Ellipse verformt, so dass es, wie in Teilbild (a) dargestellt, an zwei gegenüberliegenden Punkten in den Innenzahnkranz des CIRCULAR SPLINE greift.

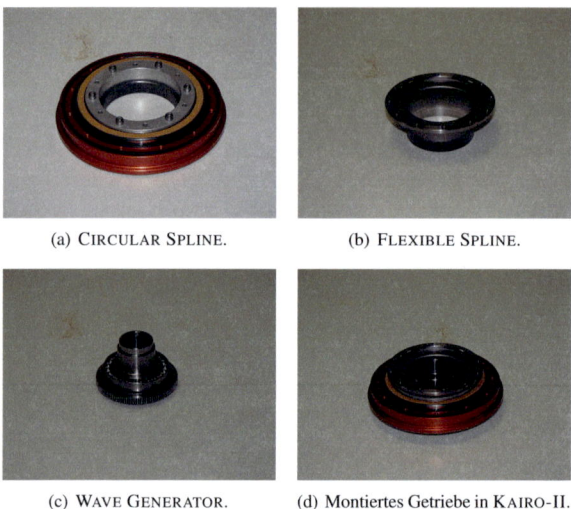

(a) CIRCULAR SPLINE. (b) FLEXIBLE SPLINE.

(c) WAVE GENERATOR. (d) Montiertes Getriebe in KAIRO-II.

Abb. D.2: Bestandteile des HARMONIC DRIVE im KAIRO-II-Roboter.

Der WAVE GENERATOR rotiert im Inneren des FLEXIBLE SPLINE und verformt dieses dabei periodisch (Teilbilder (b) und (c)). Durch die Verzahnung *rollt* der FLEXIBLE SPLINE an der Innenseite des CIRCULAR SPLINE ab, ohne dass der Mittelpunkt sich bewegt. Nach einer halben Umdrehung des WAVE GENERATORs hat sich der FLEXIBLE SPLINE gegenüber dem CIRCULAR SPLINE um eine Zahnbreite in die entgegengesetzte Richtung gedreht (Teilbild (d)).

Die Abbildungen D.2(a) bis (c) zeigen die Komponenten des verwendeten HARMONIC DRIVE, Abbildung D.2(d) das zusammengebaute und bei KAIRO-II verwendete Getriebe.

Im eingebauten Zustand ist der CIRCULAR SPLINE fest montiert. Der WAVE GENERATOR dient als Antrieb, der FLEXIBLE SPLINE als Abtrieb. In den verwendeten Gelenken ist zusätzlich ein konventionelles Getriebe mit einer Untersetzung von 1:10 vorgeschaltet.

Den aktuellen Winkel des WAVE GENERATORs bezeichnet man als die aktuelle Phase β. Die Drehfrequenz des WAVE GENERATORs ist f_{wg}. Damit ergibt sich für die Umlaufgeschwindigkeit $\omega_{wg} = \dot{\beta} = 2\pi f_{\mathrm{wg}}$.

Anhang E Methoden der Signalverarbeitung

E.1 Methode der kleinsten quadratischen Fehler

Lineare Gleichungssysteme können allgemein in der Form

$$\mathbf{A}\underline{x} \approx \underline{b} \qquad [\text{E.1}]$$

geschrieben werden ($\mathbf{A} \in \mathbb{R}^{m' \times n'}$, $\underline{x} \in \mathbb{R}^{n'}$ und $\underline{b} \in \mathbb{R}^{m'}$). Es gilt $m' > n'$. Nun soll das Residuum $(\underline{b} - \mathbf{A}\underline{x})$ minimiert werden. Dies geschieht dann, wenn $\underline{x}$ auch die Normalengleichung

$$\mathbf{A}^T \mathbf{A}\underline{x} = \mathbf{A}^T \underline{b} \qquad [\text{E.2}]$$

löst. Mathematisch gilt also $\underline{x} = (\mathbf{A}^T \mathbf{A})^{-1} \mathbf{A}^T \underline{b}$. In der Literatur [Kiencke et al., 2008] wird der Weg über die QR-Zerlegung als nummerisch stabil beschrieben. Mit $\mathbf{A} = \mathbf{QR}$ kann die Normalengleichung als

$$\mathbf{R}\underline{x} = \mathbf{Q}^T \underline{b} \qquad [\text{E.3}]$$

geschrieben werden. $\mathbf{Q}$ ist dabei orthogonal und $\mathbf{R}$ eine obere Dreiecksmatrix. Dadurch kann $\underline{x}$ durch einfaches Auflösen der Gleichung berechnet werden.

E.2 Bestimmung der relativen Phasenlage zweier Signale

Gegeben seien zwei gegeneinander zeitverschobene, reelle periodische Signale

$$\begin{aligned} x_1(\varphi) &= r_1 x(\varphi + \Delta\varphi) \\ x_2(\varphi) &= r_2 x(\varphi) \end{aligned} \qquad [\text{E.4}]$$

mit $x(\varphi + \Phi) = x(\varphi)$ und unbekannten Amplituden $r_1, r_2 > 0$. Gesucht ist die Phasendifferenz $\Delta\varphi$.

Eine Methode ist der Vergleich der Spektren $X_i \circ\!\!-\!\bullet\, x_i$: Man bestimmt die Frequenz $f_{\mathrm{max},i}$ der maximalen vorkommenden Amplitude

$$|X_i(f_{\mathrm{max},i})| = \max_f |X_i(f)|. \qquad\qquad [\mathrm{E.5}]$$

Die absolute Phasenlage der einzelnen Signale ergibt sich aus

$$\varphi_i = \angle X_i(f_{\mathrm{max},i}). \qquad\qquad [\mathrm{E.6}]$$

Die Phasendifferenz ist dann

$$\Delta\varphi = \begin{cases} \varphi_2 - \varphi_1 + 2\pi & \text{für } \varphi_2 - \varphi_1 < -\pi\,, \\ \varphi_2 - \varphi_1 & \text{für } |\varphi_2 - \varphi_1| \leq \pi\,, \\ \varphi_2 - \varphi_1 - 2\pi & \text{für } \varphi_2 - \varphi_1 > \pi\,. \end{cases} \qquad [\mathrm{E.7}]$$

Mit $\varphi_1, \varphi_2 \in [-\pi; \pi]$ gilt $\varphi_2 - \varphi_1 \in [-2\pi; 2\pi]$ und damit $\Delta\varphi \in [-\pi; \pi]$.

Voraussetzung für die Anwendung dieses Verfahrens ist, dass das Maximum des Spektrums eindeutig ist. Das Verfahren funktioniert auch dann, wenn die Signale nicht genau identisch sind, solange im Spektrum ein hinreichend ausgeprägtes Maximum vorhanden ist.

E.3 Bestimmung der momentanen Phasenlage aus zwei Signalen

Bestimmung aus harmonischen Signalen

Man betrachtet zwei gegeneinander phasenverschobene, reelle, harmonische Signale

$$\begin{aligned} x_1(\varphi) &= r\sin(\varphi + \Delta\varphi) \quad \text{und} \\ x_2(\varphi) &= r\sin(\varphi) \end{aligned} \qquad\qquad [\mathrm{E.8}]$$

mit bekannter Phasendifferenz $\Delta\varphi \in [-\pi; \pi]$ und unbekannter Amplitude $r > 0$.

Gegeben seien Abtastwerte der beiden Signale zu einem Zeitpunkt

$$\begin{aligned} x_1 &= x_1(\varphi_0) \quad \text{und} \\ x_2 &= x_2(\varphi_0). \end{aligned} \qquad\qquad [\mathrm{E.9}]$$

Gesucht ist die momentane Phasenlage $\varphi_0(x_1, x_2)$.

Für den Spezialfall $\Delta\varphi = \frac{\pi}{2}$ ergibt sich $x_1(\varphi) = r\cos(\varphi)$ und damit $\tan\varphi_0 = \frac{x_2}{x_1}$. Da die Tangensfunktion π-periodisch ist, verwendet man zur Umkehrung die Funktion $\varphi_0 = \arctan2(x_2, x_1)$, um in Abhängigkeit der Vorzeichen von x_1 und x_2 einen Winkel im korrekten Quadranten zu erhalten. Sie lautet

$$\text{arctan2}(y,x) = \begin{cases} \arctan\frac{y}{x} & x > 0\,, \\ \arctan\frac{y}{x} + \pi & x < 0, y \geq 0\,, \\ \arctan\frac{y}{x} - \pi & x < 0, y < 0\,, \\ \frac{\pi}{2} & x = 0, y > 0\,, \\ -\frac{\pi}{2} & x = 0, y < 0\,. \end{cases} \qquad [\text{E.10}]$$

Durch Einsetzen erhält man für die arctan2-Funktion die Beziehung

$$\text{arctan2}(ay, ax) = \begin{cases} \text{arctan2}(y,x) & \text{für } a > 0 \quad \text{und} \\ \text{arctan2}(-y,-x) & \text{für } a < 0 \quad \text{bzw.} \end{cases} \qquad [\text{E.11}]$$

$$\varphi = \text{arctan2}(\sin(\varphi), \cos(\varphi)), \ \varphi \in [-\pi; \pi]. \qquad [\text{E.12}]$$

Im allgemeinen Fall findet man für die Phasenlage

$$x_1 = r\sin(\varphi_0 + \Delta\varphi)$$
$$= r\sin(\varphi_0)\cos(\Delta\varphi) + r\cos(\varphi_0)\sin(\Delta\varphi).$$
$$\implies \frac{x_1}{x_2} = \cos(\Delta\varphi) + \frac{\sin(\Delta\varphi)}{\tan(\varphi_0)}$$
$$\implies \tan(\varphi_0) = \frac{\sin(\Delta\varphi)}{\frac{x_1}{x_2} - \cos(\Delta\varphi)}$$
$$\implies \tan(\varphi_0) = \frac{x_2\sin(\Delta\varphi)}{x_1 - x_2\cos(\Delta\varphi)}. \qquad [\text{E.13}]$$

Für $\Delta\varphi > 0$ lässt sich diese Beziehung mit der arctan2-Funktion nach φ_0 auflösen:

$$\text{arctan2}(x_2\sin(\Delta\varphi), x_1 - x_2\cos(\Delta\varphi))$$
$$\overset{E.9}{=} \text{arctan2}(r\sin(\varphi_0)\sin(\Delta\varphi), r\cos\varphi_0\sin\Delta\varphi)$$
$$\overset{E.11}{=} \text{arctan2}(\sin(\varphi_0), \cos(\varphi_0))$$
$$\overset{E.12}{=} \varphi_0. \qquad [\text{E.14}]$$

Für $\Delta\varphi < 0$ ergibt sich allerdings

$$\text{arctan2}(x_2\sin(\Delta\varphi), x_1 - x_2\cos(\Delta\varphi))$$
$$\stackrel{E.9}{=} \text{arctan2}(r\sin(\varphi_0)\sin(\Delta\varphi), r\cos\varphi_0\sin\Delta\varphi)$$
$$\stackrel{E.11}{=} \text{arctan2}(-\sin(\varphi_0), -\cos(\varphi_0))$$
$$\stackrel{E.11}{=} \text{arctan2}(\sin(\varphi_0 + \frac{\pi}{2}), \cos(\varphi_0 + \frac{\pi}{2}))$$
$$\stackrel{E.11}{=} \text{arctan2}(\cos(\varphi_0), -\sin(\varphi_0))$$
$$\neq \varphi_0.$$

Stattdessen rechnet man

$$\text{arctan2}(-x_2\sin(\Delta\varphi), -(x_1 - x_2\cos(\Delta\varphi)))$$
$$\stackrel{E.9}{=} \text{arctan2}(-r\sin(\varphi_0)\sin(\Delta\varphi), -r\cos\varphi_0\sin\Delta\varphi)$$
$$\stackrel{E.11}{=} \text{arctan2}(\sin(\varphi_0), \cos(\varphi_0))$$
$$\stackrel{E.12}{=} \varphi_0. \qquad\qquad\qquad\qquad\qquad\qquad\qquad\qquad\qquad\quad [E.15]$$

Fasst man E.14 und E.15 zusammen, erhält man als Umkehrung von E.13 die Rekonstruktion der Phasenlage

$$\tilde{\varphi}_0 = \text{arctan2}(kx_2\sin(\Delta\varphi), k(x_1 - x_2\cos(\Delta\varphi))) \qquad\qquad [E.16]$$
$$\text{mit } k = \text{sgn}(\Delta\varphi).$$

Bestimmung aus unharmonischen Signalen

Dieses Verfahren lässt sich auf unharmonische Signale verallgemeinern. Man betrachtet die Signale

$$x_1(\varphi) = rf(\varphi + \Delta\varphi) \quad \text{und}$$
$$x_2(\varphi) = rf(\varphi) \qquad\qquad\qquad\qquad\qquad\qquad\qquad\qquad\qquad [E.17]$$

mit stetigem und periodischem $f(\varphi)$

$$f(\varphi + \Phi) \stackrel{!}{=} f(\varphi). \qquad\qquad\qquad\qquad\qquad\qquad\qquad [E.18]$$

Im Folgenden gelte o. B. d. A. $\Phi = 2\pi$.

Man sucht wieder φ_0 bei gegebenen $x_1 = x_1(\varphi_0)$ und $x_2 = x_2(\varphi_0)$. Trägt man $x_2(\varphi)$ gegen $x_1(\varphi)$ auf, erhält man das sogenannte Phasendiagramm. Für den harmonischen Fall $f(\varphi) = \sin(\varphi)$ ist dies in Abbildung E.1 dargestellt.

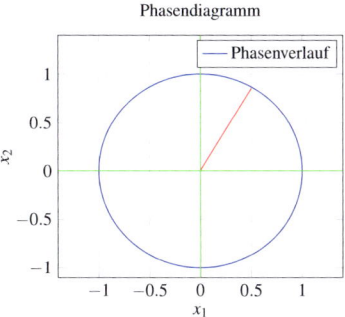

Abb. E.1: Phasendiagramm für $f(\varphi) = sin(\varphi)$, $\Delta\varphi = \frac{\pi}{2}$.

Für $\Delta\varphi = \frac{\pi}{2}$ ist φ der in Abbildung E.1 eingezeichnete Winkel. Für $\Delta\varphi \neq \frac{\pi}{2}$ ist dieser Winkel nicht direkt im Phasendiagramm ablesbar. Der korrekte Winkel wird durch die Entzerrung durch Gleichung E.16 bestimmt.

Wendet man Gleichung E.16 auf ein unharmonisches Signal an, so erhält man im Allgemeinen nicht den korrekten Winkel φ_0. Unter bestimmten Voraussetzungen kann auf diese Weise aber trotzdem ein Maß für die Phasenlage bestimmt werden: Existiert im Phasendiagramm zu jedem Winkel genau ein Punkt, so ist der Zusammenhang zwischen der rekonstruierten Phase $\tilde{\varphi}_0$ und der tatsächlichen Phase φ_0 bijektiv und monoton.

$\tilde{\varphi}_0$ wird in diesem Fall als verallgemeinerte Phase bezeichnet. Je weniger $f(\varphi)$ von einem harmonischen Signal abweicht, desto besser stimmt die verallgemeinerte Phase mit der tatsächlichen Phase überein. Ob die Bedingung der Bijektivität erfüllt ist, muss jeweils im Einzelfall geprüft werden.

Abbildung E.2 zeigt ein Beispiel für die Funktion $f(\varphi) = 0{,}8\sin(\varphi) + 0{,}2\sin(2\varphi)$ und $\Delta\varphi = \frac{\pi}{2}$. Dargestellt ist das Phasendiagramm sowie der Zusammenhang zwischen verallgemeinerter und tatsächlicher Phase. Abbildung E.3 zeigt das Beispiel $f(\varphi) = 0{,}7\sin(\varphi) + 0{,}6\sin(2\varphi)$: mit $\Delta\varphi = \frac{\pi}{2}$ dargestellt. Hier kann das Verfahren nicht angewendet werden. Für den Winkel $\frac{\pi}{2}$ ist diese Eindeutigkeit nicht gegeben.

Weiterhin muss beachtet werden, dass im Phasendiagramm der Koordinatenursprung innerhalb der durchlaufenen Schleife liegen muss, da anderenfalls die Winkelbestimmung ebenfalls nicht eindeutig ist. Dieser Fall ist in Abbildung E.4 am Beispiel von $f(\varphi) = 0{,}4\sin(\varphi) + 0{,}5$ mit $\Delta\varphi = \frac{\pi}{2}$ dargestellt.

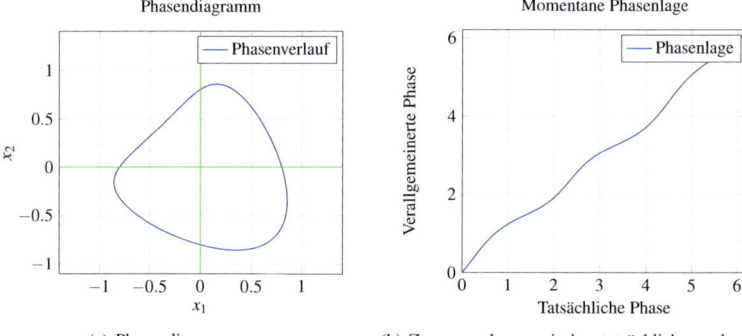

(a) Phasendiagramm.

(b) Zusammenhang zwischen tatsächlicher und verallgemeinerter Phase.

Abb. E.2: Bestimmung der momentanen Phasenlage aus zwei Signalen. Beispiel: Verfahren anwendbar.

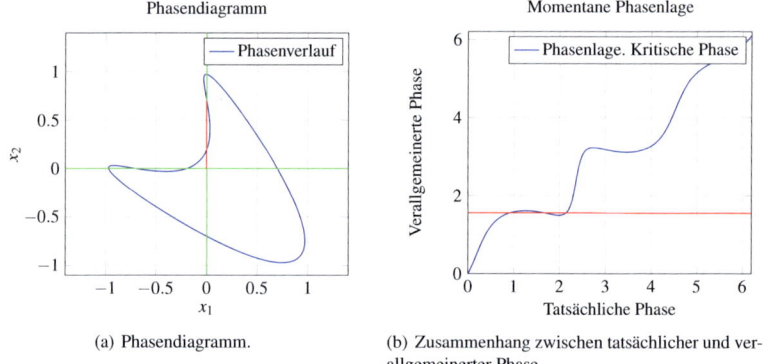

(a) Phasendiagramm.

(b) Zusammenhang zwischen tatsächlicher und verallgemeinerter Phase.

Abb. E.3: Bestimmung der momentanen Phasenlage aus zwei Signalen. Beispiel: Zusammenhang nicht eindeutig, Verfahren nicht anwendbar.

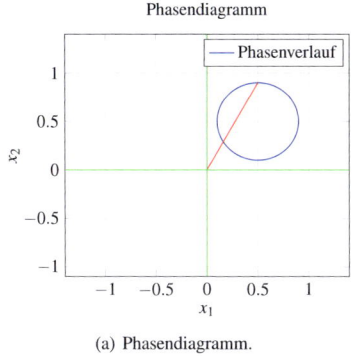

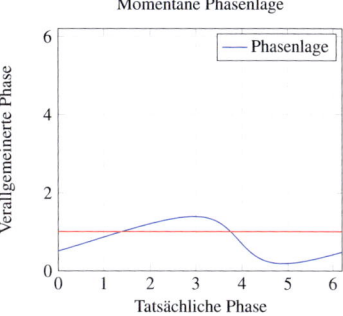

(a) Phasendiagramm.

(b) Zusammenhang zwischen tatsächlicher und verallgemeinerter Phase.

Abb. E.4: Bestimmung der momentanen Phasenlage aus zwei Signalen. Beispiel: Ursprung nicht umschlossen, Verfahren nicht anwendbar.

Ist die Funktion f bekannt, so kann aus der verallgemeinerten Phase die tatsächliche Phase berechnet werden. Sucht man jedoch nur ein eindeutiges Maß für die Phasenlage, ist dies nicht nötig.

Bestimmung aus Signalen der doppelten Frequenz

Ist im Signal $f(\varphi)$ eine höhere Frequenzkomponente als die Grundschwingung mit großer Amplitude vertreten, so wird die Schleife im Phasendiagramm mehrfach, gegebenenfalls auf unterschiedlichen Pfaden, durchlaufen. Ein Beispiel hierfür ist in Abbildung E.5 dargestellt: Hier ist $f(\varphi) = 0{,}8\sin(2\varphi) + 0.1\sin(3\varphi)$ und $\Delta\varphi = \frac{\pi}{4}$.

In diesem Fall ist die Phasenbestimmung nicht eindeutig. Die aus Gleichung E.16 bestimmte Größe ist damit keine verallgemeinerte Phase $\tilde{\varphi}$ sondern man bestimmt

$$\tilde{\tilde{\varphi}} = (n\varphi) \bmod (n \cdot 2\pi). \qquad [\text{E.19}]$$

Hierbei bezeichnet n die Ordnung der am stärksten vertretenen Frequenzkomponente. Dies ist auch in Abbildung E.5(b) zu erkennen. Die erste Oberschwingung ist dominant, es gilt also $n = 2$.

Um $\tilde{\varphi}$ zu erhalten, muss bestimmt werden, in welchem Umlauf man sich gerade befindet. Mit den aktuellen x_1 und x_2 ist dies im allgemeinen nicht möglich, da sich die Kurven schneiden und sich damit für gewisse Winkel die Werte zwischen den Umläufen nicht unterscheiden. Auch für andere Winkel liegen die Werte gegebenenfalls dicht beieinander, so dass die Lösung

Phasendiagramm

Momentane Phasenlage

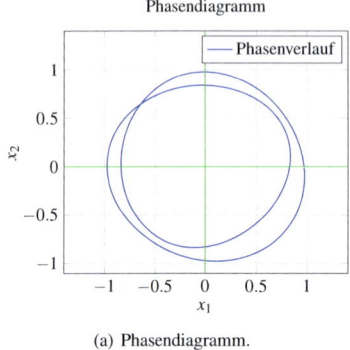

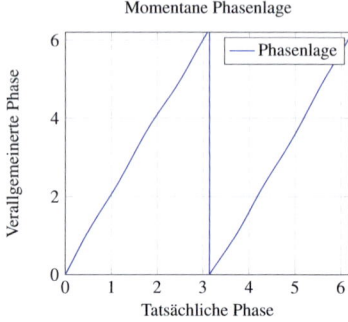

(a) Phasendiagramm.

(b) Zusammenhang zwischen tatsächlicher und verallgemeinerter Phase.

Abb. E.5: Bestimmung der momentanen Phasenlage aus zwei Signalen. Beispiel: Doppelte Frequenz, zusätzliche Information nötig.

nummerisch schwierig wird: Störeinflüsse wie Rauschen können dazu führen, dass von dem falschen Umlauf ausgegangen wird und sie somit einen Fehler von $\frac{2\pi}{n}$ hervorrufen. Zur korrekten Bestimmung von $\tilde{\varphi}$ sind also zusätzliche, anwendungsspezifische Informationen nötig.

E.4 Interpolation von Abtastwerten

Gegeben sei ein mit der Abtastzeit t_a diskretisiertes Signal

$$\hat{x}(n) = x(nt_a), n \in \mathbb{N}. \qquad \text{[E.20]}$$

Gesucht sind die Abtastwerte zu zeitverschobenen Abtastzeitpunkten

$$\tilde{x}(n) = x(nt_a + \Delta t) \text{ mit } 0 \leq \Delta t \leq t_a. \qquad \text{[E.21]}$$

Unter Annahme der Einhaltung des Abtasttheorems wendet man auf Gleichung E.21 die Fourier-Transformation an und erhält

$$\hat{x}(n) = x(nt_a) \overset{DFT}{\circ\!\!-\!\!\bullet} \hat{X}(k) , \qquad \text{[E.22]}$$

$$\tilde{x}(n) = x(nt_a + \Delta t) \overset{DFT}{\circ\!\!-\!\!\bullet} \hat{X}(k) e^{j2\pi f \Delta t} . \qquad \text{[E.23]}$$

Man führt also mit dem abgetasteten Signal $\hat{x}$ eine diskrete Fouriertransformation durch. Das erhaltene Spektrum $\hat{X}$ wird durch Multiplikation mit $\mathrm{e}^{\mathrm{j}2\pi f \Delta t}$ moduliert und anschließend zurücktransformiert. Man erhält mit dem Signal $\tilde{x}$ die Abtastwerte des Signals x zu den Zeitpunkten $nt_a + \Delta t$.

Bei reellen Signalen $x(t) \in \mathbb{R}$ verwendet man stattdessen das analytische Signal

$$x_{\text{analytisch}}(t) = x(t) + \mathrm{j}\,\mathscr{H}x(t). \qquad\qquad [\text{E.24}]$$

Dabei ist $\mathscr{H}x(t)$ die Hilbert-Transformierte von $x(t)$.

Man erhält dann für $\tilde{x}$ wieder ein reelles Signal. Hierbei ist zu beachten, dass die Hilbert-Transformation eine nichtkausale Operation ist. Dieses Verfahren kann also so nicht in Echtzeit durchgeführt werden.

Ein Beispiel ist in Abbildung E.6 dargestellt. Zu einem mit $f_a = \frac{1}{t_a} = 25\,\text{Hz}$ abgetasteten Signal wurden um $\Delta t = -\frac{t_a}{3}$ verschobene Werte interpoliert.

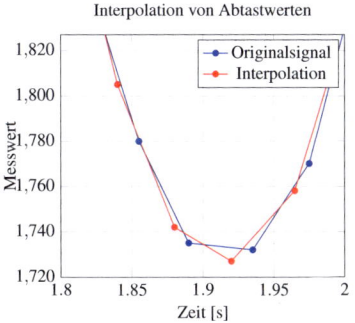

Abb. E.6: Beispiel zur Interpolation von Abtastwerten.

Abbildungsverzeichnis

Tabellenverzeichnis

Algorithmenverzeichnis

Glossar

A

Antriebselement Segmenttyp der mehrsegmentigen Roboter MAKROPLUS und KAIRO-II. Beinhaltet die Basissteuerung für den Vortrieb, stellt Nutzraum für Sensorikmodule, die Energieversorgung oder den Steuerrechner zur Verfügung und verbindet zwei Knickelemente miteinander.

Antriebskasten Segmenttyp der mehrsegmentigen Roboter MAKROPLUS und KAIRO-II. Beinhaltet die für den Vortrieb notwendigen Antriebe x_{AE} und α_{AE}.

Aufgabenklasse Die von mehrsegmentigen Robotern bei einer Inspektion durchzuführenden Aufgaben sind in mehrere Klassen unterteilt. Diese Klassen decken das Befahren schwer zugänglicher Bereiche mit mehrsegmentigen Robotern zum Zwecke der Inspektion weitgehend ab. Jede Aufgabenklasse kann durch die Kombination unterschiedlich parametrierter Manöver technisch umgesetzt werden.

B

Basissteuerung Die Basissteuerung stellt im Rahmen der vorgestellten hierarchischen Steuerungsarchitektur die unterste Ebene dar. Sie stellt die notwendigen Versorgungsspannungen zur Verfügung, steuert die einzelnen Antriebe, liest interne Sensoren aus und verarbeitet und verwaltet Signale und Daten.

D

Denavit-Hartenberg Verfahren Mathematisches Verfahren, das vor allem im Bereich der Robotik die Überführung von Ortskoordinatensystemen innerhalb von kinematischen Ketten beschreibt. Um das Verfahren verwenden zu können muss die Denavit-Hartenberg-Konvention befolgt werden.

E

Endsegment Sonderform eines Antriebselements am Ende des Roboters mit modifizierter Basissteuerung und spezieller Sensorik.

Erweiterter NSVS-Algorithmus Methode, einzelne Knickpunkte eines n-segmentigen Roboters gezielt in eine vorgegeben Richtung von der virtuellen Schiene zu entfernen, um ein Inspektionsmanöver durchzuführen.

F

Flanschplatte Mechanische Komponente der mehrsegmentigen Roboter MAKROPLUS und KAIRO-II. Verbindet Antriebselement und Knickelement miteinander.

Flipper Bewegungsfreiheitsgrad beim KAIRO-II-Roboter. Die Kettenantriebe des Roboters besitzen eine große Auflagefläche und können ihren Aufsetzwinkel ändern.

Flipperantrieb Antriebsmotor eines Flippers.

H

Haltung Begriff der Kanalinspektion. Bezeichnet den Abschnitt des Kanalnetzes zwischen zwei Schächten.

Hyper-Redundanz Hyper-redundante Roboter unterscheiden sich von redundanten Robotern lediglich durch die Anzahl redundanter Achsen. Eine klare Abgrenzung zwischen beiden Klassen existiert nicht. Vielmehr findet durch diese beiden Begriffe eine *subjektive* Abgrenzung statt.

I

i-j–Konfiguration Sie bezeichnet die abwechselnde Verbindung von i Antriebselementen und j Knickelementen (mit $i = j + 1$). Der Roboter besteht also aus einer reduzierten kinematischen Einheit und $i - 1$ kinematischen Einheiten (siehe Definition 2.3 auf Seite 12).

Impedanzregelung Methode der Regelung, bei der die Nachgiebigkeit eines Systems geregelt wird. In der Robotik werden so bei Objektkontakt die Regelgrößen Kraft und Position miteinander verknüpft. Die Nachgiebigkeit des Robotersystems wird dabei als mechanisches Feder-Dämpfer-System modelliert.

K

Kairo   *Karlsruher Inspektions Roboter*. Entwickelt am *Forschungszentrum Informatik (FZI)*.

Kairo-II   Roboter. Zielplattform dieser Arbeit. Nachfolger von KAIRO.

Kalibrierdaten   (Sensor Torsion) Die Kalibrierdaten eines Getriebes stellen die Gesamtheit aller für die Messung relevanten Parameter dar, die ausschließlich von den Eigenschaften des Getriebes einschließlich der Positionierung der Dehnungsmessstreifen in dem Getriebe abhängen.

Kalibrierfunktion   (Sensor Torsion) Sie beschreibt den Zusammenhang zwischen der momentanen Amplitude der Störung, $x_{\text{Stör}}$, und der Phasenlage β. Die Kalibrierfunktion ist Bestandteil der Kalibrierdaten.

Kalibriersignal   (Sensor Torsion) Dieses Signal wird bei laufendem Motor ohne anliegendes externes Drehmoment aufgenommen. Es besitzt kein Nutzsignal, besteht also lediglich aus dem systembedingten Störsignal.

Kinematische Einheit   Die Kombination von Antriebs- und Knickelement wird mit dem Begriff kinematische Einheit beschrieben. Eine reduzierte kinematische Einheit bezeichnet das für den Abschluss des Roboters notwendige alleinstehende Antriebselement am Anfang der kinematischen Kette (siehe Definition 2.2 auf Seite 12).

Knickelement   Segmenttyp der mehrsegmentigen Roboter MAKROPLUS und KAIRO-II. Beinhaltet die Basissteuerung und die Antriebe der Gelenke α_{KE}, β_{KE} und γ_{KE}.

Knickpunkt   Mittelpunkt der symmetrischen Knickelemente der mehrsegmentigen Roboter MAKROPLUS und KAIRO-II. Liegt auf Bewegungsachse des Gelenks β_{KE}. Knickpunkte werden in der Bewegungsplanung und Ausführung auf der virutellen Schiene gehalten.

Knickstelle   Projektion des Knickpunktes auf die virtuelle Schiene. Sie kann durch dynamische Verzerrung von der virtuellen Schiene wegbewegt werden.

Kopfsegment   Sonderform eines Antriebselements am Kopf des Roboters mit modifizierter Basissteuerung und spezieller Sensorik.

L

Lage   Die Lage eines Körpers im Raum bezeichnet seine Position mit Hilfe der Koordinaten $[x, y, z]$. Die Orientierung des Körpers im Raum wird hierbei nicht berücksichtigt.

Lookahead Methode, um durch *vorausschauendes* Fahren einen mehrsegmentigen Roboter schneller durch Kurven bewegen zu können. Die Redundanz mehrsegmentiger Roboter wird dazu verwendet, Knickelemente bereits vor Erreichen der Kurve günstig zu positionieren.

M

Makro *Mehrgliedriger, autonomer Kanalroboter.* Wurde im Rahmen des Forschungsprojektes MAKRO (*BMBF*, Förderkennzeichen 02WK9702/4) entwickelt.

MakroPLUS Roboter. Zielplattform dieser Arbeit. Nachfolger von MAKRO. Der Roboter wurde im Rahmen des Forschungsprojektes MAKROPLUS (*BMBF*, Förderkennzeichen 02WK0257) entwickelt.

Manöver Die Bewegungen von mehrsegmentigen Robotern werden über parametrierte Manöver vorgegeben. Elementare Manöver bestehen aus lediglich einem Zustand. Komplexe Manöver bestehen aus mehreren elementaren Manövern, die, unterschiedlich parametriert, in einem Zustandsautomat zusammengefasst sind. Alle im Rahmen dieser Arbeit vorgestellten Aufgabenklassen können über Manöver umgesetzt werden.

MCA2 Ein Software-Framework für den effizienten und effektiven Aufbau von hochkomplexen, echtzeitfähigen Steuerungen, entwickelt am *Forschungszentrum Informatik (FZI).*

Mehrsegmentiger Roboter Mobiler Roboter, der aus mehreren Segmenten zusammengesetzt wird. Im Rahmen dieser Arbeit findet die Lokomotion dieses Roboters über Antriebsräder oder -ketten statt. Das Prinzip der Fortbewegung unterscheidet sich also von dem schlangenähnlicher Roboter.

N

NSVS-Algorithmus Methode, die Knickpunkte eines n-segmentigen Roboters auf die virtuelle Schiene abzubilden.

O

Orientierung Die Orientierung eines Körpers im Raum bezeichnet seine Ausrichtung mit Hilfe der Winkel $[\alpha, \beta, \gamma]$. Die Lage des Körpers im Raum wird hierbei nicht berücksichtigt.

P

Picostrain Ein von der Firma *acam* entwickeltes Messprinzip zur hochauflösenden Messung von Widerständen. Ein IC, der das PICOSTRAIN-Prinzip implementiert, ist der PS021-Baustein [Acam-Messelektronik GmbH, 2009].

Pose Die Pose eines Roboters bezeichnet die Lage und Orientierung eines Endeffektors. Sie stellt aus Sicht eines Operators die gewünschte Zielposition dar.

Pulsweitenmoduliertes Signal Modulationsart, bei der das Signal zwischen zwei festen Werten wechselt. Dabei wird bei konstanter Frequenz das Tastverhältnis moduliert. Pulsweitenmodulierte Signale werden im Rahmen dieser Arbeit zur Ansteuerung von Gleichstrommotoren verwendet.

R

Redundanz Kinematisch redundante Roboter besitzen mehr Bewegungsfreiheitsgrade als für die Ausführung ihrer eigentlichen Aufgabe benötigt werden [Siciliano und Khatib, 2008]. Unter Verwendung ihrer redundanten Bewegungsfreiheitsgrade können sie diese Aufgaben sehr *elegant* ausführen.

Rekursives Newton-Euler Verfahren Mathematisches Verfahren, das vor allem im Bereich der Robotik die dynamischen Beziehungen zwischen einzelnen Elementen von kinematischen Ketten beschreibt. Ihm liegt die Idee zugrunde, jedes Element der kinematischen Kette freizuschneiden und anschließend einzeln, die auf das Element wirkenden Kräfte und Momente, zu betrachten.

S

Schlangenähnlicher Roboter Biologisch motivierter Roboter. Die Lokomotion dieses Roboters folgt der von Schlangen. Antriebsräder sind dazu nicht notwendig.

Segment Mehrsegmentige Roboter bestehen aus der Hintereinanderschaltung mehrerer Segmente. Die mehrsegmentigen Roboter MAKROPLUS und KAIRO-II kennen die Segmenttypen: Antriebselement, Antriebskasten und Knickelement.

Steuervektor Bezeichnet die Gesamtheit der kartesischen Vorgaben für die Fahrt des Roboters und die zeitgleiche Ausrichtung der relevanten Segmente (siehe Definition 2.4 auf Seite 16).

Szenario Inspektion   Der Begriff bezeichnet im Rahmen dieser Arbeit die Fahrt eines Roboters zum Inspektionsort, sowie den Transport und das Positionieren von Sensorik an diesem Ort (siehe Definition 2.1 auf Seite 10).

V

Virtuelle Schiene   Effiziente Trajektorie für mehrsegmentige Roboter in strukturierten Umgebungen. Gerade Liniensegmente werden miteinander verbunden. Mehrsegmentige Roboter verwenden den NSVS-Algorithmus, um der virtuellen Schiene zu folgen.

Literaturverzeichnis

[Acam-Messelektronik GmbH 2009] ACAM-MESSELEKTRONIK GMBH: *Picostrain Mess-verfahren.* 2009. – URL http://www.acam.de

[Albu-Schaeffer und Hirzinger 2000] ALBU-SCHAEFFER, A. ; HIRZINGER, G.: A Globally Stable State Feedback Controller for Flexible Joint Robots. In: *Journal of Advanced Robotics, Special Issue: Selected papers from IROS 2000* 15 (2000), Nr. 8, S. 799–814

[Albu-Schaeffer 2001] ALBU-SCHAEFFER, A.: *Regelung von Robotern mit elastischen Gelenken am Beispiel der DLR-Leichtbauarme,* Lehrstuhl für Steuerungs- und Regelungstechnik, Technische Universität München, Dissertation, 2001. – Allg. Beschreibung: Dynamisches Modell, Seite 8 Beschreibung: Reglerstruktur DLR-LBR, Seite 58

[Albu-Schaeffer und Hirzinger 2003] ALBU-SCHAEFFER, A. ; HIRZINGER, G.: Cartesian Compliant Control Strategies for Light-Weight, Flexible Joint Robots. In: *Control Problems in Robotics* (2003). ISBN 3-540-00251-0

[Albu-Schaeffer et al. 2004] ALBU-SCHAEFFER, A. ; OTT, C. ; HIRZINGER, G.: A Passivity Based Cartesian Impedance Controller for Flexible Joint Robots - Part II: Full State Feedback, Impedance Design and Experiments. In: *IEEE International Conference on Robotics and Automation (ICRA)* Bd. 3, Mai 2004, S. 2666–2672

[Albu-Schaeffer et al. 2008] ALBU-SCHAEFFER, A. ; EIBERGER, O. ; GREBENSTEIN, M. ; HADDADIN, S. ; OTT, C. ; WIMBOCK, T. ; WOLF, S. ; HIRZINGER, G.: Soft Robotics. In: *IEEE Robotics and Automation Magazine* 15 (2008), September, Nr. 3, S. 20–30

[Arai et al. 2008] ARAI, M. ; TANAKA, Y. ; HIROSE, S. ; KUWAHARA, H. ; TSUKUI, S.: Development of "Souryu-IV" and "Souryu-V": Serially Connected Crawler Vehicles for In-Rubble Searching Operations: Research Articles. In: *Journal of Field Robotics* 25 (2008), Januar, Nr. 1-2, S. 31–65

[Bauchot 1994] BAUCHOT, R.: *Schlangen: Evolution, Anatomie, Physiologie, Ökologie und Verbreitung, Verhalten, Bedrohung und Gefährdung, Haltung und Pflege.* Augsburg : Naturbuch-Verlag, 1994

[Berns et al. 1996]   BERNS, K. ; CORDES, St. ; EBERL, M. ; GRIMM, H.-J. ; HERTZBERG, J. ; ILG, W. ; KEMMANN, M. ; KIRCHNER, F. ; LAGERMANN, B. ; LICHT, U. ; MÜLLER, B. ; PRCHAL, P. ; PRIMIO, F. di ; ROME, E. ; STAPELFELDT, H. ; SUNA, R.: *BMBF-Machbarkeitsuntersuchung LAOKOON: Abschlußbericht.* März 1996

[Birkenhofer et al. 2003]   BIRKENHOFER, C. ; SCHOLL, K.-U. ; ZÖLLNER, J.-M. ; DILLMANN, R.: MakroPLUS - Ein Modulares Systemkonzept eines Mehrsegmentigen, Autonomen Kanalroboters. In: *Autonome Mobile Systeme (AMS)*, 2003

[Birkenhofer et al. 2004]   BIRKENHOFER, C. ; SCHOLL, K.-U. ; ZÖLLNER, J.-M. ; DILLMANN, R.: A New Modular Concept for a Multi-Joint, Autonomous Inspection Robot. In: *Intelligent Autonomous Systems Conference (IAS-8)*. Amsterdam, 2004

[Birkenhofer et al. 2005]   BIRKENHOFER, C. ; HOFFMEISTER, M. ; ZÖLLNER, J.-M. ; DILLMANN, R.: Compliant Motion of a Multi-Segmented Inspection Robot. In: *International Conference on Intelligent Robots and Systems (IROS)*. Edmonton, August 2005

[Birkenhofer et al. 2006]   BIRKENHOFER, C. ; STUDER, S. ; ZÖLLNER, J.-M. ; DILLMANN, R.: Hybrid Impedance Control for Multi-Segmented Inspection Robot Kairo-II. In: *International Conference on Informatics in Control, Automation and Robotics (ICINCO)*. Setubal (Portugal), 2006

[Birkenhofer et al. 2007a]   BIRKENHOFER, C. ; REGENSTEIN, K. ; ZÖLLNER, J.-M. ; DILLMANN, R.: Architecture of Multi-Segmented Inspection Robot Kairo-II. In: KOZLOWSKI, Krzysztof (Hrsg.): *Sixth International Workshop on Robot Motion and Control (Romoco07)* Bd. 360. Bukowy Dworek, Poland : Springer, Juni 2007, S. 381–388

[Birkenhofer et al. 2007b]   BIRKENHOFER, C. ; HERRMANN, M. ; ZÖLLNER, J.-M. ; DILLMANN, R.: Force Measurement in Harmonic Drives for Impedance Control of Inspection Robot Kairo-II. In: *13th International Conference on Advanced Robotics (ICAR)*. Jeju, South Korea, August 2007

[Birkenhofer et al. 2008]   BIRKENHOFER, C. ; KERSCHER, T. ; ZÖLLNER, J.-M. ; DILLMANN, R.: Motion Planning for Multi-Segmented Robots in Complex Scenarios. In: *IEEE International Workshop on Safety, Security and Rescue Robotics (SSRR)*. Sendai, Oktober 2008, S. 47–52

[Borenstein und Borrell 2008]   BORENSTEIN, J. ; BORRELL, A.: The OmniTread OT-4 Serpentine Robot. In: *IEEE International Conference on Robotics and Automation (ICRA)*, 2008, S. 1766–1767

[Brown et al. 2007]   BROWN, H. B. ; SCHWERIN, M.l ; SHAMMAS, E. ; CHOSET, H.: Design and Control of a Second-Generation Hyper-Redundant Mechanism. In: *IEEE/RSJ International Conference on Intelligent Robots and Systems (IROS)*, Oktober 2007, S. 2603–2608

[Böge 2007]   BÖGE, C.: *Praxissemesterbericht*. März 2007

[Cheah 2006]   CHEAH, C.C.: On duality of inverse Jacobian and transpose Jacobian in task-space regulation of robots. In: *IEEE International Conference on Robotics and Automation (ICRA)*, Mai 2006, S. 2571–2576

[Chirikjian und Burdick 1990]   CHIRIKJIAN, G.S. ; BURDICK, J.W.: An Obstacle Avoidance Algorithm for Hyper-Redundant Manipulators. In: *Proceedings of the IEEE International Conference on Robotics and Automation (ICRA)* Bd. 1, Mai 1990, S. 625–631

[Choset und Burdick 1996]   CHOSET, H. ; BURDICK, J.: Sensor Based Planning for a Planar Rod Robot. In: *Proceedings of the IEEE International Conference on Robotics and Automation* Bd. 4, April 1996, S. 3584–3591

[Choset und Henning 1999]   CHOSET, H. ; HENNING, W.: A Follow-the-Leader Approach to Serpentine Robot Motion Planning. In: *SCE Journal of Aerospace Engineering* (1999)

[CMU 2009]   CMU: *Homepage Carnegie Mellon Universität*. 2009. – URL http://www.cmu.edu

[Deutsches Institut für Normung e.V. 2003]   DEUTSCHES INSTITUT FÜR NORMUNG E.V.: *DIN 31051:2003-06: Grundlagen der Instandhaltung*. 2003

[DLR 2009]   DLR: *Homepage Deutsches Zentrum für Luft- und Raumfahrt*. 2009. – URL http://www.dlr.de

[Duden 1990]   DUDEN: *Das Fremdwörterbuch*. Mannheim, Wien, Zürich : Dudenverlag, 1990

[Erkmen et al. 2002]   ERKMEN, I. ; ERKMEN, A. M. ; MATSUNO, F. ; CHATTERJEE, R. ; KAMEGAWA, T.: Snake Robots to the Rescue! In: *IEEE Robotics & Automation Magazine* 9 (2002), S. 17–25

[Featherstone et al. 1999]   FEATHERSTONE, R. ; THIEBAUT, S. ; KHATIB, O.: A General Contact Model for Dynamically-Decoupled Force/Motion Control. In: *IEEE International Conference on Robotics & Automation (ICRA)*, 1999

[FHG 2009]   FHG: *Homepage Fraunhofer Gesellschaft*. 2009. – URL http://www.fraunhofer.de

[Fuchs et al. 2009]   FUCHS, M. ; BORST., C. ; GIORDANO, P. R. ; BAUMANN, A. ; KRAEMER, F. ; LANGWALD, J. ; GRUBER, R. ; SEITZ, N. ; PLANK, G. ; KUNZE, K. ; BURGER, R. ; SCHMIDT, F. ; WIMBOECK, T. ; HIRZINGER, G.: Rollin' Justin - Design Considerations and Realization of a Mobile Platform for a Humanoid Upper Body. In: *IEEE International Conference on Robotics and Automation (ICRA)*, Mai 12–17 2009, S. 4131–4137

[FZI 2009]   FZI: *Homepage FZI Forschungszentrum Informatik.* 2009. – URL http: //www.fzi.de

[Godler et al. 2001]   GODLER, I. ; NINOMIYA, T. ; HORIUCHI, M.: Ripple Compensation for Torque Sensors Built into Harmonic Drives. In: *IEEE Trans. on Instrumentation and Measurement* 50 (2001), Februar, Nr. 1, S. 117–133

[Granosik et al. 2005]   GRANOSIK, G. ; HANSEN, M. ; BORENSTEIN, J.: The OmniTread Serpentine Robot for Industrial Inspection and Surveillance. In: *International Journal on Industrial Robots, Special Issue on Mobile Robots* 32 (2005), Nr. 2, S. 139–148

[Harmonic Drive AG 2009]   HARMONIC DRIVE AG: *Gleitkeilgetriebe.* 2009. – URL http: //www.harmonicdrive.de

[Hashimoto et al. 1991]   HASHIMOTO, M. ; KIYOSAWA, Y. ; HIRABAYASHI, H. ; PAUL, R.P.: A Joint Torque Sensing Technique for Robots with Harmonic Drives. In: *IEEE International Conference on Robotics & Automation (ICRA)*, April 1991

[Hashimoto et al. 2002]   HASHIMOTO, M. ; HATTORI, T. ; HORIUCHI, M. ; KAMATA, T.: Development of a Torque Sensing Robot Arm for Interactive Communication. In: *11th IEEE International Workshop on Robot and Human Interactive Communication*, September 2002, S. 344–349

[Herrmann 2007]   HERRMANN, Martin: *Von Harmonischen Getrieben und Unharmonischen Signalen*, FZI, Studienarbeit, 2007

[Hirose 1993]   HIROSE, S.: *Biologically Inspired Robots: Snake-like Locomotors and Manipulators.* Oxford : Oxford University Press, 1993

[Hirose und Fukushima 2004]   HIROSE, S. ; FUKUSHIMA, E.: Snakes and Strings: New Robotic Components for Rescue Operations. In: *The International Journal of Robotics Research* 23 (2004), Nr. 4–5, S. 341–349

[Hirose und Mori 2004]   HIROSE, S. ; MORI, M.: Biologically Inspired Snake-like Robots. In: *IEEE International Conference on Robotics and Biomimetics (ROBIO)*, August 2004, S. 1–7

[Hirose und Yamada 2009]   HIROSE, S. ; YAMADA, H.: Snake-like robots [Tutorial]. In: *IEEE Robotics & Automation Magazine* 16 (2009), March, Nr. 1, S. 88–98

[Hirzinger 1996]   HIRZINGER, G.: Mechatronics for a New Robot Generation. In: *IE-EE/ASME Transactions on Mechatronics* 1 (1996), Juni, Nr. 2, S. 149–157

[Hirzinger et al. 2001]   HIRZINGER, G. ; ALBU-SCHAEFFER, A. ; SCHAEFER, I. ; SPORER, N.: On a New Generation of Torque Controlled Light-Weight Robots. In: *Proceedings ot the 2001 IEEE International Conference on Robotics & Automation (ICRA)*. Seoul, Korea, Mai 2001

[Hoffmeister 2004]   HOFFMEISTER, Michael: *Modell eines Mehrsegmentigen Inspektionsroboters*, FZI, Diplomarbeit, 2004

[Hutchison et al. 2007]   HUTCHISON, W.R. ; CONSTANTINE, B.J. ; BORENSTEIN, J. ; PRATT, J.: Development of Control for a Serpentine Robot. In: *International Symposium on Computational Intelligence in Robotics and Automation (CIRA)*, Juni 2007, S. 149–154

[Härdle 2008]   HÄRDLE, M.: *Generierung und Implementierung Redundanter Absolutcodes zur Erfassung von Gelenkstellungen*, FZI, Studienarbeit, 2008

[Ito und Matsuno 2002]   ITO, K. ; MATSUNO, F.: Control of Hyper-Redundant Robot Using QDSEGA. In: *Proceedings of the 41st SICE Annual Conference* Bd. 3, August 2002, S. 1499–1504

[Ito et al. 2003]   ITO, K. ; KAMEGAWA, T. ; MATSUNO, F.: Extended QDSEGA for Controlling Real Robots - Acquisition of Locomotion Patterns for Snake-like Robot. In: *Proceedings of the 2003 IEEE International Conference on Robotics & Automation (ICRA)*. Taipeh, Taiwan, September 2003

[Kamegawa et al. 2008]   KAMEGAWA, T. ; SAIKAI, K. ; SUZUKI, S. ; GOFUKU, A. ; OOMURA, S. ; HORIKIRI, T. ; MATSUNO, F.: Development of Grouped Rescue Robot Platforms for Information Collection in Damaged Buildings. In: *SICE Annual Conference*, August 20–22 2008, S. 1642–1647

[Kamegawa et al. 2004]   KAMEGAWA, T. ; YAMASAKI, T. ; IGARASHI, H. ; MATSUNO, F.: Development of the Snake-like Rescue Robot. In: *Proceedings of the 2004 IEEE International Conference on Robotics & Automation (ICRA)* Bd. 5, April 2004, S. 5081–5086

[Kerpa et al. 2003]   KERPA, O. ; OSSWALD, D. ; YIGIT, S. ; BURGHART, C. ; WÖRN, H.: Arm-Hand-Control by Tactile Sensing for Human Robot Co-operation, 2003

[Khatib 1987]   KHATIB, O.: A Unified Approach to Motion and Force Control of Robot Manipulators: The Operational Space Formulation. In: *IEEE Journal on Robotics and Automation* 3 (1987), Februar, Nr. 1, S. 43–53

[Khatib et al. 2004]   KHATIB, O. ; BROCK, O. ; CHANG, K.-S. ; VIJI, S.: Human-Centered Robotics and Interactive Haptic Simulation. In: *International Journal of Robotics Research* 23 (2004), Nr. 2, S. 167–178

[Kiencke et al. 2008]   KIENCKE, U. ; SCHWARZ, M. ; WEICKERT, T.: *Signalverarbeitung - Zeit-Frequenz-Analyse und Schätzverfahren*. Oldenbourg, 2008. – ISBN 978-3-486-58668-8

[Kimura et al. 2004]   KIMURA, H. ; SHIMIZU, K. ; HIROSE, S.: Development of Genbu: Active-Wheel Passive-Joint Snake-Like Mobile Robot. In: *Journal of Robotics and Mechatronics* 16 (2004), November, Nr. 3, S. 293–303

[Klaassen et al. 2001]   KLAASSEN, B. ; STREICH, H. ; KIRCHNER, F. ; ROME, E.: Modeling, Simulation, and Control of a Segmented Inspection Robot. In: AL-AKAIDI, M. (Hrsg.): *3rd Middle East Symposium on Simulation and Modelling (MESM 2001)*, 2001, S. 53–56. – ISBN 1-56555-230-X

[Klimant et al. 2006]   KLIMANT, H. ; PIOTRASCHKE, R. ; SCHÖNFELD, D.: *Informations- und Kodierungstheorie*. Teubner, 2006. – ISBN 3-8351-0042-4

[Kolesnik und Streich 2002]   KOLESNIK, M. ; STREICH, H.: Visual Orientation and Motion Control of MAKRO - Adaptation to the Sewer Environment. In: *7th International Conference on Simulation of Adaptive Behavior (SAB)*. Berlin : Springer-Verlag, 2002

[Koyanagi et al. 2004]   KOYANAGI, E. ; OOBA, Y. ; YOSHIDA, S. ; HAYASHIBARA, Y.: Toin Pelican. 1614 Kurogane-cho, Aoba-ku, Yokohama, Kanagawa, Japan, 2004. – URL koyanagi@cc.toin.ac.jp

[Kugi et al. 2008]   KUGI, A. ; OTT, C. ; ALBU-SCHAFFER, A. ; HIRZINGER, G.: On the Passivity-Based Impedance Control of Flexible Joint Robots. 24 (2008), April, Nr. 2, S. 416–429

[Kurz 2008]   KURZ, J.: *Integration und Evaluierung von Manövern für die Inspektion mit einem Mehrsegmentigen Roboter*, FZI, Diplomarbeit, 2008

[Lee und Choset 2005]   LEE, J. Y. ; CHOSET, H.: Sensor-Based Plannig for a Rod-Shaped Robot in Three Dimensions: Piecewise Retracts of R3 x S2. In: *International Journal of Robotics Research* 24 (2005), Mai, Nr. 5, S. 343–383

[MakroPlus 2006] MAKROPLUS: *Homepage MakroPlus*. 2006. – URL http://www. makroplus.de

[Matsuno und Suenaga 2002] MATSUNO, F. ; SUENAGA, K.: Control of Redundant Snake Robot Based on Kinematic Model. In: *Proceedings of the 41st SICE Annual Conference* Bd. 3, August 2002, S. 1481–1486

[Midorikawa et al. 2007] MIDORIKAWA, N. ; OHNO, K. ; TADOKORO, S. ; KUWAHARA, H.: Development of Small-Size Multi Camera System for Snake-like Robot, and Display of Wide View-Angle Image. In: *IEEE International Workshop on Safety, Security and Rescue Robotics (SSRR)*, September 2007, S. 1–6

[Miyanaka et al. 2007] MIYANAKA, H. ; WADA, N. ; KAMEGAWA, T. ; SATO, N. ; TSUKUI, S. ; IGARASHI, H. ; MATSUNO, F.: Development of an Unit Type Robot KOHGA2 with Stuck Avoidance Ability. In: *IEEE International Conference on Robotics & Automation (ICRA)*, April 2007, S. 3877–3882

[Natale et al. 2000] NATALE, C. ; KOEPPE, R. ; HIRZINGER, G.: A Systematic Design Procedure of Force Controllers for Industrial Robots. In: *IEEE/ASME Transactions on Mechatronics* 5 (2000), Juni, Nr. 2, S. 122–131

[Nuchter et al. 2005] NUCHTER, A. ; LINGEMANN, K. ; HERTZBERG, J.: Mapping of Rescue Environments with Kurt3D. In: *IEEE Interantional Workshop on Safety, Security and Rescue Robotics (SSRR)*, Juni 2005, S. 158–163

[Nuchter et al. 2008] NUCHTER, A. ; LINGEMANN, K. ; HERTZBERG, J.: Evaluating a 3D Camera for RoboCup Rescue. In: *SICE Annual Conference*, August 20–22 2008, S. 2070–2075

[Ohno et al. 2007] OHNO, Kazunori ; MORIMURA, Shouich ; TADOKORO, Satoshi ; KOYANAGI, Eiji ; YOSHIDA, Tomoaki: Semi-autonomous control of 6-DOF crawler robot having flippers for getting over unknown-steps. In: *Intelligent Robots and Systems, 2007. IROS 2007. IEEE/RSJ International Conference on*, Oktober 2007, S. 2559–2560

[Ott et al. 2004] OTT, C. ; ALBU-SCHAEFFER, A. ; KUGI, A. ; STRAMIGIOLI, S. ; HIRZINGER, G.: A Passivity Based Cartesian Impedance Controller for Flexible Joint Robots - Part I: Torque Feedback and Gravity Compensation. In: *IEEE International Conference on Robotics & Automation (ICRA)* Bd. 3, Mai 2004, S. 2659–2665

[Ott 2008] OTT, C.: *Cartesian Impedance Control of Redundant and Flexible-Joint Robots*. Springer Publishing Company, Incorporated, 2008 (Springer Tracts in Advanced Robotics 49). – ISBN 3540692533

[Peterson und Weldon 1988] PETERSON, W. W. ; WELDON, E. J.: *Error-Correcting Codes.* MIT Press, 1988. – ISBN 0-262-16039-0

[Pisar 2004] PISAR, S.: *Praxissemesterbericht.* März 2004

[Regenstein et al. 2007a] REGENSTEIN, K. ; KERSCHER, T. ; BIRKENHOFER, C. ; ASFOUR, T. ; ZÖLLNER, J.-M. ; DILLMANN, R.: A Modular Approach for Controlling Mobile Robots. In: *Proceedings of 10th International Conference on Climbing and Walking Robots (CLAWAR).* Singapur, Juli 2007

[Regenstein et al. 2007b] REGENSTEIN, K. ; KERSCHER, T. ; BIRKENHOFER, C. ; ASFOUR, T. ; ZÖLLNER, J.-M. ; DILLMANN, R.: Universal Controller Module (UCoM) - Component of a Modular Concept in Robotic Systems. In: *IEEE International Symposium on Industrial Electronics (ISIE),* Juni 2007, S. 2089–2094

[RoboCup 2004] ROBOCUP: *RoboCup Rescue - Results.* 27 Juni – 5 Juli 2004. – URL http://www.robocup2004.pt/docs/pdfs/RescueRobot.pdf

[RoboCup 2009] ROBOCUP: *RoboCup Rescue - Results.* 29 Juni – 5 Juli 2009. – URL http://www.robocup2009.org/172-0-results

[Sato et al. 2007] SATO, N. ; MATSUNO, F. ; SHIROMA, N.: FUMA : Platform Development and System Integration for Rescue Missions. In: *IEEE International Workshop on Safety, Security and Rescue Robotics (SSRR),* September 2007, S. 1–6

[Scholl et al. 2001] SCHOLL, K.-U. ; ALBIEZ, J. ; GASSMANN, B.: MCA – An Expandable Modular Controller Architecture. In: *3rd Real-Time Linux Workshop.* Mailand, Italien, 2001

[Scholl 2003] SCHOLL, K.-U.: *Konzeption und Realisierung einer Steuerung für Vielsegmentige, Autonome Kanalroboter,* Forschungszentrum Informatik an der Universität Karlsruhe, Dissertation, 2003

[Sentis und Khatib 2006] SENTIS, L. ; KHATIB, O.: A Whole-Body Control Framework for Humanoids Operating in Human Environments. In: *Proceedings 2006 IEEE International Conference on Robotics and Automation (ICRA),* Mai 2006, S. 2641–2648

[Shah und Patel 2005a] SHAH, M. ; PATEL, R. V.: Inverse Jacobian Based Hybrid Impedance Control of Redundant Manipulators. In: *IEEE International Conference Mechatronics and Automation* Bd. 1. Ontario, Kanada, 2005, S. 55–60

[Shah und Patel 2005b] SHAH, M. ; PATEL, R. V.: Transpose Jacobian Based Hybrid Impedance Control of Redundant Manipulators. In: *Proceedings of 2005 IEEE Conference on Control Applications,* August 2005, S. 1367–1372

[Shammas et al. 2003]   SHAMMAS, E. A. ; WOLF, A. ; BROWN, H. B. ; CHOSET, H.: New Joint Design for Three-dimensional Hyper Redundant Robots. In: *IEEE/RSJ International Conference on Intelligent Robots and Systems (IROS)* Bd. 4, Oktober 2003, S. 3594–3599

[Shin et al. 2009]   SHIN, D. ; KHATIB, O. ; CUTKOSKY, M.: Design Methodologies of a Hybrid Actuation Approach for a Human-Friendly Robot. In: *IEEE International Conference on Robotics and Automation (ICRA)*, 12–17 Mai 2009, S. 4369–4374

[Siciliano und Khatib 2008]   SICILIANO, B. (Hrsg.) ; KHATIB, O. (Hrsg.): *Springer Handbook of Robotics*. Springer, 2008. – ISBN 978-3-540-23957-4

[SINTEF 2009]   SINTEF: *Homepage SINTEF Gruppe*. 2009. – URL http://www. sintef.no

[Sobotka et al. 2003]   SOBOTKA, M. ; WOLLHERR, D. ; BUSS, M.: A Jacobian Method for Online Modification of Precalculated Gait Trajectories. In: *6th International Conference on Climbing and Walking Robots (CLAWAR)* Bd. 6. Catania, 2003, S. 435–442

[Streich und Adria 2004]   STREICH, H. ; ADRIA, O.: Software Approach for the Autonomous Inspection Robot MAKRO. In: *IEEE International Conference on Robotics & Automation (ICRA)* Bd. 4, 2004, S. 3411–3416 Vol.4. – ISSN 1050-4729

[Studer 2006]   STUDER, S.: *Dynamische Modellierung eines Mehrsegmentigen Roboters für das Regelungskonzept TJ-HIC*, FZI, Studienarbeit, 2006

[Taghirad und Bélanger 1998]   TAGHIRAD, H. D. ; BÉLANGER, P. R.: Torque Ripple and Misalignment Torque Compensation for the Built-In Torque Sensor of Harmonic Drive Systems. In: *IEEE Transactions on Instrumtentation and Measurement* 47 (1998), Februar, Nr. 1

[Tanaka und Matsuno 2006]   TANAKA, M. ; MATSUNO, F.: Cooperative Control of Three Snake Robots. In: *IEEE/RSJ International Conference on Intelligent Robots and Systems (IROS)*, Oktober 2006, S. 3688–3693

[Toin 2009]   TOIN: *Homepage Toin Universität*. 2009. – URL http://www.cc.toin. ac.jp

[Tokyo Tech 2009]   TOKYO TECH: *Homepage: Tokyo Institute of Technology*. 2009. – URL http://www.titech.ac.jp/

[Transeth und Pettersen 2006]   TRANSETH, A.A. ; PETTERSEN, K.Y.: Developments in Snake Robot Modeling and Locomotion. In: *9th International Conference on Control, Automation, Robotics and Vision (ICARCV)*, Dezember 2006, S. 1–8

[Transeth et al. 2007]   TRANSETH, A. A. ; WOUW, N. van de ; PAVLOV, A. ; HESPANHA, J. P. ; PETTERSEN, K. Y.: Tracking Control for Snake Robot Joints. In: *IEEE/RSJ International Conference on Intelligent Robots and Systems (IROS)*, Oktober 2007, S. 3539–3546

[Transeth et al. 2008]   TRANSETH, A. A. ; LEINE, R. I. ; GLOCKER, C. ; PETTERSEN, K. Y. ; LILJEBÄCK, P.: Snake Robot Obstacle-Aided Locomotion: Modeling, Simulations, and Experiments. In: *IEEE Transactions on Robotics* 24 (2008), Februar, Nr. 1, S. 88–104

[U-M 2009]   U-M: *Homepage Universität von Michigan*. 2009. – URL http://www.umich.edu

[Umetani und Hirose 1974]   UMETANI, Y ; HIROSE, S.: Biomechanical Study of Serpentine Locomotion. In: *On Theory and Practice of Robots and Manipulators. Proceedings of 1st RoManSy Symposium*. Udine, Italien : Springer-Verlag, 1974, S. 171–184

[UWO 2009]   UWO: *Homepage: The University of Western Ontario*. 2009. – URL http://www.uwo.ca

[Wolf et al. 2003]   WOLF, A. ; BROWN, H. B. ; CHOSET, H.: A Mobile Hyper Redundant Mechanism for Search and Rescue Tasks. In: *Conference on Intelligent Robots and Systems (IROS)*. Department of Mechanical Engineering, Carnegie Mellon University, Pittsburgh, PA 15213, USA, 2003

[Worst 2003]   WORST, R.: KURT2 - A Mobile Platform for Research in Robotics. In: *Proceedings of the 2nd International Symposium on Autonomous Minirobots for Research and Edutainment*, 2003, S. 3–12. – Brisbane, Australia. – ISBN 1741070120

[Wright et al. 2007]   WRIGHT, C. ; JOHNSON, A. ; PECK, A. ; MCCORD, Z. ; NAAKTGEBOREN, A. ; GIANFORTONI, P. ; GONZALEZ-RIVERO, M. ; HATTON, R. ; CHOSET, H.: Design of a Modular Snake Robot. In: *IEEE/RSJ International Conference on Intelligent Robots and Systems (IROS)*, Oktober 2007, S. 2609–2614

[Zinn et al. 2004]   ZINN, M. ; KHATIB, O. ; ROTH, B. ; SALISBURY, J.K.: A New Actuation Approach for Human-Friendly Robot Design. In: *International Journal of Robotics Research* (2004), April, S. 379–398